Tom Gorman

Vorbildgetreue Schiffsmodelle

Planung – Bau – Detaillierung

Maßstabsgetreues Modell des Liberty-Schiffs „Francis J. O'Gara" aus dem Zweiten Weltkrieg, Erbauer Peter Chappell, Großbritannien

Vorbildgetreue Schiffsmodelle

Planung – Bau – Detaillierung

Tom Gorman

Verlag für Technik und Handwerk
Baden-Baden

 Verlag für Technik und Handwerk
Baden-Baden

Fachbuch
Best.-Nr.: 310 2121

Redaktion: Oliver Bothmann
Lektorat: Claus Keller

Aus dem Englischen übersetzt und erweitert von Eberhard Schulz

---

Bibliografische Information Der Deutschen Bibliothek

Die Deutsche Bibliothek verzeichnet diese Publikation in der Deutschen Nationalbibliografie; detaillierte bibliografische Daten sind im Internet über http://dnb.ddb.de abrufbar.

ISBN 3-88180-721-7

© 1. Auflage 2002 by Verlag für Technik und Handwerk
Postfach 22 74, 76492 Baden-Baden

Alle Rechte, besonders das der Übersetzung, vorbehalten. Nachdruck und Vervielfältigung von Text und Abbildungen, auch auszugsweise, nur mit ausdrücklicher Genehmigung des Verlages.

Printed in Germany
Druck: WAZ-Druck, Duisburg

Inhaltsverzeichnis

Einführung

Kapitel 1:	Auswahl des Modells	15
	Schlepper	15
	Fischereifahrzeuge	16
	Küstenfahrzeuge	17
	Lotsenkutter und Polizei-/Zollfahrzeuge	17
	Frachter und Passagierschiffe	18
	Schaufelraddampfer	19
	Sonstige Fahrzeuge	20
Kapitel 2:	Zeichnungen, Maßstäbe und deren Umsetzung	22
	Linienriss	23
	Generalplan	25
	Maßstäbe	27
Kapitel 3:	Nachforschungen zum gewählten Modell	29
	Das Schifffahrtsregister von Lloyd's, London	30
	Werftpläne	31
	Fotografien	32
	Bücher	32
	Modellclubs und -vereinigungen	33
	Andere Quellen	33
Kapitel 4:	Die Materialauswahl	34
	Weißblech	34
	Karton und Pappe	34
	Sperrholz	34
	Balsaholz, Juletong	35
	Andere Holzarten	35
	Polycarbonate	36
	Glas- oder kohlefaserverstärkte Kunststoffe	37
	Andere Materialien	37

Kapitel 5:	Werkzeuge und Klebstoffe	39
	Handwerkzeuge	39
	Feilen und Schleifmittel	42
	Elektrische Werkzeuge	43
	Bohrmaschinen mit Zusätzen	43
	Lötkolben	44
	Sägen	44
	Drehmaschinen	44
	Schleifmaschinen	44
	Kombimaschinen	45
	Spritzeinrichtungen	45
	Sonstige Werkzeuge	45
	Klebstoffe	46
	Holz mit Holz oder Karton	46
	Holz mit Kunststoffen	46
	Kunststoffplatten und Kunststoffteile	47
	Metall mit Metall und anderen Materialien	47
	Furniere und Holz etc.	47
	Papierwerkstoffe und Holz etc.	48
Kapitel 6:	Bau des Rumpfes	49
	Rümpfe in Schichtbauweise	50
	Der geplankte Rumpf	52
Kapitel 7:	Detaillierung des Rumpfes	63
	Stahlplattenbau	63
	Nieten	64
	Detaillierung der Urform	65
Kapitel 8:	Der abgeformte Rumpf	66
	Vorbereiten der Form	67
	Herstellen der Form	68
	Formen des Rumpfes	69
Kapitel 9:	Antriebselemente	72
	Schiffsschrauben	72
	Schaufelräder	76
	Ruder	78
Kapitel 10:	Elektrische Antriebe	81
	Batterien und Akkumulatoren	83
	Steuerungsvorrichtungen für die Motoren	84
	Maßstabsgeschwindigkeit	87
	Schaufelradantriebe	90

Kapitel 11:	Dampfantriebe	92
	Dampfmaschinen	92
	Kessel	97
	Heizmaterial	102
	Bedienen von Modellen mit Dampfantrieb	104
Kapitel 12:	Decks und Luken	106
	Deckssprung und Decksbucht	107
	Decksbalken	109
	Material für das Deck	111
	Decksplanken verlegen	112
	Nachgebaute Decksbeplankungen	113
	Kalfaterte Decks	113
	Verlegetechnik	115
	Luken	115
	Lukentypen	116
	Luken abdichten	117
	Angrenzende Ausrüstungen	118
	Andere Luken	188
Kapitel 13:	Aufbauten	119
	Materialien	119
	Brücken	120
	Konstruktion der Aufbauten	121
	Fenster und Bullaugen	122
	Endarbeiten	124
	Veränderbare Brücken	127
	Schornsteine	127
Kapitel 14:	Masten, Hebebäume und Takelage	130
	Masten	131
	Ladebäume	133
	Takelage	135
Kapitel 15:	Decksausrüstung	138
	Reling	138
	Leitern und Niedergänge	140
	Poller	142
	Klampen	143
	Lüfter, Lufthutzen und Ventilatoren	143
	Bekohlungsluken	146
	Zugangsluken	146
	Anker, Kettenstopper, Klampen usw.	146
	Navigationslichter	150
	Gussteile aus Weißmetall oder Kunstharz	151

Kapitel 16:	Rettungsboote und Davits	155
	Rettungsboote	155
	Davits	157
	Beschläge für Rettungsboote und Davits	160
Kapitel 17:	Winden, Spills und Schlepphaken	162
	Schlepphaken	165
	Bratspills	166
	Gangspills	167
	Rohrverbindungen	169
Kapitel 18:	Fernsteuerungskomponenten	171
	Funkfernsteuerungen	171
	Verdrahtung	176
	Überprüfung der Einbauten	178
Kapitel 19:	Sonderfunktionen	180
	Beleuchtung	180
	Raucherzeuger	182
	Radarantennen	183
	Feuerlöschmonitore	184
	Anker	185
	Bewegliche Rampen	185
	Kräne	186
	Wasserabflüsse	186
	Geräusche	187
Kapitel 20:	Moderne Antriebsarten	189
	Kort-Düsen	189
	Bug- und Heckstrahlruder	190
	Schottel-Ruderpropeller	191
	Voith-Schneider-Propeller	192
	Andere Antriebe	193
Kapitel 21:	Farbgebung und der letzte Schliff	195
	Farben	195
	Rumpfanstrich	194
	Farbgebung der Aufbauten	200
Kapitel 22:	Trimmen und erste Fahrversuche	203
	Trimmen	203
	Grunderprobung	205
	Jungfernfahrt	206

Kapitel 23:	Das Modell im Wettbewerb	210
	Wettbewerbe	210
	Präsentation und Schutz des Modells	211
Kapitel 24:	Tipps und Ratschläge	213
	Gebrauch eines Bastelmessers	213
	Löten	214
	Weichlöten	214
	Hartlöten	216
	Furnierverarbeitung	218
	Abkleben von kleinen Flächen	219
	Sekundenkleber	220
	Allgemeine Hinweise	220
	Bemalen von Kleinteilen	220
	Einrichtung einer Pinnwand	220
	Mechanische Maßstabumwandlung	220
	Markieren auf blanken Metallflächen	221
	Datenaufbewahrung	221
	Umrechnungstabellen	222
	Länge	222
	Volumen	222
	Gewicht	222
	Geschwindigkeit	222
	Temperatur	222
	Sonderdaten	222
	Umrechnung inch (Zoll) zu Millimeter	222
	Spezielle Lieferanten	222
	Schrauben und Zubehör	222
	Weißmetalle und spezielle Lötmittel	222
	Kleines Wörterbuch	223

Zum Autor

Tom Gorman ist professioneller Schiffsmodelbauer, seit er sich 1983 aus Altersgründen aus der Marinetechnikindustrie zurückzog, interessierte er sich doch schon immer für die Handelsschifffahrt und die See. Anfangs entwickelte er Schiffsmodellbaukästen und konzentrierte sich später ganz auf den Auftragsmodellbau, z.B. für Schiffseigner.

Er schreibt regelmäßig Beiträge für die englische und amerikanische Schiffsmodellfachpresse, u.a. erschienen Artikel von ihm in „Model Shipwright" und „Model Boats". Natürlich ist Tom Gorman Mitglied im örtlichen Schiffsmodellclub und hält Vorträge über Schiffsmodellbau und Modellschifffotografie.

Zum Übersetzer

Eberhard Schulz wurde 1937 in Stralsund an der Ostsee geboren. Den Einstieg in den Modellbau fand er ab 1947 im Werkunterricht mit einfachen Segelflugzeugmodellen. Mehrere Jahre später wandte er sich dem Schiffsmodellbau zu.

Erst 1967, nach Beendigung seines Dienstes in der Deutschen Luftwaffe, konnte er seine beruflichen Aufgaben in einem Großkonzern, nämlich Einbau, Erprobung, Wartung, Verbesserung und Instandsetzung elektronischer Fernmess- und Fernwirkanlagen auf Kampf- und Zivilschiffen, mit denen des Schiffsmodellbaus vereinigen. Ein ferngesteuertes Modell eines schwedischen Schnellbootes, gebaut nach Werftplänen, stammt aus dieser Zeit, aber auch ein Heckraddampfer nach Plänen aus dem Memphis Museum für Flussschifffahrt und anderes mehr wurde gebaut. Zurzeit faszinieren ihn kleine US-Binnenschiffe, d.h. so genannte Spaßpontons, Autofähren und Kleinschuber mit hoch gebauten Ruderhäusern.

Zusammen mit Hubert Bossart hat er ein Buch über den Voith-Schneider-Antrieb im Selbstbau veröffentlicht (Verlag für Technik und Handwerk, Best.-Nr. 3120030).

Einführung

Mit diesem Buch will ich dem Leser die bestmögliche Hilfestellung für den Bau eines angetriebenen Modells der Kategorie „Zivilschiffe" geben. Diese Sparte beinhaltet Schlepper aller Art, Tanker, Linienschiffe, Trampfahrer, Lotsen- und Rettungskutter, Bohrplattformversorger und Fischereifahrzeuge sowie andere mit einem Antrieb ausgestattete Schiffe.

Diese voll funktionierenden Modellschiffe sind auf den Gewässern vergleichsweise neu. Vor zwanzig, dreißig Jahren sah man sehr detaillierte Modelle nur in Glasvitrinen von Museen und Ausstellungen und man war der Ansicht, dass maßstäblich sehr genau ausgeführte Modelle nicht mit allen Originalfunktionen ausgestattet werden könnten. Die meisten Fahrmodelle waren recht grob, ja massig gebaut und die Museumsmodellbauer schauten verächtlich auf sie herab. Die Schwierigkeit lag vor dem Zweiten Weltkrieg und auch noch danach bei der Beschaffung der erforderlichen Materialien. Überwiegend baute man die Modelle aus Holz, eine auch heute noch gebräuchliche Methode, die wir später beschreiben. Aber die zur Verfügung stehenden Hölzer waren gegenüber den heutigen Standards von minderer Qualität. Einige Modelle wurden aus Weißblech gebaut, das man auf Messingrahmen lötete. So entstanden zwar schöne Rümpfe, sie waren aber sehr anfällig für alle erdenklichen Korrosionsarten und benötigten daher eine sorgfältige Bemalung und nach der Fertigstellung stets eine zeitraubende Wartung.

Außerdem gab es in den wenigen Modellbaufachgeschäften keine kleinen, leistungsfähigen Motoren oder Dampfmaschinen zu kaufen. Manche Modellbauer mit Erfahrung in der Metallbearbeitung und im Umgang mit Drehmaschinen fertigten selbst kleine Dampfausrüstungen, jedoch waren die damals verfügbaren Elektromotoren zu groß und zu schwer. Ebenso zeigten sich die Funkfernsteuerungen: großvolumig, stoßempfindlich und vor allen Dingen sehr teuer. Als Spannungsquellen gab es nur die schweren Blei-Säure-Akkus. Die frühen Funkfernsteuerungen arbeiteten mit Schalt- und Verstärkerröhren und hatten für die Motorsteuerung Reedschalter und Relais. Demzufolge musste die Geschwindigkeitsregelung in Schaltschritten erfolgen, gewöhnlich gab es sogar nur Ein-Aus-Schalter und darüber hinaus bedeutete die schwere Ausrüstung, dass man die Rümpfe größer bauen musste, als es der Maßstab eigentlich verlangte. Zwar waren auch einige Miniatur-Elektromotoren verfügbar, aber deren Leistung war für den Antrieb eines Schiffsmodells kaum ausreichend, sodass sie meist nur für den Antrieb der Ruderpinne oder Ähnliches genutzt wurden.

Es gab auch nur wenige Hersteller für maßstäbliche Ausrüstungsteile. Man war damals ja generell der Ansicht, dass kleine detaillierte Ausrüstungen dem rauen Betrieb auf einem Modellteich nicht standhalten würden. Sie waren daher häufig überdimensioniert und oft sehr plump. Beispielsweise stellte man die Lüfter aus Vollmaterial her, um einen Wassereinbruch ins Modell zu verhindern.

Sehr wenige Modelle aus der genannten Zeit haben überlebt. Die abgebildete „Dutchess of Fife" stammt aus dem Jahr 1956. Während der Überholung entdeckte man Reste einer Reedrelaisfernsteuerung und eines antiken Elektromotors. Der Weißblechrumpf auf Messingrahmen war in einem vorzüglichen Zustand und sehr gut durch Farbe geschützt. Dieses feine Modell entstand im Maßstab 1:32, was eine Detaillierung erlaubte, die man bei Modellen kleineren Maßstabs aus dieser Zeit nicht findet.

Moderne Materialien und Antriebe haben die Schiffsmodellbauszene total verändert und man kann heute fein ausgeführte Modelle auch in kleinen Maßstäben überall auf den Teichen und Seen fahren sehen. Spezialisierte Hersteller maßstäblicher Ausrüstungsgegenstände sind nicht mehr rar, es gibt ein großes Angebot an kompletten Bausätzen für funktionsfähige Modelle und außerdem viele Baupläne. Fertige Glasfiberrümpfe ermöglichen nicht nur den jungen Bastlern einen wasserdichten Start. In den folgenden Kapiteln wollen wir uns ausführlich mit den modernen Materialien befassen.

Die hier beschriebenen verschiedenen Bauabschnitte auf dem Weg zu einem Funktionsmodell fußen auf bewährten und in der Praxis vielfach getesteten Methoden und gelten gleichermaßen für einen kleinen motorgetriebenen Kutter wie für ein großes Zweischraubenschiff. Das reicht vom Rumpfbau bis zu den maßstäblichen Ausrüstungen, von der einfachen Zweikanalfernsteuerung bis zur computergesteuerten Multikanalanlage für eine Vielzahl von Steuerbefehlen.

Dieses Buch führt Schritt für Schritt durch die einzelnen Baustadien und leitet so den unerfahrenen Modellbauer zum Erfolg, aber auch der Fortgeschrittene wird von den nützlichen Hinweisen und Tipps profitieren. Die Zeichnungen und Skizzen sind nicht für den Bau

Raddampfer „Duchess of Fife", Maßstab 1:32, elektrischer Antrieb, Funkfernsteuerung und Rauchgenerator im Schornstein. Das Modell wurde 1956 ganz aus Weißblech und Messing gebaut und 1990 überarbeitet.

eines bestimmten Modells gedacht, sondern zeigen die grundlegenden Methoden und sind damit für viele Schiffsmodelle gleichermaßen gültig. Außerdem sind sie nicht im Maßstab gezeichnet und nur als allgemeine Information zu werten.

Die Entscheidung, welches Modell gebaut werden soll, muss jeder Modellbauer selbst treffen. Das Kapitel 1 dient aber als Hilfestellung zur Wahl entsprechend den persönlichen handwerklichen Fähigkeiten. Übrigens: Der Schiffsmodellbau ist keineswegs die alleinige Domäne der männlichen Vertreter der menschlichen Rasse, heute werken viele Mitglieder des weiblichen Geschlechts erfolgreich an Modellschiffen und nehmen immer häufiger an Wettbewerben teil.

Materialien werden beschrieben und ihre Kombinationsmöglichkeiten dargestellt, die zu den besten Resultaten führen. Zugleich nenne ich die benötigten Werkzeuge und die geeigneten Klebemittel für diese Materialien.

Die richtige Auswahl der Elektromotoren und Schiffsschrauben für das gewählte Modell wird ebenso beleuchtet wie das notwendige Zubehör, wie Akkus, Fahrtregler usw. Auch das zunehmende Interesse an Dampfmaschinen wird nicht übersehen und der Einbau derartiger Antriebe bis in die Einzelheiten betrachtet. Auf den Bau dieser Aggregate kann ich aber nicht eingehen, das würde den Rahmen dieses Buches sprengen. Hierzu sei auf die verschiedenen Fachbücher zu diesem Thema verwiesen.

Die Techniken zur Farbgebung eines Schiffsmodells, von der Grundierung bis zum Anbringen feiner Linien oder Schriftzüge, stelle ich ebenso dar wie die dazu benötigten Farben. Unter anderem mit Beleuchtungstechniken, Aufbauten, Ballastbefüllung, dem Fahren des fertigen Modells und seiner Präsentation befassen sich weitere Kapitel.

Ich hoffe, dass der suchende Schiffsmodellbauer den Reiz und die Schönheit der vielen Handelsschiffe auf den Gewässern dieser Welt entdecken und dieses Buch als Hilfe dazu verwenden wird, selbst ein gut gelungenes Modell auf das Wasser zu setzen. Das ist immer eine Augenweide. Der Neuling im Bereich des Schiffsmodellbaus wird ganz schnell feststellen, dass er die zum Bau des großen Vorbilds nötigen Fertigkeiten und Kenntnisse aus mehr als zwanzig verschiedenen Berufsgruppen alle in seiner Person vereinigen muss. Das ist eine Herausforderung, die auch mich, selbst nach dem Bau von mehr als 40 Modellen, bei der Planung eines neuen Modells lange mit dem Baubeginn zögern lässt. Doch dieses Buch will seinen Lesern bei der Verwirklichung eines maßstabgetreuen Fahrmodells helfen, ihnen Kenntnisse vermitteln und Unterstützung geben.

Kapitel 1: Auswahl des Modells

Die Klassifizierung „Zivilschiffe" umfasst eine große Palette sehr verschiedener Schiffstypen, die am besten mit „Wasserfahrzeuge für kommerzielle Zwecke und behördliche Aufsicht" umschrieben werden können. In diesem Kapitel erscheinen die Schiffstypen unter der Bezeichnung ihrer vorgegebenen Verwendung. Wenn man einen Schiffstyp für den Modellbau aussucht, sollte dies immer unter der Sicht des Maßstabs, der die Größe des fertigen Modells bestimmt, geschehen. Es ist leichter, ein kleines Schiff in einem ziemlich großen, als ein großes Schiff in einem sehr kleinen Maßstab zu bauen. Heutzutage stellt für die meisten Modellbauer die Ladefläche des Familienautos den bestimmenden Faktor für die Größe und damit den Maßstab eines Modellsschiffes dar. Ist man doch auf dieses Transportmittel angewiesen. Der Thema Maßstab wird in Kapitel 2 ausführlicher behandelt.

Dieses Buch befasst sich mit Funktionsmodellen motorgetriebener Schiffe. Die erste mechanischen Antriebskraft stellte der Dampf dar. Kleine Dampfschlepper gehörten zu den ersten wirtschaftlich erfolgreichen Fahrzeugen, weniger dagegen die frühen Passagierdampfer. Das Schaufelrad war die erste Kraftübertragungseinheit, die jedoch durch die Erfindung der Schiffsschraube abgelöst wurde, obwohl es bei bestimmten Fahrzeugen bis in die 1970er-Jahre und darüber hinaus in Gebrauch blieb. Ähnlich ersetzte der Dampfantrieb, sei es als Kolbenmaschine oder als Turbine, das Segel bei Schiffen aller Art, bis ihn später die Schiffsdiesel verdrängten. Und heute werden noch fortschrittlichere Formen der Schiffsantriebe genutzt und entwickelt.

Schlepper

Über ein lange Periode hinweg konnte diese Spezies in allen Größen vom kleinen Hafen- bis zum größten Hochseebergungsschlepper bewundert werden. Der Dampfschlepper diente für lange Zeit in vielen Häfen und auf Flüssen bis in die jüngere Vergangenheit. Mit ihren hohen Schornsteinen und der über dem schwarzen Rumpf leuchtenden Farbgebung waren sie Vorbilder für viele Modelle. Moderne Schlepper sind farbenprächtiger und haben eine Vielzahl von Antriebsmethoden, die in einem späteren Kapitel behandelt werden.

Pläne und Daten für viele ältere und verschiedene neue Schleppertypen kann man von

Der typische Themse-Schlepper „Yvonne VI", Erbauer Kapitän T.C. Pullen, Kanada

Modell des US-Hafenschleppers „Akron", Maßstab 1:32, ausgestattet mit elektrischem Antrieb, Funkfernsteuerung und funktionierenden Lichtern, Erbauer Tom Gorman, Großbritannien

diversen Lieferanten beziehen. Die meisten Schlepper folgen weltweit in der Bauform den europäischen Gepflogenheiten und zeigen deswegen ein ähnliches Aussehen. Doch die US-amerikanischen Schlepper unterscheiden sich im Schleppverfahren von den Europäern; sie schleppen über Kreuzpoller statt mit Haken oder Winden. Auch sind ihre Personalunterkünfte weiter zum Heck hin angeordnet. Schuber oder Pushtugs werden fast nur auf Süßwasserstraßen eingesetzt und haben ihre Last fast immer vor sich.

Fischereifahrzeuge

Die Fischereifahrzeuge stellen eine andere Gruppe dar, die sich durch eine große Typenvielfalt auszeichnet. Sie wurden entsprechend dem Fangverfahren und den lokalen Gegebenheiten entwickelt, gebaut und betrieben. Die ersten Fahrzeuge mit Dampfantrieb waren die Heringsfänger, die von etwa 1910 bis 1950 in der Nord- und Ostsee eingesetzt wurden. Meistens verbrachten sie sieben Tage auf See und ihr Fang wurde zur Frischhaltung in Kisten und Körben auf Eis gelagert.

In der Zwischenkriegszeit entstanden die Fischtrawler. Ihre Fangreisen führten meist in Gewässer mittlerer Entfernung, die die Kutter nicht oder nur schwer erreichen konnten. Nach dem letzten Weltkrieg dehnten sich die Fangfahrten aus bis in arktische und nordamerikanische Gewässer. Entsprechend wuchsen die Schiffe bis etwa 60 m Länge, um bis zu 30 Mann Besatzung aufzunehmen. Maximal drei Wochen konnten sie unterwegs sein, jede längere Reise hätte zum Verderben der Fänge geführt, da die Schiffe keine Gefriereinrichtungen besaßen. Erst später hat man einige Einheiten damit ausgerüstet. Die Trawler der heutigen Generation arbeiten in den gleichen Seegebieten. Obwohl sie kleinere Ausmaße als ihre Vorgänger haben, ist ihre Ausrüstung viel besser; sie sind gegen schwere See sicherer und haben eine kleinere Mannschaft, die fast immer vor extremem Wetter gut geschützt arbeiten kann. Der Fisch wird sofort unter Deck ausgenommen, gesäubert, in Verbraucherportionen verpackt, bei minus 40 Grad Celsius schockgefroren und in Vollgefrierladeräumen gestaut oder bei Frischfischfängern als ganzer Fisch auf Eis gelagert.

Die Fischerboote, die die mittleren und küstennahen Fangregionen bearbeiten, sind baulich sehr unterschiedlich und nutzen auch sehr verschiedene Fangmethoden. Einige verwenden Fall- oder Beutelschleppnetze, mit denen sie Heringe oder andere Seefische, die nahe der Oberfläche schwimmen, einholen. Andere Fischer arbeiten z.B. mit Körben und Reusen

◀ Modell des Dampftrawlers „Kingston Peridot", Maßstab 1:48, ausgestattet mit einer Proteus-Dampfmaschine, Funkfernsteuerung, Erbauer Tom Gorman (Modell) und John Orriss (Dampfmaschine), beide Großbritannien

▲ Modell des britischen Heringsloggers „Formidable", Maßstab 1:24, ausgestattet mit einer Maxwell-Hemmens-Dampfmaschine und Funkfernsteuerung, Erbauer Tom Gorman (Modell) und John Orriss (Dampfmaschine), beide Großbritannien

zum Hummer-, Krabben- und Langustenfang oder Grundnetze für Plattfische oder Muscheln. Jedes Schiff ist also für die vorgesehene Fangart speziell aus- oder nachgerüstet. Ein anderes attraktives Merkmal der Fischereifahrzeuge sind ihre oft leuchtenden charakteristischen Farben, die der guten Sichtbarkeit auf See dienen. Die Boote der nordamerikanischen und kanadischen Hummerfischer sind in dieser Hinsicht einmalig. Sie sollten viel öfter als Modelle gebaut werden, aber Pläne und Darstellungen dieser hübschen Boote sind leider nur sehr schwer zu finden.

Küstenfahrzeuge

Die so genannten Küstenfahrer und Kurzreisenhandelsschiffe, die für ihre Einsatzgebiete mit den kurzen Fahrstrecken von Hafen zu Hafen entlang der Küste oder vom Festland zu den vorgelagerten Inseln konstruiert wurden, hatten früher wichtige Aufgaben. Sie transportierten neben einer kleinen Zahl von Passagieren in wenigen Kabinen immer eine Vielzahl von Ladungen zwischen den Häfen und Landeplätzen an der Küstenlinie und stellten oft die hauptsächliche Möglichkeit der Versorgung mit wichtigen Gütern dar, da viele Orte nicht durch Straßen verbunden waren.

Etwas größer gebaute Küstenfahrer befördern heute eine begrenzte Anzahl von genormten Frachtcontainern meistens auf den Deckeln der Ladeluken. Ganz moderne Fahrzeuge können nur noch Container aufnehmen. Beide Fahrzeugtypen sind oft mit eigenem Ladegeschirr ausgerüstet und in dieser Hinsicht unabhängig von derartigen Hafeneinrichtungen.

Küsten- und Flussmündungstanker, die den Pendelverkehr zwischen den großen Raffinerien und den Tankinstallationen an den Flussufern unterhalten, waren früher mit Dreifach-Expansionsdampfmaschinen ausgerüstet. Heute werden sie von Dieselaggregaten angetrieben. Bunkerschiffe besorgen die Betankung und Entsorgung der anderen Wasserfahrzeuge in Häfen und auf den befahrbaren Flüssen. In einigen Häfen sind diese Fahrzeuge nichts weiter als große angetriebene Bargen.

Lotsenkutter und Polizei-/Zollfahrzeuge

Die Lotsenvereinigungen, auch Bruderschaften genannt, stellen der allgemeinen Seefahrt einen wichtigen Service für alle Häfen, schwierige Seewasserpassagen, Flüsse und deren Mündungen zur Verfügung. Schnelle Motorschiffe, von denen viele recht gut als Modelle geeignet sind, transportieren heute die Lotsen zu und von den größeren Schiffen.

◀ Modell des Zweischrauben-Küstendampfers „Arran Mail", Maßstab 1:32, Erbauer Tom Gorman und John Orriss, beide Großbritannien

Modell des Zollkutters „Badger", Maßstab 1:32, ausgestattet mit elektrischem Antrieb und Funkfernsteuerung, Erbauer Tom Gorman, Großbritannien. Dieses Modell wurde nach Plänen des Originals konstruiert. In Großbritannien gibt es davon einen Baukasten.

In der Vergangenheit war es üblich, zur Zeiteinsparung eine größere Anzahl Lotsen an Bord eines Lotsenkutters zu stationieren und mit dem Kutter eine Warteposition im Außenrevier, das von den Lotsen versorgt wurde, einzunehmen. Ein Lotse setzte dann auf das Schiff über, leitete es zum vorgesehenen Ziel, brachte auf dem Rückweg einen anderen Dampfer bis zur Lotsenkutterposition zurück und blieben auf dem Kutter bis zur Übernahme eines neuen Schiffs. Die frühen Lotsenkutter waren oft Umbauten von Dampfyachten oder Fischereifahrzeugen, daneben gab es auch speziell für ihre Aufgabe gebaute Kutter. Fast alle Lotsenkutter können als Vorbilder für attraktive Modelle verwendet werden. Im Fachhandel sind einige Pläne zu erwerben.

In Deutschland wurde in den letzten Jahren ein ganz neues Lotsenversetzsystem entwickelt. Man hat eine große mobile Zweirumpfzentraleinheit (Katamaranform) gebaut. Diese wird auf eine Position im Lotsenrevier gelegt. Zwei kleinere Katamarane, dem großen recht ähnlich, bewältigen dann den Versetzdienst zu und von den Bedarfsträgern. Leider gibt es bis heute noch keine gültigen Pläne, obwohl man schon einige Funktionsmodelle auf den Clubgewässern sieht.

Die Schiffe der Wasserstrassen- und Seeämter (in GB = Trinity House) sind immer gute Vorbilder. Einige sind sehr spezialisiert, z.B. die Tonnenleger mit ihren Kränen zum Auswechseln der Fahrwassermarkierungen (Bojen etc.). Leuchtturmversorger hatten früher das Aussehen kleiner Vergnügungsdampfer, die wegen ihrer besonderen Verwendung mit Sonderausrüstungen versehen waren.

Zollkutter werden von den nationalen Zoll- und Finanzbehörden betrieben für den Kontrolldienst ihres Personals auf ein- oder auslaufenden Schiffen aller Nationen. Die neueren Kutter sind sehr schnelle Schiffe. Früher waren sie dampfgetrieben und sahen Schleppern sehr ähnlich, mussten sie doch manches Mal einen Schmuggler auf den Haken nehmen und einschleppen. Deswegen wurden die späteren Fahrzeuge auch immer stärker und damit größer. Zollkutter sind heute groß, sehr schnell und wendig mit dem Erscheinungsbild von Polizeifahrzeugen. Manche sind wirklich hübsche Schiffe und eignen sich besonders als Vorlage für Modelle.

Frachter und Passagierschiffe

Die zuvor beschriebenen Schiffe gehören fast alle in die Rubrik kleine Schiffe. Sie sind nicht länger als 60–90 m. Die nach Originalen die-

Modell des Öltankers „Shell Technician", Maßstab 1:96, ausgestattet mit Elektromotor und Funkfernsteuerung, Erbauer Roger Thayne, Großbritannien. Das Modell erzielte auf Veranstaltungen mehrere erste Plätze.

Modell der Nordseefähre „Norland", Maßstab 1:96, ausgestattet mit zwei voneinander unabhängigen Elektroantrieben und einer Mehrkanalfernsteuerung, Erbauer David Holland, Großbritannien

ser Klasse gebauten Modelle lassen sich in einem recht großen Maßstab herstellen, und das ermöglicht dem Modellbauer, Einzelheiten sehr genau nachzubauen.

Die Schiffe, die jetzt folgen, sind größer und müssen als Modell zwangsläufig in einem kleineren Maßstab realisiert werden. Dadurch geraten die Details aber feiner und deren Herstellung ist recht schwierig.

Stückgut- und Massengutfrachter sah man zwischen und nach den Weltkriegen in größerer Stückzahl auf den Weltmeeren. Sie hatten Längen von 60 bis 150 m, Massengutfrachter manchmal auch mehr. Einige verkehrten regelmäßig zwischen festgelegten Häfen, während andere auf so genannte Trampfahrt gingen, also dorthin fuhren, wo Fracht angeboten wurde. Dabei hatten einige, besonders die Stückgut- und Fruchtfrachter, auch Kapazitäten für bis zu zwölf Passagiere. Für mehr hätte ein Bordarzt mitfahren müssen. Bekannte Typen wie die Liberty-Schiffe in der Zeit des Zweiten Weltkriegs oder andere danach gebaute Motorschiffe sind Vorbilder für gute Modelle geworden.

Die meisten Trampfahrer wurden mittlerweile durch die größer und größer werdenden Containerschiffe, Öltanker und Erzbulker verdrängt, die zwischen den größeren Häfen der Kontinente und deren Container- und Ölterminals verkehren. Diese Schiffe können zwar als Modelle gefertigt werden, jedoch sollte man die Größe, das Gewicht und die Transportschwierigkeiten vorher bedenken.

Die Passagierschiffe, die bis in die frühen 1970er-Jahre im Liniendienst unterwegs waren, bis das Flugzeug sie verdrängte, sowie ihre Nachfolger, die modernen Kreuzfahrer und riesigen Fähren, haben bei fast gleichem Aussehen sehr unterschiedliche Maße. Kleinere Passagierdampfer ergeben wunderbare Modelle. Baupläne sind erhältlich.

Die größeren Einheiten der großen namhaften Linien, wie Cunard, P & O, Hapag Lloyd, Finlines etc., müssen als Modell in einem sehr kleinen Maßstab nachgebaut werden. Kleine Linienfähren, die zwischen zwei oder mehr festen Anlegern verkehren, geben gute Vorbilder für Modelle ab, die man in großem Maßstab sehr detailliert bauen kann.

Die kleineren Einheiten der Roll-on-roll-off-Fähren und -Schiffe mit ihren großen schwenk-, klapp- und mit 48-t-Lastern befahrbaren Laderampen, oft an beiden Enden, lassen sich aufgrund ihrer Größe in einem annehmbaren Maßstab nachbauen. Ebenso alle eisverstärkten Frachter, die für Fahrten in Polargewässern extra im Bug- und Heckbereich eine dickere Bordwand erhielten. Außerdem werden diese Schiffe heute mit neuartigen Antriebssystemen, z.B. dem Azipod, ausgestattet. Eine modellbauerische Herausforderung, die noch zu lösen ist.

Schaufelraddampfer

Abgesehen von ihren großen Brüdern, die früher die Meere befuhren und den Antrieb als Zugabe zur Besegelung nutzten, haben die schmucken, dampfgetriebenen Schaufelraddampfer bis in die frühen 1970er-Jahre den Passagier- und Ausflugsdienst auf den Binnenseen, den Flüssen, in deren Mündungsgebieten und entlang einiger Küstenregionen bedient. Viele davon sind noch vorhanden und werden gehegt und gepflegt, teilweise haben sie sogar noch ihren Dampfantrieb, die Mehr-

Modell des Mississippi-Flussfrachtbootes „Idlewild", Maßstab 1:48, ausgestattet mit Elektromotor und Funkfernsteuerung, Erbauer John L. Fryant, Großbritannien. Das Modell steht zurzeit im Museum für Amerikanische Geschichte in Washington, D.C.

zahl wurde aber auf betriebskostengünstigere und umweltverträglichere Dieselmaschinen umgebaut.

Während zu Beginn der Schaufelradzeit die beiden seitlichen Schaufelräder unabhängig voneinander gesteuert werden konnten, was aber in Notsituationen recht gefährlich sein konnte, verfügten die englischen Behörden für den Passagiertransport eine feste Kopplung. Nur Schlepper durften beide Räder weiter im alten Stil betreiben. In den Vereinigten Staaten, dem klassischen Schaufelradland, wurden nur wenige Schiffe, es waren immer Passagierdampfer mit Frachttransport, mit Seitenrädern ausgestattet. Meist trieben die kraftvollen, langhubigen und langsam drehenden Dampfmaschinen mit ihren Pleuelstangen direkt ein recht großes Heckrad an. Alle diese Schiffe sind aus Holz gebaut und mit vielen schönen Schnitzereien, Kunstschmiedearbeiten und Farben verziert worden. Die Heckschaufelräder haben einen Durchmesser von bis zu 10 m, bis zu 36 Schaufeln und eine Breite, die etwa 80% der Schiffsbreite einnimmt.

Antriebsräder arbeiteten auch innerhalb der Rumpfschale in einem Kanal. Alle militärischen Monitore waren von dieser Bauart. Die Reste eines dieser Monitore wurden vor einigen Jahren in einem Nebenfluss des Mississippi gehoben und unter einem Dach auf einem Ehrenfriedhof wieder zusammengesetzt. Zu besichtigen in Vicksburg, Mississippi.

Die Seitenraddampfer „Robert E. Lee" und „Natchez", baugleiche Kontrahenten beim großen Stromrennen, hatten Seitenräder mit 36 Schaufeln und einem Durchmesser von 12 m. Einer der größten Seitenraddampfer war „J. M. White" mit 98 m Länge, 14,3 m Breite und Schaufelrädern mit 13,4 m Durchmesser. Zum Bewältigen der teils recht engen Biegungen im Flusslauf des Mississippis konnten beide Seitenräder unabhängig voneinander betrieben werden. Zurzeit (2001) laufen noch sieben echte Dampfer auf den Flüssen und Strömen der USA im Touristenverkehr.

Durch die Modellbauer, welche die Geduld für die vielen Detailarbeiten aufbringen, werden diese Schiffe zur Augenweide auf jedem Modellteich. Heckraddampfer sind sehr flach gehende Fahrzeuge, die dadurch ein Problem mit der Stabilität haben. Hat man das gemeistert, leiden die funkferngesteuerten Modelle aber stets an der schlechten Steuerbarkeit, besonders bei Seitenwinden. Die Stabilität wird durch leichteren Materialien wie mehrlagiges dünnes Flugzeugsperrholz für den Oberbau verbessert. Der Schwerpunkt muss innerhalb des Schwimmkörpers mit seinem geringen Tiefgang liegen. Die Steuerbarkeit kann man nur mit Rudervergrößerungen verbessern. Die Fahrt der Modelle ist wegen des realistischen Fahrbildes für kleine Ruder zu langsam. Zum Bau der Modellschiffe und zur Lösung der Probleme gibt es genügend Pläne und Fachliteratur.

Sonstige Fahrzeuge

Zu guter Letzt gibt es noch die Spezialisten unter den Wasserfahrzeugen. Zu ihnen gehören die Versorgungs-, Bereitschafts- und Rettungsschiffe der künstlichen Öl- und Gasförderinseln. Sie ähneln im Aussehen sehr den schweren Hochseeschleppern, sind mit den gleichen leuchtenden Farben versehen und tragen

Modell des Sandbaggers „Sand Heron", Erbauer Roger Thayne, Großbritannien. Das Modell ist in sehr hoher Qualität gebaut und errang einige vordere Plätze auf vielen Veranstaltungen.

wie diese an den Abgastürmen und/oder den Bordwänden große, auffallende Firmenlogos. Einige sind mit sonst ungebräuchlichen Antriebseinrichtungen wie Seitenstrahlruder an Heck und Bug, Schottelantrieb oder Voith-Schneider-Propellern ausgestattet. Diese Antriebsarten werden in einem späteren Kapitel behandelt.

Dann haben wir noch die Schwerstarbeiter der Meere, Transportschiffe für schwere oder unhandliche Güter. Sie sind immer mit eigenen Schwergutheißvorrichtungen wie Kränen und Kranbrücken ausgestattet. So sind sie von landgestützten schweren Hebeeinrichtungen unabhängig und in der Lage, schwerste und sperrige Waren wie Hafenschlepper, Lokomotiven und ganze Schnellbootflottillen auch in kleineren Häfen zu bewegen.

Zu den Sonderfahrzeugen gehören ferner auf alle Fälle die Bohr- und Förderschiffe mit ihren hohen Bohrtürmen, die Explorer mit ihren langen Auslegern an den Seiten, um die Vermessungskabel auszubringen. Auch rechnet man dazu die Hochseekabelleger, die Pipelineverleger, die Forschungsschiffe und alle Militärfahrzeuge. Ein besonderer Schiffstyp sind die Halbtaucher. Sie nehmen im getauchten Zustand, bei dem der höhere Teil der Aufbauten über Wasser bleibt, schwimmende Lasten auf, heben sie beim Auftauchen über die Wasserlinie und begeben sich zum Bestimmungsort. Dort entladen sie, indem sie wieder tauchen.

Vor Jahren gab es noch die diversen Walfangfahrzeuge, angefangen von den Walfangmutterschiffen, auch Kochereien genannt, bis hin zu ihren dampfgetriebenen Walfängern. Diese Fangschiffe waren im Aussehen stark an die Fischereifahrzeuge angelehnt, nur dass sie einen großen Aussichtskorb im Masttop und eine Harpunenkanone im Bug hatten. Sie stellen ebenfalls brauchbare Vorbilder dar.

Bagger sind hervorragende Funktionsmodelle. Ihre Formen variieren von großen Bargen mit aufgesetzten Greifkränen bis hin zu anspruchsvollen Schiffen mit Endloseimerketten-, Korb- oder in einigen Fällen starken Saugsystemen, die auf den Grund des Gewässers herabgesenkt werden und dort den Schlick oder Sand abbauen, nach oben befördern und entsorgen. Mal nutzt man dazu bereitgestellte Bargen, mal eigene Laderäume. Die so genannte Verklappung des Materials wird dann auf See vorgenommen. Pläne sind auch für solche Spezialmodelle verfügbar.

Anfänger im Schiffsmodellbau sollten meinen Rat annehmen und mit einem kleinen einfachen Schiffchen, das nicht allzu viele Ausrüstungsteile hat, beginnen. So ein Modell ist in verhältnismäßig kurzer Zeitspanne gebaut, erfordert nicht sehr viel Detailarbeit und kann meistens ins Wasser gesetzt werden, bevor der erste Begeisterungsschwung verloren geht.

Man sollte sich erst dann an größere und schwierigere Vorhaben machen, wenn der Bau des ersten Schiffsmodells erfolgreich abgeschlossen wurde und die Freude daran immer noch vorhanden ist.

Kapitel 2: Zeichnungen, Maßstäbe und deren Umsetzung

Um ein schönes, maßstabsgetreues Schiffsmodell erfolgreich zu bauen, sind akkurate Arbeitszeichnungen unerlässlich. Man bekommt sie aus verschiedenen Quellen.

Am einfachsten ist es, sie von einem Bauplanverlag oder von einem gut sortierten Modellbaufachgeschäft zu beziehen. Diese Pläne sind von Kennern der Schiffsmodellbauerfordernisse unter Verwendung der von den Werften oder Museen erstellten Unterlagen für die Originalschiffe gezeichnet worden. Sehr oft enthalten diese Pläne unterstützende Detailzeichnungen und Hinweise, wie das Modell am besten herzustellen ist.

Auch wenn die meisten Werften ihre Pläne unter Verschluss halten (manches Mal sogar noch, wenn die Schiffe bereits wieder verschrottet wurden), sind sie doch verpflichtet, mindestens eine Kopie aller Bauunterlagen (heute meist in elektronischer Form) eines Fahrzeugs als so genannte Wissensreserve an eine der nationalen europäischen Datenbanken oder Dokumentationszentralen zu übergeben. Unterlagen über Schiffe aus diesen Quellen, wie Seeämter und Zulassungs- und Überwachungsbehörden, Versicherungen, Museen und andere Archive, zu beschaffen, ist meist etwas langwieriger und man muss eine sehr gute Begründung haben. Hat man sie so weit, dass sie die Plankopien herausgeben wollen, muss man für jede Kopie zahlen.

Kennt der Neuling, z.B. durch die Clubmitgliedschaft, ältere, erfahrene und in der Marinewelt bekannte Modellbauer, kann er diese bitten, ihre Bezugswege für die Beschaffung von Plänen einzusetzen. Häufig wird ein höfliche Anfrage dieser alten Hasen von einer Schiffswerft positiv beantwortet. Die Alten sind immer hilfsbereit und freuen sich über jeden Nachwuchs in der Modellbaufamilie. Manchmal lässt sich sogar ein Besuch des Originals arrangieren, dann kann man Skizzen anfertigen, Maße abnehmen und Fotos schießen.

Wenn eine Werft nicht mehr existiert, das Schiff aber immer noch die sieben Weltmeere bereist, kann eine nette Anfrage um Hilfe beim Eigner schnell Früchte tragen. So konnte ich schon viele Originale aufsuchen und Stunden mit dem Studium der Einzelheiten zubringen.

Dazu ein Tipp des Übersetzers: Ich habe es mir angewöhnt, jede Möglichkeit, ein Originalschiff betreten zu können, reiflich auszunutzen. Ich mache so viele Fotos wie möglich, stöbere, meistens von meiner Frau begleitet, schon mal in den Tiefen eines Schlachtschiffs herum, besorge mir so viele Informationen und archiviere diese Unterlagen später auf Disketten meines Heimcomputers für schlechtere Zeiten oder um Freunden helfen zu können. Ich habe deshalb immer einen 2 m langen Gliedermaßstab mit einem Haftmagneten an einem Ende im Gepäck, der mit fotografiert wird. Auf diesem Zollstock sind jeweils die ungeraden Dezimeter mit Leuchtfarbe gekennzeichnet, während die geraden Dezimeter weiß bleiben. So kann ich später über die Fotos ziemlich genau die Maße ermitteln. Eine kleine empfindliche Taschenkamera mit Blitzlicht hat man auf Reisen ja sowieso dabei.

Nachdem man sich für ein Schiff entschieden, die Quellen für alle erreichbaren Unterlagen ausfindig gemacht und sie zum Teil auch schon beschafft hat, ist es notwendig, diese auch richtig lesen zu können. Denn nur so kann man die Größe des späteren Modellschiffs festlegen und damit gleichzeitig den Maßstab ermitteln.

Werftpläne können riesig sein; manche messen 4 m und mehr in der Länge, wenn z.B. der Linienriss für ein 50 m langes Schiff im Maßstab 1:12 gezeichnet wurde. Die Modellbaupläne sind dagegen fast nie länger als etwa 150 cm, etwa zweimal DIN A0. Für einen erfolgreichen maßstäblichen Nachbau eines Originals sind als Minimum immer alle Linienrisse und der Generalplan erforderlich.

Hat man die Schiffspläne endlich in den Händen, stellt man sehr oft etwas enttäuscht fest, dass sie nicht in dem Maßstab gezeichnet wurden, in dem man sein Modell realisieren möchte. Sie müssen also umgerechnet und neu gezeichnet werden. Noch vor ein paar Jahren war das Umsetzen eines Plansatzes und das Neuzeichnen eine sehr langwierige und mühselige, aber unumgängliche Arbeit. Mit den heutigen Mitteln ist es dagegen keine Riesenaufgabe mehr. Man sucht mit dem Plansatz eine gut ausgestattete Kopieranstalt, das Konstruktionsbüro einer großen Firma oder einen Architekten auf und lässt sich die Pläne auf den gewünschten Maßstab verkleinern oder vergrößern und als Papier- oder Transparentkopie gegen ein vernünftiges Entgelt fertigen.

Wenn man ganz großes Glück hat, bekommt man auch noch einen Satz CD-ROMs für den eigenen Rechner dazu. Dann braucht man seine Arbeitskopien nur noch dort herauszulassen. Mithilfe eines modernen PC kann man auch die selbst gemachten Fotos, die man als Papierabzug, Dia oder aber auf CD-ROM vorliegen hat, so weit bearbeiten, dass man maßstäbliche Ausdrucke machen oder Einzelheiten vergrößert auf einem Ausdruck ganz genau studieren kann.

Linienriss

Das ist der Schlüsselplan für einen Schiffsrumpf. Der Rumpf ist auf diesen Zeichnungen in mindestens drei Ansichten dargestellt, wobei der Bug des Schiffes auf den Originalzeichnungen immer nach rechts weisen wird.

Oben befindet sich immer die Seitenansicht, auch Seitenriss genannt. Er besteht aus einem Linienrahmen mit zeichnerischen Linienüberlagerungen.

Eine horizontale Basislinie, die nicht mit der Kiellinie des Schiffes identisch sein muss, wird von den gebogenen Linien der Bug- und Heckform flankiert. Die Deckslinie schließt diese Rahmenkonstruktion nach oben ab.

Dieser Rahmen wird von drei Liniensätzen überlagert. In Intervallen entlang der Basislinie ist eine Serie von vertikalen Linien, bekannt als die Höhen- oder Stationslinien, eingezeichnet. Eine Anzahl horizontaler Linien, die in gleichem Abstand bis zur Deckslinie parallel zur Basislinie laufen, sind die Wasserlinien und schließlich laufen vom Bug die Buglinien und vom Heck die Hecklinien (auch Pobackenlinien genannt) zur senkrechten Zeichnungsmittenlinie (Mittenstationslinie genannt). Sie geben die äußere Form des Schiffsrumpfes an. Auf dem Blatt ist unterhalb des Seitenrisses der Wasserlinienriss angeordnet. Dieser zeigt eine Hälfte des Schiffsrumpfes von der Längsmittenlinie zur Außenhülle. Es ist immer die von unten gesehene Backbordseite des Rumpfes.

Die auf diesem Plan gezeichneten Linien decken sich mit den Stations- und Höhenlinien des darüber gezeichneten Seitenrisses. Weiterhin sind die Abstände der einzelnen Spanten des Schiffes mit der Angabe, ob Neben- oder Tragspant, auf der Basislinie mit kurzen oder längeren senkrechten Strichen eingetragen.

Die gekrümmten Linien stellen, bis auf eine (meistens die äußerste), die Außenhaut des

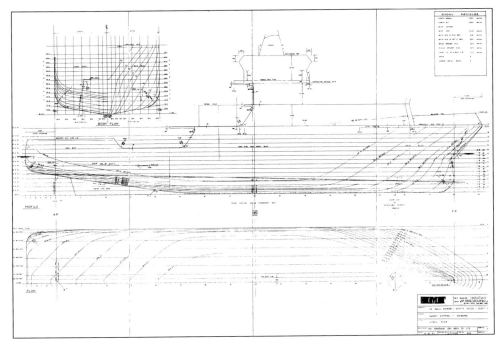

Linienriss eines Bereitschaftsschleppers

Schiffes im Bereich der jeweils zugehörigen Wasserlinie dar. Die äußerste Linie markiert die Grenzen des Decks und gegebenenfalls der Schanz, wenn dieses Deck nicht einen so genannten Decksprung aufweist.

Die in gleichen Abständen parallel zur Mittenlinie laufenden Linien sind die Positionen der Bug- und Hecklinien aus der Sicht von unten.

Der dritte Plan auf dem Blatt ist der Spantenriss. Die vertikale Mittellinie dieses Risses ist die zentrale Längsmittenlinie des Schiffsrumpfes. Auf der rechten Seite werden immer die gekrümmten Außenlinien der Schiffswand vom Bug und auf der linken Seite die vom Heck bis zur Mittenstationslinie dargestellt. Außerdem sind auf dem Spantenriss nochmals alle Wasser-, Bug- und Hecklinien als gerade verlaufende waagerechte und senkrechte Striche eingezeichnet. Die obersten gebogenen Linien dieses Risses zeigen die so genannten Decksbuchten. Diese Linien geben die Form des Decks von der Mittenlinie zur Außenwand an. Normalerweise ist nur eine gezeichnet, weil die Decksbucht fast immer über das ganze Schiff gleich verläuft.

Es ist allgemein üblich, dass Schiffspläne wie folgt gezeichnet werden: Der Bug zeigt auf dem Seitenriss nach rechts, der Wasserlinienriss stellt die Backbordhälfte von unten dar und die Zeichnung der Spantenrisse wird wie oben beschrieben ausgeführt.

An jedem Ende des Seitenrisses ist immer eine senkrechte Linie genau durch den Punkt der Außenlinie gezeichnet, an dem die berechnete Ladewasserlinie (LWL) verläuft. Man nennt diese Linien das vordere Lot (engl. FP = Fore Perpendicular) beziehungsweise das achtere Lot (engl. AP = Aft Perpendicular). Betrachtet man sich die achtere Linie genauer, stellt man fest, dass sie bei allen Rissen durch die Ruderachse läuft. Die vordere Linie schneidet nicht nur die LWL, sondern auch die dortige Linie der Bugkontur.

Alle Linien und Risse der zuvor beschriebenen Zeichnungen stellen keine Strukturbauteile des Schiffs oder die Abmessungen der Längsträger (Stringer), beziehungsweise der Spanten dar. Sie sind die Konturen der Außenhaut oder Beplankung und des Decks.

Die Spanten oder Rippen eines Schiffes sind bautechnische Trägerelemente; sie sind nicht gleichmäßig über die Länge des Rumpfes verteilt. Zu den Enden des Rumpfes werden die Abstände enger, in der Rumpfmitte meistens weiter. Auch hier gibt es wieder Ausnahmen: Wo der Rumpf schwere Einbauten, z.B. die Maschinenanlage, die Basis für einen Schwerlastkran o.Ä., aufnehmen soll, werden die Spantabstände im Verhältnis zur späteren Höchstbelastung mit einer großen Sicherheitszugabe berechnet und eventuell sogar die Spantstrukturen verstärkt. Die Berechnungsverfahren und Festlegungen der entsprechenden Normen wurden von den staatlichen Schiffsbauaufsichtsämtern international bindend festgelegt.

Die genauen Positionen der Spanten werden auf dem Generalplan und den Rissen eingezeichnet. Wenn man diese Pläne eines Schiffes länger betrachtet und verstanden hat, kann man nach ihnen für das spätere Modell sehr genau die Positionen der Modellrumpfspanten zu den Luken, Aufbauten und Decksausrüstungen festlegen.

Käufliche Modellbaupläne, auch wenn sie als maßstabsgerecht angeboten werden, sollte man immer mit den bereits gesammelten Unterlagen des Originals vergleichen. Sie geben oft einen überarbeiteten, dem Original nicht entsprechenden Baustand wieder. Besonders die Positionen der Aufbauten und der anderen Decksausrüstung sind zu kontrollieren.

Generalplan

Der Modellbauer muss immer daran denken, dass der Generalplan das erste Stück Papier ist, das für die Planung der einzelnen Bauphasen

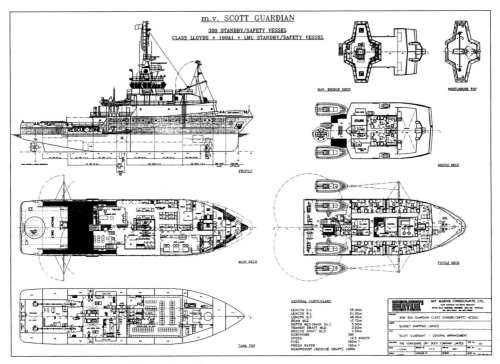

Generalplan eines Bereitschaftsschleppers

benötigt wird und die beim Bau des Schiffes gemachten Änderungen sehr oft nicht enthält. Dieser Plan wird ganz selten von der Bauwerft gepflegt. Auch die nach der Auslieferung aus der Bauwerft am Schiff vorgenommenen Umbauten sind meistens nicht in den Generalplan eingezeichnet worden.

Der Generalplan zeigt, wie der Übersichtsplan für einem Gebäudebau, den „Grundriss" eines Schiffes in vereinfachter Darstellung. Seine Zeichnungsqualität und die Anzahl der auf ihm enthaltenen Informationen können stark variieren. Es kommt immer darauf an, für welchen Zweck und von wem dieser Plan gezeichnet wurde. Generalpläne werden als Grundlage für Versicherungen, zu Werbezwecken und vielen Anlässen mehr erstellt. Normalerweise enthält ein für die Bauwerften gezeichneter Generalplan neben den Einbauplätzen für die Ausrüstungen und andere Einrichtungen des offenen Oberdecks auch die Anordnungen der Maschinen, die Einrichtungen der Unterkünfte und die Ausstattungen der Betriebsräume, wie Brücke, Maschinenstände etc. Man kann aus ihm auch die Lage der Propellerwellen und der Ruderachsen entnehmen. Von diesen letzten Informationen der Einzelheiten benötigt ein Modellbauer nur ganz wenige. Bauplanlieferanten, die meistens den Generalplan in einen Modellplan umsetzten, lassen daher oft die für den Modellbau scheinbar unwichtigen Informationen weg. Seltsamerweise führen gerade die weggelassenen Details oftmals zu Irrtümern beim späteren Bau des Modells. Um als seriöser Modellbauer ein gutes Resultat abliefern zu können, sind deshalb schon während der Planungsphase sehr viele zusätzliche Forschungen und/oder Schiffsbesuche nötig, um fehlende richtige Informationen zu bekommen.

Die folgende Erfahrung zeigt, dass Unterschiede zwischen einem Original und seinem Generalplan bestehen: Ich hatte einen Werft-Generalplan für einen Trawler aus einer Museumsquelle erstanden. Als ich diesen Plan jedoch mit einem sehr guten professionell geschossenen Foto verglich, stellte ich große Unterschiede am gesamten Aufbau fest. Die Linie des Bootsdecks war geändert, ebenso die Form des Ruderhauses und andere Teile der Aufbauten. Erst ein Besuch auf dem Original ergab,

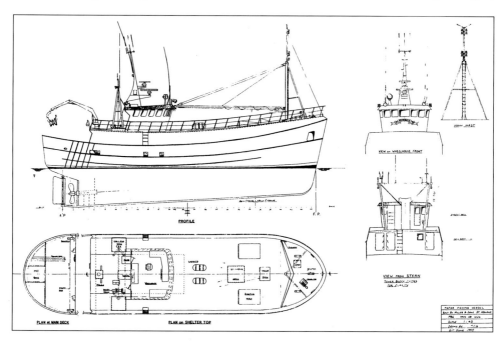

dass die Fotos den richtigen Bauzustand zeigten. Wann das Schiff (mit seinen baugleichen Schwestern) gegenüber dem Generalplan geändert wurde, ließ sich nicht mehr ermitteln. Vielleicht geschah es bereits während der Neubauphase, oder der Reeder/Eigner hatte das Schiff sofort nach der Bauwerftabgabe aufgrund seiner Erfahrungen bei einer anderen Werft ohne weitere Dokumentation umbauen lassen. Die Umbauten wurden nur in den Detailzeichnungen festgehalten.

Die Abbildungen eines professionellen Generalplans einer Werft und eines Generalplans für ein Modell zeigen deutliche Unterschiede. Die Sparsamkeit in der Darstellung der Ausrüstungen und anderer Einzelheiten auf dem Modellplan fällt auf, er ist gerade noch ausreichend, um ein hübsches Modell zu bauen.

Ein kompletter Plan, Generalplan einer Werft oder Modellplan, ist für den Modellbau lebensnotwendig, nur vermittelt er nicht immer alle notwendigen Informationen. Seiten-, Bug- und Heckansichten des Ruderhauses sind für den korrekten Bau genauso erforderlich wie die Position der Ladeluken und der Türen in den Aufbauten. Die Darstellung und Position der Reling mit ihren Stützen, der Davits, Rettungsboote, Rettungsflöße, Oberlichter, Poller und anderer Decksausrüstungen sind ebenfalls sehr wichtig. Auf einigen Plänen werden nur die Umrisse der Grundplatten oder Schemazeichnungen dieser Ausrüstungen an der genauen Einbauposition angedeutet, die restlichen, exakten Informationen über die einzelnen Bauteile muss man sich dann aus Datenblättern oder Einzelzeichnungen der Zulieferindustrie mühsam zusammensuchen. Dabei ist die Durchsicht der offiziellen Unterlagen der Normenanstalten für die Musterzulassung dieser Ausrüstungsteile sehr hilfreich. Man kann die nötigen Informationen auch aus einschlägigen Büchern und technischen Fachzeitschriften entnehmen. Manche Literatur und Detailzeichnungen findet man im Angebot der Modellbauverlage oder sie wissen, wie auch die meisten versierten, älteren Modellbauer, die oft eine eigene Datensammlung haben, bei welchen Firmen man um Einzelheiten nachfragen kann.

Maßstäbe

Der Maßstab gibt das Größenverhältnis zwischen dem vorliegenden Plan oder dem Modell und dem Originalschiff an. Man hat dafür weltweit zwei gültige Ausdrucksformen. In den Ländern mit metrischem Maßsystem wird das Größenverhältnis direkt in Zahlen wie 1:10, 1:20, 1:50, 1:100 usw. ausgedrückt. Im englischen Sprachraum verwendet man dagegen oft immer noch – bis zu einem bestimmten Größenverhältnis – das Englische System. Das bedeutet, dass 1 inch (Abk. in; 25,4 mm; dt. Zoll) die Maßgrundlage bildet. Wenn auf einer Zeichnung z.B. der Maßstab mit Scale = 1/8 in angegeben ist, wird damit ausgedrückt, dass 1/8 in (3,175 mm) auf der Zeichnung 1 in (25,4 mm) in der Realität entspricht. Oft findet man die Maßstabsangabe 1 in = 1 ft. Dies bedeutet, dass eine Zeichnungslänge von 1 inch in der Wirklichkeit 1 foot (304,8 mm, dt. Fuß) entspricht.

Eine Umrechnungstabelle englischer in metrische Maße ist im Anhang aufgeführt.

Der Maßstab kann wie im metrischen System aber auch als Verhältnis angegeben werden. Dazu muss man wissen, dass 1 foot genau 12 inch hat. Die Maßstabsangabe 1 in = 1 ft bedeutet gleichzeitig das Verhältnis 1:12. Lautet diese Angabe 1 in = 1 yd, ist das Verhältnis 1:36 gemeint, da 1 yd = 3 ft = 36 in. Diese Angaben können natürlich auch in Brüchen erfolgen. So gibt 1/8 in = 1 ft das Verhältnis 1:96 an, denn von den 1/8-inch-Teilen gehen 96 Stück in 1 foot.

Das metrische Maßsystem ist heute weit verbreitet und gilt für alle Schiffe, die in Europa (auch Großbritannien) gebaut werden sowie in den meisten anderen Ländern der Welt. In den USA wird aber nach wie vor das Englische System benutzt, mit dem auch die Pläne für Schiffe aus britischen Werften bis zu den frühen 1970er-Jahren bemaßt sind.

Für Modellbauer lohnt sich die Umrechnung in metrische Maße kaum, denn sie ist sehr umfangreich, kann schnell zu Rechenfehlern führen und im Ergebnis gibt es oft einige Stellen nach dem Komma, die beim Bau gar keine Rolle spielen. Es ist also einfacher, den auf den Zeichnungen angegebenen Maßstab für die Modellgröße zu wählen.

Wenn man einen Modellbauplan verwendet, braucht man in der Regel keine eigenen Zeichenfertigkeiten, weil die meiste Zeichenarbeit schon bei der Planerstellung gemacht wurde.

Fotografisch festgehaltene Einzelheiten von Bord des Originals können wichtige zusätzliche Informationen liefern. Platziert man den bereits beschriebenen markierten Zollstock beim Objekt, kann man später auf dem Foto die Maße dieses Ausrüstungsstücks berechnen.

Verwendet man als Fotomaterial Filme mit einer Empfindlichkeit von 400 ASA und lässt die einzelnen Aufnahmen beim Entwickeln gleich auf eine CD-ROM brennen, hat man neben den Negativen und den Abzügen eine gute Grundlage, um die Bilder mit jedem mittelprächtig ausgerüsteten PC für die Zwecke des Modellbauers zu bearbeiten. Zumal viele Entwicklungsfirmen die dafür benötigte Software kostenlos auf jeder mit den eigenen Fotos gebrannten CD mitliefern. Man kann so ganz leicht Kleinbildaufnahmen in quadratmetergroße Plakate verwandeln.

Ehe man Zeichnungen bei einer Kopieranstalt vergrößern oder verkleinern lässt, sollte man prüfen, ob man die Zeichnung nicht auf einen ASA-400-Film ablichtet und dann die Zeichnungsfotos, wie zuvor beschrieben, entwickeln lässt und selbst bearbeitet.

Kapitel 3: Nachforschungen zum gewählten Modell

Nach dem Erhalt der Pläne des ausgewählten Schiffs stellt man zuerst einmal fest, zu welchem Datum sie gezeichnet wurden und ob sie das Schiff für diese Zeit auch korrekt zeigen. Man kann das Modell des Schiffs im Ablieferungs- oder einem späteren, umgerüsteten Bauzustand bauen. Viele Schiffe verändern ihr Aussehen im Laufe ihres Lebens mehrmals. Einige dieser Umbauten beeinflussen die Überwasseransicht, andere aber, wie eine Umrüstung auf einen anderen Propellertyp oder die Hinzufügung einer Kort-Düse, sind über Wasser nicht sichtbar. Soll das fertige Modell einen Ausrüstungsstand nach einem Umbau darstellen, müssen solche Änderungen, auch wenn sie nicht im Generalplan enthalten sind, selbstverständlich dokumentiert sein. Manches Mal passiert es sogar, dass ein Schiff einer so großen Änderung unterzogen wurde, dass es dem ersten Erscheinungsbild überhaupt nicht mehr ähnelt. Eine sehr große Änderung ist z.B. die Verlängerung eines Schiffes. Hierzu wird es normalerweise mittschiffs auseinander geschnitten und eine komplette, meist vorgefertigte Abteilung eingefügt.

Die Geschichte eines bestimmten Schiffes zu erforschen ist nicht immer einfach, aber sehr interessant und lohnt sich meistens. Soll das Modell später an nationalen und internationalen Wettbewerben teilnehmen, muss man, um die Genauigkeit des Nachbaus zu dokumentieren, dem Kampfgericht diese Nachforschungsergebnisse vorlegen. Sie müssen auch in einem modellspezifischen offiziellen Papier (Bielbrief) festgelegt und beglaubigt werden. Wertvolle Baubeurteilungspunkte bekommt man nur für Tatsachen.

Wenn ein Modell zum ersten Mal in das Modellgewässer gesetzt wird, gibt es häufig den Zuschauer – auch Clubkollegen gehören dazu –, der angeblich alles über das Schiff weiß und auf vermeintliche Fehler oder falsche Bauteile hinweist und damit den Stolz und die Freude des Erbauers beeinträchtigt. Mit den richtigen Daten zur Hand ist es eine einfache Angelegenheit, derartige Miesmacherei im Keime zu ersticken.

Am besten stellt man sich gleich zu Beginn der Nachforschungen einen Zeit- und Maßnahmenplan auf. Er könnte so aussehen:

- Durchsuche die örtlichen Bibliotheken und Museen nach Ausgaben des Lloyd's Registers und notiere alle das Fahrzeug betreffende Eintragungen und Informationen.
- Suche bei allen infrage kommenden Planlieferanten alle verfügbaren Zeichnungen und Unterlagen zu dem Schiff.
- Forsche in den nationalen und internationalen Museen (z.B. bei einer Urlaubsreise).
- Sollten Zeichnungen und Informationen nicht auf den vorgenannten Wegen zu beschaffen sein, frage beim Eigner oder Reeder an.
- Bitte die Werften, wenn sie noch existieren, um Hilfe.

- Wenn die Unterlagen von einem professionellen Planlieferanten kommen, versuche dessen Quellen und evtl. den Urheber zu ermitteln.
- Durchstöbere die Abteilung See- oder Schifffahrt in der örtlichen Bücherei.
- Durchforste die Pressearchive nach Daten des Stapellaufs, Umbauten, Vercharterungen, Verkäufe oder anderen Ereignissen im Leben des Schiffes.
- Befrage die Mitglieder der Modellbauclubs. Unter ihnen sind möglicherweise Kenner des Schiffes oder solche, die ihr Wissen über das Schiff aus Artikeln in speziellen Zeitschriften, Filmen, aus dem Fernsehen oder aus Radiosendungen erworben haben und in der Lage sind, Wege zu den Quellen zu benennen oder gegebenenfalls zu ebnen.
- Bitte alle Verlage, die irgendwie über Seefahrt, Schiffbau, Seehandel etc. berichten, um tatkräftige Hilfe.
- Stelle eine Liste aller Personen zusammen, die bei der Beschaffung von Unterlagen über das Schiff behilflich sein können, und bitte sie auch darum.

Merke: Ausdauer wird belohnt, Aufdringlichkeit zahlt sich aber nie aus.

Das Schifffahrtsregister von Lloyd's, London

Mit einer Anfrage bei der Bibliothek der eigenen Gemeinde oder der nächstgrößeren Stadt sollte man herausfinden, wo man in das Schifffahrtsregister von Lloyd's, London, Einsicht nehmen kann. Manche Büchereien, besonders die der Küstenstädte und in den Städten mit Binnenhäfen, haben Kopien, die einige Jahre zurückdatieren und es kann möglich sein, dass man so ganz schnell die benötigten Informationen erhält, auch wenn das Schiff nicht mehr existiert.

Das Register besteht aus drei Bänden, wird jährlich publiziert und enthält alles Wissenswerte über seegehende zivile Schiffe, die durch Lloyd's klassifiziert (und versichert) wurden. Sie müssen aber 100 Bruttoregistertonnen und mehr haben. Eine Zusatzliste führt alle Eigner und Reeder auf, einschließlich aller ihrer laufenden Schiffe.

Für jedes dort registrierte Schiff sind folgende Informationen vorhanden:
- Name – auch vorangegangene Namen (falls erforderlich) und Daten der Umbenennung(en)

Kopie einer Seite aus dem Lloyd's Register

- behördliche Zulassungsnummern
- Rufzeichen
- Schiffstyp
- Tonnage
- wann, wo und durch wen gebaut
- Baunummer der Werft
- Werften und Baunummern der Umbauten
- Hauptabmessungen (in einigen Fällen auch die Längen von Heckaufbauten, Brücke und Vorschiff)
- Typ, Art, Leistung und Hersteller des Antriebs
- weitere wichtige, zur sicheren Identifizierung des Schiffes notwendige Daten

Dieses Lloyd's Register darf nicht mit der jährlichen Ausgabe von Lloyd's verwechselt werden, deren englischer Titel Rules and Regulations for Construction and Classification of Steel Vessels lautet. In dieser Publikation werden in Erlassen und Regeln die Mindestanforderungen an alle Bauelemente eines Schiffes festgelegt. Daran müssen sich alle Werften halten, wenn sie für einen Neu- oder Umbau eine Zulassung bzw. Klassifizierung von Lloyd's haben wollen. Eine Fundgrube für den Modellbauer.

Werftpläne

Unglücklicherweise haben in den letzten Jahren viele Werften auf der ganzen Welt zugemacht. Die Gelände wurden dann oft anderen Zwecken zugeführt und man räumte und entfernte die Bauten. Dabei ging leider häufig die gesamte Dokumentation, also das Archiv, der Werft verloren oder wurde im besten Falle an einen anderen Ort verlagert. Wenn man bei seinen Nachforschungen Glück hat, findet man diese Lager und ihre Verwalter.

Solange jede Werft produzierte, hatte sie die Pflicht, ein Exemplar ihrer erstellten Dokumente an das jeweilige nationale Archiv abzugeben. Und Bibliotheken von Museen, Universitäten, Forschungsinstituten und Stadtarchiven haben oft auch Kopien bekommen. Von hier kann man in vielen Fällen gegen Bezahlung Kopien der Unterlagen erhalten, doch kommt es immer wider vor, dass zwar das Vorhandensein dieser Unterlagen bestätigt wird, jedoch keine Kopien erhältlich sind, weil das Material aus Kapazitätsgründen noch nicht katalogisiert wurde. Man wäre leider nicht in der Lage zu helfen.

Das größte Glück eines Schiffsmodellbauers ist es, wenn die Werft noch existiert und auch Hilfe leisten will. Dann sollte man nicht zögern, neben dem Generalplan um weitere Informationen und Zeichnungen zu bitten. Pläne von den einzelnen Decks, der Brücke mit ihrer Innenausstattung, der Deckarrangements, Masten, Kräne und Windenpositionen sowie die Einrichtung des Maschinenraums und der Zusatzantriebe sind für einen präzisen Nachbau sehr wertvoll. Solche Details enthalten die käuflichen Modellpläne, selbst in abgespeckter Form, sehr selten. Meistens muss man für die richtigen Anordnungen der Aggregate mehr auf seine eigenen Erfahrungen oder die der älteren Clubkameraden zurückgreifen.

Sehr oft zeigen die Werftpläne die Phasen der Schiffsherstellung von der stählernen Grundkonstruktion bis zur Außenhaut. Dadurch besteht die Möglichkeit, diese Informationen in den Bau des Modells einfließen zu lassen. So können z.B. bei eisgehenden Schiffen die Dicken und Lagen der Zusatzverstärkung ermittelt werden.

Eine Werft erzeugte früher Hunderte von Transparentzeichnungen für ein einzelnes Schiff. Heute werden alle Konstruktionsunterlagen und Pläne mithilfe großer Rechneranlagen erstellt, der Produktion als Datenpaket übermittelt und sofort abgespeichert.

Aus einem solchen Datenpaket kann ein Modellbauer nur wenige Pläne verwenden. Der Rest, auch wenn er kaum zu gebrauchen ist, muss aber, um nichts zu verpassen, gesichtet werden. Das aber kostet wieder Zeit. Zeit ist Geld für die Werft und die Verantwortlichen wollen das nicht allzu gerne für einen Außenstehenden ausgeben. Man sollte also seine Bitte um Unterlagen auf das Nötigste zusammenstreichen. Möglicherweise hat der Zeichner eines käuflichen Modellplanes weitere Informationen über das Original, auf die er, um den Plan nicht zu überlasten, beim Zeichnen verzichtete. Wenn er das Modell vor der Veröffentlichung des Plans selber gebaut hat, besitzt er mit Sicherheit solche Zusatzunterlagen. Und wenn es nur Fotos sind. Eine freundliche schriftliche Anfrage um Hilfe mit einem frankierten Rückumschlag und dem Angebot, alle anfallenden Kosten zu übernehmen, findet gewöhnlich Aufmerksamkeit und endet oft in der erbetenen Hilfestellung.

Kostenersatz für Kopien und Ausdrucke bietet man fairerweise auch den Werften an. Und man sollte sich verpflichten, die zur Verfügung gestellten Unterlagen nur für private modellbauerische Zwecke zu verwenden und keine kommerziellen Pläne damit zu verwirklichen. Doch trotz solcher Zusagen ist es in letzter Zeit schwer geworden, von Werften eine positive Antwort zu erhalten, besonders wenn es sich um ein Schiff aus einer laufenden Bauserie handelt. Die Werftverantwortlichen befürchten die Weitergabe, auch ungewollt durch ein exakt gebautes Modell, an die Konkurrenz. Man muss schon recht viel Überredungskunst aufwenden, um zum Ziel zu kommen. Oft hilft der Hinweis auf die Werbewirksamkeit des späteren Modells.

Fotografien

Nachforschungen werden umso leichter, je mehr das Original historisches Interesse hervorruft. Die Archive der Lokalpresse am Werftstandort enthalten oft Informationen und vor allen Dingen ganze Serien von sehr guten professionellen Fotos (Negativen). Diese können während der gesamten Bauzeit des Schiffes entstanden sein und Einblicke in die Konstruktion geben. Große Wochen-, Monats- und Fachzeitschriften haben in ihren Beständen häufig Beschreibungen und Aufnahmen von interessanten Schiffen. Fragt man bestimmte Einzelheiten an, stellen sie oft Ablichtungen zur Verfügung.

Wurde ein Schiff aus irgendeinem Grund Gegenstand allgemeiner Aufmerksamkeit, haben die nationalen und lokalen Zeitungen sicher Unterlagen und Bilder in ihren Archiven. Vielleicht berichtete auch ein örtlicher Fernsehsender darüber, der dann eventuell über weitere Unterlagen verfügt, die man bekommen kann, vor allem, wenn man versichert, dass das fertige Modell schon während des Baus und wenn es fertig ist für Fernsehaufnahmen zur Verfügung steht.

Man muss einfach jede Möglichkeit, die sich bei der Suche nach Unterlagen für ein bestimmtes Schiff auftut, prüfen, selbst wenn sie auf den ersten Blick wenig Erfolg verspricht. Immer wieder stellen sich überraschende und befriedigende Ergebnisse ein.

Fotonegative, Aufzeichnungen und Filme kann man eventuell von den Verlagen, Sendeanstalten oder Fotografen ausleihen, um Abzüge oder Kopien der Datensätze für den eigenen PC zu machen oder machen zu lassen. So bekommt man von den deutschen Fernsehsendern fast alle veröffentlichten Berichte über Schiffe, deren Stapelläufe, Versuchs- und Überführungsfahrten bei den anstaltseigenen Vertriebsorganisationen. Die Bezugsadressen und Preise erfährt man von den einzelnen Sendern.

Bücher

Nachforschungen in Bibliotheken fördern oft Bücher zutage, die haargenau das gesuchte Schiff beschreiben. Kataloge von Verlagen und Antiquariaten für Seefahrtliteratur sind für die Suche sehr wertvoll. Lieferbare Titel findet man in Buchhandlungen, bei spezialisierten Versendern und in gut sortierten Modellbaufachgeschäften.

Abgesehen von Büchern, die sich mit einem bestimmten Schiff befassen, gibt es andere, die Fahrzeuge derselben Klasse oder einer bestimmten Epoche behandeln – auch aus ihnen kann man möglicherweise wichtige Informationen entnehmen.

So gibt es einige ganz ausgezeichnete Bücher über Dampfschlepper, Motorschlepper,

Kettenschlepper auf Flüssen, Küstenfahrer, Passagierdampfer, Kriegsschiffe aller Art und Fähren. Die Lektüre kann dem Modellbauer von Nutzen sein, zumal die Fahrzeuge in diesen Publikationen ausgezeichnet dokumentiert werden. Dabei ist natürlich immer zu berücksichtigen, dass die Bücher die Originale beschreiben und nicht auf modellspezifische Besonderheiten eingehen.

Bücher über individuelle Schiffe oder Reedereien sind in recht großer Zahl erschienen. Letztere führen häufig alle früheren und heutigen Schiffe der Gesellschaft auf und zeigen jedes in ein oder zwei Bildern.

Modellclubs und -vereinigungen

Allein im deutschen Sprachbereich gibt es einige hundert Schiffsmodellclubs und weltweit natürlich unzählige mehr. Ihre Mitglieder treffen sich regelmäßig an den Wochenenden an einem Gewässer oder zum monatlichen Clubabend und tauschen dabei ihre persönlichen Bauerfahrungen mit den Clubkameraden aus. Die meisten Mitglieder sind so freundlich, auch mit Laien und interessierten Besuchern über ihr Hobby freimütig zu reden. Sie teilen ihr Fachwissen um den Modellbau gerne mit anderen Menschen. Die Mitgliedschaft in einem Club kostet wenig, die Vorteile jedoch sind sehr groß. Fast alle Mitglieder eines Modellbauclubs betreiben ihr Hobby sehr ernsthaft.

Andere Quellen

Die Nachforschungen sollte man nicht nur auf ein Land oder die nähere Umgebung beschränken. Die Originalschiffe können einige Zeit in anderen Ländern unter einer fremden Flagge verbracht haben. Sie können dort umgebaut worden oder immer noch im Besitz von ausländischen Reedereien sein. Alle Möglichkeiten müssen bei der Informationssuche bedacht und genutzt werden. In den USA sind beispielsweise viele Daten von Schiffen aller Art in Museen, Archiven des Bundes, der Länder und der einzelnen Gemeinden aufbewahrt. Es ist üblich, dass in jedem Hafen eine solche Einrichtung existiert.

Ingenieursvereinigungen, infrage kommende Wirtschaftsverbände, Universitäten und Versuchsanstalten besitzen oft umfangreiche spezielle Bibliotheken, die man vielleicht nutzen darf.

Alle Nachforschungen über ein Schiff können viel Zeit, ja unter Umständen Monate in Anspruch nehmen, besonders wenn es eine lange, abwechslungsreiche Lebensgeschichte aufweist. Im Fall eines ganz oder ziemlich neuen Schiffs geht es sicher schneller.

Ein Modellschiff kann auch nur nach Zeichnungen und einigen Fotos gebaut werden, ohne dass man das Vorbild jemals im Original gesehen hat. Das Modell wird dann entsprechend einfach ausfallen und man verzichtet auf das Vergnügen der Nachforschungen, das Herausfinden all der kleinen Einzelheiten, die das Modell so persönlich und interessant machen.

Obwohl manche Leute die Nachforschungen nicht so wichtig finden, sind sie doch für eine wirklich genau nachgebautes Modell unerlässlich.

Kapitel 4: Die Materialauswahl

Die Materialien, die sich für den Schiffsmodellbau eignen, sind sehr unterschiedlich und vielfältig. Weißblech, Karton und Pappe, fast alle Hölzer, Kunststoffplatten und glasfaserverstärkte Gießharze sind nur einige aus der Palette. Sie können für den Bau des Rumpfes, der Aufbauten und verschiedener Kleinteile genutzt werden. Es gibt viele weitere Materialien, die unempfindlich gegen Nässe sind, sich für den Modellbau aber nicht eignen. Oder vielleicht doch? – Das lässt sich oft nur durch eigene Versuche herausfinden.

Ein Fahrmodell wird immer angestrichen. Dies gibt ihm eine gewissen Schutz beim Eintauchen in das Wasser. Die Farbgebung eines Modells muss daher immer sehr gut ausgeführt werden. Details über Farben und Lackierung folgen in einem späteren Kapitel.

Weißblech

Einige Modellbauer haben Schiffsrümpfe aus Weißblech, das auf einem Spantengerüst aus Messing befestigt wurde, gebaut. Davon gibt es ein paar sehr schöne Exemplare, manche haben sogar Aufbauten aus Weißblech. Dennoch empfiehlt sich das Material nicht gerade für den Modellbau, denn die Verarbeitung des Blechs erfordert viel Erfahrung und es muss sorgfältig grundiert und mit einem exakten Farbauftrag gegen Rost geschützt werden.

Karton und Pappe

Wenn auch nicht häufig, so sind Funktionsmodelle doch schon aus diesem Werkstoff gebaut worden. Es ist ein sehr flexibles Material, das sich durch den Auftrag einiger Schichten Spannlack (aus dem Flugmodellbau) versteifen und durch mehrere Farbaufträge leicht wasserfest machen lässt.

Der Rumpf eines Schiffsmodells muss völlig steif und sehr kräftig sein. Er benötigt also einen Kiel und Spanten aus hartem Material, außer er würde wie beim Original in Sektionen aufgebaut. Wenn man für Letzteres keine Zeit und Geduld aufbringen will, baut man besser aus anderen Materialien.

Übrigens gab es vor rund 20 Jahren einen komplett aus Karton bestehenden englischen Bausatz eines Handelsschiffes mit etwa 2,15 m Länge. Er ist heute aber nicht mehr erhältlich.

Pappe bzw. zu Pappe geklebte Papierlagen eignen sich aber für das Ausformen von sonst unzugänglichen Innenrundungen. Man klebt einfach eine Lage Papier über die andere und erhält so die angestrebte Form ganz ohne Schleifarbeiten. Karton, besonders Architektenkarton, den es in verschiedenen Stärken in guten Papiergeschäften gibt, eignet sich besonders für den Aufbautenbau. Schneidet man ihn mit einem scharfen Messer, fasert er nicht aus. Gefertigte Teile aus den beiden Materialien müssen anschließend mit Farbe oder Kunststoffüberzügen intensiv gegen Feuchtigkeit geschützt werden.

Sperrholz

Schiffsmodelle, besonders die Rümpfe, werden gemeinhin aus Sperrholz gebaut. Die bevorzugte Qualität bieten nur die wasserfest verleimten Flugzeug- oder Schiffssperrhölzer, die man in verschiedenen Stärken im Modellbaufachhandel oder gut sortierten Holzhandel als zugeschnittene Platten kaufen kann.

Gute, feste Qualitäten kommen aus dem kalten Finnland und noch kälteren Russland. Die verwendeten Hölzer, meistens Birke, wachsen hier besonders langsam und haben dadurch eine festere Struktur. Die Sperrhölzer werden vom Holzhandel in Platten von 1,5×2,2 m und Stärken von 0,4 bis 20 mm geliefert. In Modellfachgeschäften sind Platten von 30×50 cm die Standardgröße.

Neben Birke kann man Sperrhölzer aus Buche, Kiefer, Tanne, Abachi, Limba und Balsa bekommen, jede Holzart hat eine andere Oberflächenstruktur. Für ein Modell sollte nur das allerbeste Sperrholz zum Einsatz kommen.

Für Kiele, Stringer und Spanten werden die stärkeren Sorten verwendet, während man für die Aufbauten und Deckunterlagen leichtere, dünne Sperrhölzer nimmt. Balsasperrholz eignet sich besonders für sehr große Aufbauten. Da es sehr leicht ist, vermindert es die Kopflastigkeit des schwimmenden Modells.

Auch gute, wasserfest verleimte Sperrhölzer benötigen nach der Bearbeitung eine komplette Farbversiegelung gegen Feuchtigkeit.

Balsaholz, Juletong

Balsa ist ein sehr leichtes, langfaseriges und nahezu astfreies Holz eines Baumes (Ochroma lagopus), der hauptsächlich in Ecuador in Plantagen gezogen wird und schon nach sechs Jahren schlagreif ist. Das Holz lässt sich sehr leicht bearbeiten, fordert aber sehr scharfe Werkzeuge, da es sonst beim Bearbeiten leicht ausbricht, besonders wenn man es quer zur Faser bearbeitet.

Viele Modellfachgeschäfte haben Balsaholz als Brettchen und Klötze in verschiedenen Größen und Stärken vorrätig. Balsablöcke werden von einigen Modellbauern für die Ausformung der Heck- und Bugsektion des Modells verwendet, da diese Stellen durch die starken Krümmungen fast immer Schwierigkeiten beim Beplanken machen. Man kann aus etwas stärkeren Brettchen den gesamten Rumpf in Schichtbauweise herstellen.

Nach der mechanischen Bearbeitung benötigt Balsa eine mehrfache Grundierung mit Porenfüller, damit die Oberfläche gehärtet wird und die großen natürlichen Unebenheiten des Holzes aufgefüllt werden. Schleifarbeiten sind bei diesem Holz sehr einfach, nur muss man gut aufpassen, da sonst schnell Riefen die Oberfläche verunzieren. Gegen den entstehenden feinen, schwebenden Holzstaub sollte man immer eine Atemmaske tragen. Nassschleifen ist nicht möglich!

Mit ähnlichen Eigenschaften ist das langfaserige Juletong ausgestattet. Es lässt sich aufgrund seiner dichteren Zellstruktur jedoch besser bearbeiten. Diese Eigenschaften haben auch die Mustermacher für Urformen erkannt. Das Holz weist große astfreie Partien auf und kann sehr leicht geschnitzt und mit Raspeln geformt werden. Die Oberfläche wird bei der Bearbeitung nicht so schnell beschädigt. Auch dieses Holz eignet sich gut für die Heck- und Bugpartien eines Modells. Ebenso kann man es für die kleinen Schnitzereien an Türen und Fenstern der Aufbauten sehr gut verwenden. Gut sortierte Holzhändler, die auch Tropenhölzer vertreiben, sollten Juletong vorrätig haben.

Andere Holzarten

Viele andere Hölzer wie Mahagoni, Eiche, Buche, Kiefer, Teak, Walnuss, Abachi, Birke und Rüster (Ulme) eignen sich ebenfalls für den Schiffsmodellbau. Jedes dieser Hölzer wurde bei den großen Vorbildern für ganz bestimmte Zwecke verwendet. Beim Modell nehmen wir hauptsächlich Furniere oder Sperrhölzer.

An einem Modell wird Mahagoni sehr oft für die Innenausbauten von Kabinen und Arbeitsbooten benutzt; Teak ist ein typisches Decksplankenholz und eignet sich außerdem für das Futter der Schanzkleider. Walnuss ist oft das Material für Schnitzereien. Abachi, in

Leisten geschnitten, gibt ein gutes Deck und eine brauchbare Außenbeplankung des Rumpfes ab. Auch Birke, Limba und Linde eignen sich, besonders als dünnes Sperrholz, für diese Aufgaben. Alle diese Hölzer kann man bei guten Holzfachhändlern in allen möglichen Zuschnitten erwerben. Nur über eines muss man sich klar sein: Je exotischer das Holz, umso teurer ist es.

Teak, ein dunkles Holz aus den Tropen, ist ölig und lässt sich, ebenso wie ein paar andere Hölzer, ohne besondere Vorkehrungen nicht so leicht verleimen. Außerdem ist es grobzellig und muss vor dem Aufbringen der endgültigen Oberflächenlackierung umständlich aufgefüllt und geglättet werden. Mit Teak beplankte Decks sind anfangs dunkel, sie bleichen aber durch das ständige Schrubben und den Einfluss von Sonne, Regen und Seewasser recht schnell aus. Die Fläche wird oft fast weiß. Weil Teak sehr spröde ist und leicht längs aufreißt, ist es für den Modellbauer einfacher, ein Teakdeck aus leichterem Holz wie Birke oder Linde nachzuahmen.

Lindenbretter sind für Modelle, die in Schichtbauweise entstehen, das geeignete Material. Sie sollten zwischen 10 und 20 mm dick, astfrei und wirklich eben sein. Dünnere Lindenholzleisten ergeben hervorragende Seitenbeplankungen.

Mahagoni und Walnussholz sollte man wirklich nur an den Stellen im Modell verbauen, wo sie auch beim Original eingesetzt waren. In vielen Fällen genügt hier die Verwendung von Furnieren. So können große Edelholzflächen aus preiswertem Sperrholz mit Edelholzfurnier gefertigt werden. Der maßstäblich bauende Schiffsmodellbauer benötigt nur wenige Edelhölzer. Bei den großen Vorbildern wurden sie nur dort verwendet, wo sich Passagiere aufhielten, die für diesen höheren Standard auch zahlen wollten. Der Gebrauch von Sperrholz und anderer Hölzer wird vor allem in den Kapiteln 6, 12 und 13 näher behandelt.

Polycarbonate

Polycarbonate (Kunststoffe auf Kohle/Ölbasis) in Plattenform sind in den letzten Jahren immer mehr in das Interesse der Modellbauer gerückt. Manchmal werden sie abfällig als Plastik bezeichnet. Man kann sie in Stärken von 0,2 bis hin zu 10 mm und verschiedenen Plattengrößen in den Modellbaufachgeschäften erwerben. Ganz hervorragend eignet sich das weiße Polystyrol, das sich untereinander mit dem entsprechenden Kleber verbinden lässt. Seine glatte Oberfläche ist mit den richtigen Mitteln problemlos einzufärben. Wenn man Polystyrol erwärmt, kann man es leicht verformen. Man benutzt diesen Stoff häufig zum Vakuumtiefziehen. Das Material kann mit einer scharfen Klinge gut geschnitten werden. Es bricht bei langen vorgeritzten Kanten ohne Probleme und Ausfransungen. Die Schnitt- oder Bruchkanten werden mit Sandpapier entgratet oder gerundet. Das Material ist völlig wasserundurchlässig, daher eignet es sich sehr gut für Decks und Decksaufbauten.

Die beiden zu verklebenden Teile werden entweder mit der Hand oder mit Holzklammern in der gewünschten Position fixiert und dann wird der Flüssigkleber mit einem Pinsel aufgetragen. Die Klebverbindung wird durch die hervorragende kapillare Kriechfähigkeit der Flüssigklebers erleichtert, er verteilt sich von selbst im Spalt zwischen beiden Teilen und bindet dann schnell und haltbar ab. Der endgültige Sitz ist schon nach wenigen Sekunden hervorragend. Natürlich sollte man die Klebstelle ein paar Minuten ruhen lassen. Nachdem der Flüssigkleber seine Lösungsmittel ausgedünstet hat, können die Nacharbeiten, wie Schleifen und Glätten, und die folgenden Vorarbeiten für die weitere Verwendung des Bauteils beginnen.

Glas- oder kohlefaserverstärkte Kunststoffe

Heute macht man häufig Modellrümpfe, Aufbauten und andere Teile aus glas- oder kohlefaserverstärktem Kunststoff. Auch andere Fertigprodukte können so hergestellt werden.

Im Rohzustand sind alle dazu notwendigen Komponenten getrennt: die Fasermatte, gewebt aus Kohle- oder Glasfäden, und mindestens zwei Kunststoffe (flüssiges Harz und ein Härter) in einem Gebinde. Die bekannteste Form dieser Harze ist Polyester. Zur Umwandlung des flüssigen Harzes in eine feste Substanz wird der Härter benötigt. Beide Teile müssen in einem ganz bestimmten Verhältnis gemischt werden und sie beginnen erst nach einiger Zeit zu reagieren. Dabei werden flüchtige chemische Substanzen mit einem stechenden Geruch frei. Deshalb muss man bei der Verarbeitung immer bestimmte Vorsichtsmaßnahmen beachten, z.B. nicht in geschlossenen Räumen arbeiten. Später im ausgehärteten Zustand ist eine mechanische Bearbeitung unproblematisch. Das hergestellte Bauteil kann gebohrt, gefräst, gesägt und geschliffen werden und mit bestimmten Grundierungen und Farben erzielt man eine exzellente Oberfläche.

Teile aus Polyesterharzen sind wasserdicht und gegen die meisten Fette, Laugen und Säuren resistent. Setzt man bestimmte Mischungsverhältnisse an, wird das ausgehärtete Produkt unempfindlich gegen Wärme. Diesen Grad an Widerstandsfähigkeit eines Dampferrumpfes schätzen besonders die Modellbauer, die eine Dampfmaschine in das Modell einbauen wollen.

Im Kapitel 8 werden wir uns mit diesen Kunststoffen genauer beschäftigen.

In die gleiche Familie gehört auch das Epoxid. Dieses Harz eignet sich in Verbindung mit Carbon- oder Kevlargewebe für die Herstellung von sehr strapazierfähigen, dünnwandigen Modellrümpfen. Überall, wo besonders leichte Werkstücke später großen Belastungen ausgesetzt werden, sollte man auf diese Materialkombinationen zurückgreifen. Für unser Funktionsmodell ist die Verwendung solcher teuren Harze und Gewebe jedoch nicht gerechtfertigt.

Andere Materialien

Die hauptsächlichen Materialien für den Modellschiffbau sind oben bereits beschrieben worden. Es gibt aber noch viele weitere Stoffe, die wir, wenn auch in kleinen Mengen, benötigen. Messing und Edelstahl werden für Wellen aller Art gebraucht. Messing und Bronze für die Propeller. Messingprofile aller Art sind beim Modellbau vielseitig zu verwenden. Aus Messingblech lassen sich auch verschiedene Kleinteile, z.B. die flachen Relingstützen, durch Ätzung herstellen. Für Bleche, Rohre und Stangen aus Aluminium oder dem überall leicht erhältlichen Kupfer finden sich an Bord viele Einsatzmöglichkeiten.

Sehr brauchbar ist Weißmetall, Legierungen aus Zinn/Zink oder Zinn/Antimon und Blei, bei dem der Schmelzpunkt recht niedrig liegt und das sich besonders für Metallgüsse in Silikongummiformen eignet. Man kann es in Batzen oder Scheiben, den so genannten Masseln, im Fachhandel kaufen. Um ein Gussteil, z.B. Poller oder Klampen, herzustellen, benötigt man ein fertiges Urteil oder Masterstück, erzeugt damit die Silikongummiform und gießt dann die Stückzahl, die auf dem Modell benötigt wird. Auch hierüber werden wir noch ausführlich sprechen.

Die meist ideenreichen Modellbauer finden und gebrauchen unzählige weitere Materialien. Es muss nur sichergestellt sein, dass sie den späteren Belastungen im Leben eines Modellschiffs gewachsen sind. Sie müssen Farben gut annehmen und gegen Wasser resistent sein. Die hier beschriebenen Stoffe sind alle durch den Autor, den Übersetzer und viele andere erfolgreiche Modellbauer tausendfach getestet und in Modellen eingesetzt worden und wurden als gut und sehr brauchbar befunden.

Im heutigen Zeitalter der Elektronik und der gedruckten Schaltungen soll ein Material nicht unerwähnt bleiben: die ein- oder doppelseitig kaschierte Leiterplatte! Man kann Reststücke bei allen Herstellern von Leiterplatten für elektronische Geräte beziehen. Es gibt sie in den Stärken von 0,1 bis 5 mm. Das Plattenmaterial lässt sich sägen, fräsen, feilen und schleifen. Es eignet sich ganz besonders für Aufbauten aller Art. Die daraus gefertigten Wände werden an den Stoßstellen, nach Entfernen der Oxidationsschichten, mit einem elektrischen Kolben verzinnt und dann einfach miteinander verlötet. Sollte einmal eine Lötung der Platinen schief gehen, löst man sie und lötet sie wieder zusammen, natürlich erst nach der gründlichen Reinigung und Nachverzinnung der Einzelplatten! Die Oberfläche dieses Materials ist glatt. Farben haften sehr gut. Man muss nur darauf achten, dass vor dem Auftrag einer Grundierung alle Oxidationserscheinungen von der Oberfläche durch Schleifen oder leichtes Sandstrahlen entfernt werden.

Kapitel 5:
Werkzeuge und Klebstoffe

Bevor wir uns den einzelnen Werkzeugen zuwenden, noch ein Wort zum Arbeitsplatz. Ganz wichtig ist eine sehr gute, schattenfreie Ausleuchtung der Arbeitsfläche mit warmen, hellen Leuchtstoffröhren; außerdem sollte man die Anschaffung einer Lupenlampe mit eingebauter Beleuchtung in Erwägung ziehen.

Einige der gebräuchlichen Haushaltswerkzeuge können auch für den Modellbau nützlich sein, meist sind sie jedoch viel zu klobig. Der sofortige Kauf von vielen verschiedenen Werkzeugen ist nicht notwendig. Man sollte mit dem Wichtigsten beginnen und den so erworbenen Bestand mit dem fortschreitenden Schiffsbau zweckgebunden erweitern.

Eine goldene Regel ist bei der Werkzeugbeschaffung immer zu beachten: Das Beste ist gerade gut genug! Natürlich muss man dabei die eigene finanzielle Lage berücksichtigen, aber es ist auch zu bedenken, dass billige Werkzeuge bei den vorgesehenen Arbeiten oft ihren Dienst versagen und ersetzt werden müssen. Dagegen leben die teureren Qualitätswerkzeuge länger und sind im Endeffekt preiswerter als die billig erstandenen Sonderangebote.

Eine andere Regel lautet: Scharfe Messer schneiden gut! Es ist immer das stumpfe Schneidewerkzeug, das, mit zu kräftiger Hand geführt, z.B. beim Abbrechen der Klinge, gefährliche Verletzungen hervorrufen kann.

Werkzeuge müssen immer mit Respekt und Sorgfalt behandelt werden. Am Werkstück darf ein Werkzeug, besonders die Schneidegeräte, niemals mit Gewalt und Kraft geführt werden. Wenn eine Klinge nicht schneiden will, ist sie entweder stumpf oder der angesetzte Schnitt ist zu tief oder zu lang. Mit scharfen Messern sollte man immer flache, kurze Schnitte durchführen und der Erfolg ist schon ohne Schleif- oder Spachtelarbeiten sehenswert.

Denken Sie auch daran: Messe zweimal genau und schneide einmal! Diese Erfahrung, die andere bereits tausendfach gemacht haben, sollte man sich zu Eigen machen. Ehe man einen endgültigen Schnitt ansetzt und eventuell das Werkstück unbrauchbar macht, sollten mindestens zwei Messungen die Richtigkeit des Schnitts bestätigen. Für die jeweilige Arbeit wird dann das Werkzeug ausgesucht, das dafür am geeignetsten erscheint. Man sollte selbst sicher sein, dass man mit dem gewählten Werkzeug den Job zur eigenen Zufriedenheit bewältigen kann. Die Schnittfolgen und die nachfolgende Montage legt man vor dem eigentlichen Schneiden fest und spart so Material und Zeit. Irrtümer haben dann keine Chance, in die Arbeit einzusickern. Vor jedem Arbeitsschritt studiert man die Zeichnungen und liest gründlich die erforderlichen Anweisungen, bis alles verstanden wurde.

Gute Modelle können nur mit gutem Werkzeug und sorgfältiger Arbeit gebaut werden.

Handwerkzeuge

Vor der Anschaffung vieler Werkzeuge muss man die Materialien für das Modell festlegen.

Taschenrechner, Stahlwinkel, Stahllineale, Bastelmesser, Scheren, Werkzeughalter – all das sind einfache, aber unbedingt notwendige Werkzeuge und Hilfsmittel, die wir unbedingt benötigen.

Für Sperr- und Massivhölzer aller Art benötigt man nur einen guten Laubsägebügel, dazu verschiedene grobe und feine Sägeblätter und für die Grundarbeiten einen qualitativ guten, fein gezahnten Fuchsschwanz. Für alle Arbeiten am Modell ist ein gutes, starkes Bastelmesser mit auswechselbaren Klingen erforderlich. Das gilt ganz besonders für einen gekauften Plastikrumpf und ebensolche Aufbauten. Solch ein Messer ist überhaupt eines der wichtigsten Werkzeuge und darf in keiner Werkzeugkiste fehlen. Messerklingen haben leider die Angewohnheit, relativ schnell stumpf zu werden oder bei ungeschickten Bewegungen an der Spitze abzubrechen. Messer mit Abbrechklingen sind daher sehr vorteilhaft, bieten sie doch mühelos stets eine neue, sehr scharfe, gratlose Schneide und Spitze.

Ein gutes, stabiles Stahllineal mit einer Länge von 300 oder 500 mm ist für die Messvorgänge und die geraden Schnitte unerlässlich. Es sollte aber immer zwei Teilungen aufweisen: 1 mm und 0,5 mm. Zollmaße sind nicht unbedingt erforderlich.

Zum Schneiden von dünnen Sperrholz- oder Kunststoffplatten ist ferner eine entsprechende Unterlage notwendig. Oft reicht eine Hartholzplatte oder ein großes, ebenes Schneidebrett aus der Familienküche. Es gibt aber auch spezielle Kunststoffmatten für diesen Zweck. Während bei anderen Unterlagen nach dem Schneiden tiefe Risse und Kerben zurückbleiben, weisen diese Matten kaum derartige Beschädigungen auf. Außerdem macht ihre Oberfläche, im Gegensatz zu Holzbrettern, keine Messerspitze stumpf und verhindert das Wegrutschen des zu schneidenden Materials. Die Matten werden in gut sortierten Modellbaufachgeschäften, Papierwarenläden und Geschäften für Künstlerbedarf in verschiedenen Größen angeboten. Für den Modellbau hat sich das DIN-A3-Format bewährt.

Beides, das scharfe Messer und diese Matte, werden im Modellbau mehr als die meisten anderen Werkzeug benutzt.

Das wichtigste Werkzeug für Zeichnungen ist ein stählerner Winkel mit Anschlag. Diese Mess- und Anreißwinkel sind in vielen Varianten zu bekommen. Für den Modellbau ist einer mit Schenkellängen von 20 und 30 cm genau richtig. Mit diesem Instrument legt man am Modell alle rechten Winkel, Markierungen und Senkrechten fest. Außerdem brauchen wir einen verstellbaren Winkel mit beweglichem Schenkel, um verschiedene Winkelmaße leicht anzeichnen zu können. Mit diesen beiden Geräten kann man alle Schnittlinien, genaue Winkel in Fenstern und Luken, die Wasserlinie am Rumpf und vieles mehr festlegen.

Ein Stahlzirkel mit zwei Spitzen, deren Spreizweite etwa 200 mm betragen sollte, und eine Reißnadel mit gerader und abgewinkelter Spitze sind unabdingbar notwendig.

Alle Werften hatten früher eine stählerne Richtplatte mit 100%ig ebener Oberfläche, auf der man die Markierungen zur weiteren Bearbeitung von Rohteilen vornahm. Dazu wurde das Bauteil mit einer blauen Farbe eingestrichen, so dass die feinen Linien von der Reißnadel besonders hervortraten.

Auch der Modellbauer benötigt eine plane Fläche, aber es muss keine stählerne Richtplatte sein, sondern eine preisgünstigere 8–10 mm dicke Glasplatte im Format 300×600 mm genügt für unsere Zwecke. Teile des Modells, bei denen es auf absolute Rechtwinkligkeit ankommt, z.B. die Aufbauten, können auf dieser Glasplatte zusammengebaut werden. So stellt man sicher, dass die Basis des Bauteils absolut eben ist und die senkrechten Teile wirklich im Lot stehen. Das Glas sollte aber regelmäßig gründlich mit warmem Wasser und Glasreiniger oder, wenn notwendig, Spiritus gereinigt und entfettet werden.

Einen kleinen Schlosserhammer (50–100 g) benötigen wir zum Einschlagen von kleinen Stiften und Stecknadeln, wenn man z.B. ein Rumpfgerüst beplanken will. Dieser Hammer muss immer sauber gehalten werden, besonders, wenn man damit Nadeln einschlagen will. Eine verunreinigte Schlagfläche treibt die Nadel schief ins Material. Spanabspaltungen sind die Folge. Man reinigt die Schlagfläche, die besonders beim Beplanken durch Holzleim verunreinigt wird, indem man sie mehrmals über einen nassen Schwamm oder leicht über feinstes Sandpapier zieht. Schlagflächen im Holz – das sind Eindellungen durch den niedergehenden Hammer – verhindert man durch den Einsatz eines Nageltreibers, der in guten Werkzeuggeschäften erhältlich ist.

Für das Anzeichnen aller Bohrungen ist ein Körner unabdingbar. Merke: Bohre nie, auch nicht mit einer Ständerbohrmaschine, ohne vorhergehende genaueste Ankörnung der Bohrstelle! Damit gewährleistet man die richtige Platzierung der Bohrung und die Zentrierung des Bohrers und verhindert sein Auswandern beim Anlaufen der Maschine. Der Körner wird genau auf die angezeichnete Bohrstelle gesetzt und mit einem ganz leichten Hammerschlag ins Material gesenkt.

Da unsere Finger nie klein genug sind, wird zum Festhalten kleiner, kurzer Nägel eine Spitzzange benötigt. Sie sollte nicht länger als 15 cm sein, ihre Greifbacken nicht länger als 3–5 cm. Außerdem vielleicht noch eine Kombizange, einen Seitenschneider und einen Vornschneider. Letztere sind besonders für Arbeiten an Elektronikbauteilen und Nichteisendrähten bis zu 2 mm Dicke geeignet. Stahl- oder Eisendrähte sind für diese Zangen tabu, sie werden schartig. Es könnte noch eine abgewinkelte Spitzzange hinzukommen.

Einige gute Pinzetten mit spitzen, runden und abgewinkelten Greifbacken benötigt man immer. Sie holen z.B. kleine Schrauben aus den hintersten Ecken. Am besten eignen sich nichtrostenden Instrumente aus der Medizintechnik. Eine der am meisten benötigten Pinzetten öffnet ihre Backen nur, wenn man auf den Schaft drückt. Sie hält also die Teile selbsttätig und sanft fest. Diese Pinzette ist bei allen diffizilen Arbeiten unentbehrlich, z.B. wenn man etwas zum Kleben oder Nageln festhalten will.

Holzbeitel oder Stecheisen, manchmal auch Stemmeisen genannt, mit verschiedenen Klingenformen gehören in jede Modellwerkstatt. Mit ihnen lässt sich Holz sehr effektiv bearbeiten, vorausgesetzt, sie werden immer scharf gehalten. Die nötigen Handgriffe sollte man sich von einem Tischler zeigen und erklären lassen. Kleine Rechtecköffnungen kann man mit einem Beitel und einem Hammer schnell und glatt aus einer Sperrholz- oder Kunststoffwand herausstanzen. Grate und Kanten lassen sich mit Beiteln schnell entfernen, um dann am Holz- oder Kunststoffbauteil mit Schleifpapier eine Rundung anzubringen. Gute Beitel sind teuer und müssen sorgfältig ausgewählt werden. Außerdem braucht man einen Schleif- und Abziehstein, um sie in gutem Zustand zu halten. Ganz wichtig sind die Hohleisen mit ihren konvexen Klingen. Man nennt sie auch Geißfüße. Mit ihnen höhlt man Hölzer und andere

Ein paar der im Text genannten Werkzeuge

weiche Materialien aus oder schneidet tiefe Rillen in Langhölzer.

Beitel mit verschiedenen Klingenformen gibt es oft als Satz zu kaufen, man sollte aber auf die Qualität des Stahls und der Verarbeitung achten. Auch Schnitzmessersätze mit Feinstsägen und einem kleinen Hobel mit auswechselbaren Klingen sind zu bekommen. So wie bei Beiteln und Messern ist ein Hobel nur so gut, wie seine Klingen scharf sind. Eine stumpfe Klinge beschädigt die zu glättende Fläche.

Je ein Satz kleiner Schlitz-, Kreuzschlitz- und eventuell Inbus-Schraubendreher mit 100 mm langen Klingen sowie ein Satz Uhrmachermaulschlüssel und -schraubendreher werden gebraucht. Zu den Schraubendrehern sollte mindestens eine Haltefeder für Schrauben aller Art gehören, denn Schrauben haben die unangenehme Eigenschaft, dass sie oft in unzugängliche Stellen eingedreht werden wollen.

Feilen und Schleifmittel

Eine große Palette von brauchbaren Feilen, Raspeln und Schleifmitteln wird für die Glättungsarbeiten an Flächen, Ecken und Kanten angeboten. Ohne einen kompletten Satz mittelfeiner Schlichtfeilen und feiner Holzraspeln kommt man beim Modellbau nicht aus. Diese Feilen und Raspeln hinterlassen bei ihrer Arbeit eine etwas raue Oberfläche, die wiederum mit Feinhiebfeilen oder einem Schleifblock, ein auf zwei Seiten mit unterschiedlichen Reibflächen versehener Plastikschwamm, geglättet werden. Die besten Ergebnisse in der Oberflächenbehandlung erhält man mit mehreren Sorten Schleifleinen oder Schleifpapier, das um einen Schleifklotz gewickelt wird. Kleine Bereiche lassen sich hervorragend mit Nadel- oder Schlüsselfeilen bearbeiten. Zur besseren Handhabung sollten die großen Feilen immer ein Griffheft haben.

Für allerfeinste Eckenarbeiten haben sich Feinstfeilen bewährt, deren Arbeitsflächen verschiedene Formen und Krümmungsradien aufweisen. Sie sind meist als zweiseitige Feilen ohne Heft zu bekommen. Die Hiebe dieser Feilen sind auch unterschiedlich, von rau bis feinst. Aufgrund der Krümmungen ihrer Arbeitsflächen passen sie sich besonders Innen-, Außenecken, Rundungen und feinen Profilen im Material an.

Viele Modellbauer benutzen Schleifpapier und Schleifleinen bestimmter Typen, weil sie mit ihnen am besten zurechtkommen. Generell kann man aber sagen, dass in der Modellwerkstatt immer einige Bogen mit folgenden Körnungen zur Verfügung stehen sollten:

Trockenschleifpapier:	Körnungen 40, 60, 80, 100, 120, 240
Nassschleifpapier:	Körnungen 320, 400, 600, 800, 1.000, 1.200
Schleifleinen:	Körnung 40, 60, 80, 180, 240, 320

Alle diese Schleifmittel tragenden Papier- oder Leinenbogen verwendet man am besten mit einem Schleifklotz. Für die anstehenden Arbeiten sollten mehrere Klötze mit unterschiedlichen Formen angeschafft werden. Ebene und gekrümmte Oberflächen sind wichtig. Sie ermöglichen den Einsatz auf gekrümmten und geraden Flächen sowie hinter Kanten und Ecken.

Schleifklötze kann man kaufen, preiswerter wird es jedoch, wenn man sie selbst herstellt. Ein 10 mm starkes Sperrholzbrett mit einem aufgeleimten Haltegriff und ein paar doppelseitigen Klebestreifen reicht dafür aus. Aus mindestens 200 mm langen rechteckigen Kiefernleisten 10×10 mm und 5×20 mm und runden mit 10 und 15 mm Durchmesser kann man mit allen Sandpapier- oder Schleifleinensorten die besten Feinfeilen herstellen. Man faltet das Sandpapier der Länge nach um die Leiste und hält es mit einem Gummiring am Griffende fest. Wenn es verbraucht ist, wird es einfach ersetzt. Bei bestimmten Formen helfen solche selbst gemachten Schleifmittel häufig aus der Patsche.

Für Nassschleifpapier und -leinen muss immer Wasser benutzt werden, so hält das Schleifmittel länger und die geschliffenen Oberflächen werden in der Struktur feiner. Wenn

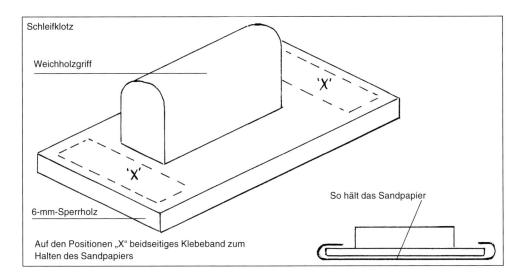

man Nassschleifmittel auf Holz einsetzt, stellen sich durch die Zufuhr von Feuchtigkeit einzelne Fasern auf. Deshalb muss die bearbeitete Holzfläche nach jedem Nassschleifgang sehr gut und lange trocknen, bevor sie weiterbearbeitet werden kann. Holz sollte man sowieso am besten immer trocken schleifen. Zur Erzielung bester Lackierergebnisse sind Nassschleifmittel bei der Oberflächenvorbereitung unschlagbar.

Elektrische Werkzeuge

Die vollständig ausgerüstete Werkstatt mit Dreh- und Fräsmaschine, Standbohrmaschine, elektrisch angetriebenen Sägen, Druckluftkompressor und großen, gut ausgeleuchteten Arbeitsflächen bleibt für die meisten Modellbauer leider ein unerfüllter Traum. Trotzdem kann man im Laufe der Zeit durchaus eine umfangreiche Maschinenausstattung zusammentragen, besonders wenn man überlegt kauft und die Geräte gut pflegt.

Bohrmaschinen mit Zusätzen
Das wichtigste Werkzeug ist eine regelbare Bohrmaschine. Sie wird den alten Handbohrer mit der Kurbel nicht verdrängen, denn den benötigt man immer für die ganz vorsichtig anzubringenden Bohrlöcher. Dazu braucht man eine ganze Palette von Bohrern verschiedener Durchmesser. Da gute Bohrer nicht billig sind, sollte immer nur die kaufen, die gerade benötigt werden, statt einen ganzen Satz zu erwerben, aus dem man nur ein oder zwei Stück braucht.

Zum Bohren von senkrechten Löchern muss man sich unbedingt einen Bohrständer anschaffen. Man kann keine präzisen Löcher mit der handgeführten Maschine bohren, auch wenn man zuvor die Stelle angekörnt hat. Eine Standbohrmaschine mit mehreren Geschwindigkeiten ist ein wunderbares Ausrüstungsstück, aber eigentlich nicht nötig, außer man will häufig Metall bearbeiten, z.B. für eine Modelldampfmaschine. Für die kleinen, genau geführten Bohrungen, die oft seitlich ins Material gehen, ist die Anschaffung von mehreren Werkzeughaltern mit unterschiedlichen Bohrfutter- und Spannzangenmaßen sinnvoll. Sie sollten Spiralbohrer von 0,1 bis 5 mm Durchmesser aufnehmen können. Für die Durchführung des Laubsägeblatts durch Sperrholz muss man z.B. meistens 2-mm-Löcher bohren und noch feinere für die Ecken von Fenster- und Türenausschnitten oder um Nadeln, Drahtstücke und Schrauben genau anzubringen.

Minibohrmaschinen für 12, 24 oder auch 230 Volt lassen sich mit den passend angebotenen Spiralbohrern, Schleifstiften, Fräsern, Poliereinsätzen und Trennscheiben vielseitig nutzen. Außerdem gibt es für sie zahlreiche Zusatzgeräte wie Bohrständer, Fräsvorsätze, ja sogar Laub- und Kreissägeeinrichtungen. So klein diese Maschinen sind, kann man mit ihnen doch viele Arbeiten erledigen, aber natürlich darf man nicht die Leistung von Heimwerker- oder gar Profimaschinen erwarten.

Lötkolben
Lötkolben, die von einer unter Druck stehenden Lötlampe oder gar einem Schmiedefeuer erwärmt werden, gehören heute zu den Raritäten unter den Handwerkzeugen, da es für fast jede Weichlötaufgabe einen passenden elektrischen Lötkolben gibt. Für Leiterplatten und andere Arbeiten an feinen Bauteilen und der Funkfernsteuerausrüstung wird ein Lötkolben mit einer Leistung von 20 bis 30 Watt benötigt. Sollen aber größere Kupfer- oder Messingteile gelötet werden, braucht man einen Lötkolben mit einer Heizleistung von 80 bis 100 Watt. Beide Kolben werden zwar nur sporadisch eingesetzt, sie sind aber eine wertvolle Investition.

Sägen
Unter den elektrischen angetriebenen Sägen findet man unter anderen die Bandsäge. Sie ist sehr leistungsfähig und schneidet als kleine Maschine bis zu 100 mm dicke Holzbretter sowie Metalle aller Art bis 10 mm in geraden oder gekrümmten Schnitten. Es kommt dabei auf das eingespannte Sägeband an. Eine solche Säge ist nur für Modellbauer rentabel, die sehr viel mit dickem Holz oder Metallblechen arbeiten.

Für den normalen Gebrauch ist eine Dekupiersäge (elektrische Laubsäge) viel wichtiger. Es gibt sie in drei Varianten. Einmal mit Magnetantrieb, die ziemlich sicher ist, weil sie normalerweise keine weichen Materialien schneidet, was besonders den eigenen Fingern zugute käme. Ferner die Art, die über einen Exzenter das Sägeblatt und den Spannbügel, der im hinteren Bereich eine Lagerung besitzt, auf und ab bewegt. Der Nachteil: Das Sägeblatt beschreibt eine Kurve. Kleine Teile lassen sich nicht genau aussägen. Die dritte Ausführung bewegt mit einem Exzenter nur das Sägeblatt in einem Gleitlager auf und ab. Hier unterstützt eine Rückholfeder, über deren innen liegende Einstellschraube wird die Blattspannung eingestellt und die Bewegung nach oben gesteuert. Mit dieser Säge können sehr genaue Schnitte, auch an kleinsten Teilen, gemacht werden. Die meisten Dekupiersägen nehmen neben den speziellen Sägeblättern mit Querstift an beiden Enden auch die normalen Laubsägeblätter für die Handsäge auf. Auch die feinen, mit denen man Metall schneiden kann. Man sollte beim Kauf darauf achten.

Ein kleine Tischkreissäge mit annehmbarer Genauigkeit sollte sich ein Modellbauer nur anschaffen, wenn er sehr viele kleine Leisten oder Brettchen benötigt.

Drehmaschinen
Die Standbohrmaschine, mit der man auch kleine Fräsarbeiten ausführen kann, haben wir schon erwähnt. Wenn ein Modellbauer vorhat, metallene Ausrüstungsteile wie beispielsweise Winden oder Kräne oder gar einen Dampfantrieb selbst zu fertigen, benötigt er eine Drehmaschine, volkstümlich auch Drehbank genannt. Im Handel gibt es verschiedene Ausführungen. Von der kleinsten (aus Kunststoff), die man auch im Modellfachhandel erstehen kann, bis zur computergesteuerten Präzisionsmaschine. Die kleinste wird von einem 12-V-Motor angetrieben und eignet sich für leichte Dreharbeiten, wie die Herstellung von Masten, Spieren oder Treibachsenpassungen. Man kann mit ihnen weiche Metalle wie Kupfer, Aluminium und Messing oder auch Harthölzer und Kunststoffe bearbeiten. Diese Drehmaschinen sind recht preisgünstig, aber auch empfindlich.

Schleifmaschinen
Zu dieser Kategorie gehören Bandschleifer, Schwingschleifer, Exzenterschleifer, Dreiecks-

schleifer und Winkelschleifer. Es gibt sie in vielen Ausführungen und von vielen Herstellern. Sie können einem Modellbauer einen großen Teil der sehr mühseligen und zeitraubenden Handschleifarbeiten abnehmen. Vorsichtig geführt, kann man mit ihnen Oberflächen und Konturen so vorbereiten, dass diese sofort mit der Lack- oder Farbversiegelung versehen werden können. Wenn man einen Schleifer anschafft, sollte man unbedingt darauf achten, dass eine Absaugvorrichtung für den reichlich anfallenden feinen Schleifstaub vorhanden ist.

Kombimaschinen
Kombinationen, die als Antrieb eine Handbohrmaschine besitzen, haben neben der stabilen Basis häufig einen Bohrständer, eine Drechseleinrichtung, einen Laub- und/oder Kreissägezusatz und eine Schleifeinrichtung. Solche Vorsatzgeräte können natürlich nicht so genau sein wie Spezialmaschinen. Sie helfen jedoch bei vielen sonst manuell auszuführenden Arbeiten.

Beim Umgang mit Maschinen aller Art sind immer die von den Herstellern beigegebenen Sicherheitsratschläge zu beachten. Bei der Bearbeitung von Metallen muss man beispielsweise immer eine Schutzbrille tragen!

Spritzeinrichtungen
Eine Airbrush-Anlage ist ein ganz wichtiges Werkzeug für die Farbgebung. Mit Airbrush, obwohl es sich hier um einen Markennamen handelt, bezeichnet man alle Miniaturspritzpistolen oder Spritzgriffel, die in der Lage sind, kleine Flächen oder feinste Striche auf Objekte zu sprühen.

Auch hier gibt es ein vielfältiges Angebot unterschiedlicher Ausführungen und Preisklassen. Bei einer Anschaffung sollte man nur die besten Spritzgriffel und Kompressoren in Betracht ziehen, denn nur gute Geräte garantieren nach einiger Übungszeit den gewollten Erfolg.

Die einfachsten Pistolen verwenden den zugeführten Druckluftstrom, um über der Auslassröhre des Farbbehälters ein Vakuum zu erzeugen. Dieses Vakuum lässt die Farbe aus dem Reservoir hochsteigen und die Druckluft verteilt sie dann auf das einzufärbende Objekt. Bei schlechter Einstellung können sehr schnell Kleckse auftreten. Bessere und damit auch teurere Pistolen mischen die Farbe und den Luftstrom intern und über die Spritzdüse kann die Menge des Farbe-Luft-Gemisches sehr genau kontrolliert werden. Feinste Striche oder breite Flächen sind dadurch sehr exakt zu bearbeiten.

Druckluft bekommt man zum einen aus Dosen oder aber aus einem Kompressor. Die Dosen kann man beim Modellbauhändler oder im Künstlerbedarfsgeschäft kaufen, sie reichen aber nur für kleine Arbeiten, z.B. das Ausbessern von Kratzern o.Ä. Für größere Vorhaben und den Dauerbetrieb eignen sich ölfreie Kompressoren, die die Luft über lange Zeit mit sehr konstantem Druck abgeben. Bei der Beschaffung des Kompressors muss man darauf achten, dass er einen Wasserabscheider und einen sehr feinen Luftfilter besitzt. Der Filter hält die in der Luft immer vorhandenen Staubpartikel zurück und der Wasserabscheider bindet die beim Kompressionsvorgang frei werdende Restfeuchtigkeit aus der Druckluft, die sonst mit der Farbe vermischt wird und einen fleckigen Farbauftrag beschert.

Obschon eine Airbrush-Anlage sehr nützlich ist und mit ihr hervorragende Lackierungen erzielt werden könne, ist sie für einen Anfänger nicht erforderlich. Außerdem muss man im Umgang mit ihr sehr geübt sein, bevor das Ergebnis den finanziellen Aufwand lohnt.

Sonstige Werkzeuge
Für alle Modellarbeiten sind Parallelschraubstöcke nötigt, denn oft braucht man beide Hände für das Werkzeug. Ein Schraubstock sollte starr auf der Arbeitsplatte befestigt sein, ein zweiter über ein Drehgelenk in Form eines Kugelkopfes verfügen. Werkstücke müssen manchmal gedreht werden. Für beide müssen aber Schonbacken vorhanden sein.

In diese Kategorie fallen auch die Handschleifkloben, kleine Schraubstöcke, die man in einer Hand hält und das darin festgehaltene Werkstück mit der anderen bearbeitet. Und man sollte sich jede Menge Holzwäscheklammern besorgen. Sie sind, neben ein paar Schraubzwingen, unersetzlich.

Sehr nützlich ist eine Uhrmacherblechschere. Mit ihr kann man alle Metalle bis etwa 2 mm Dicke schneiden und braucht nicht zu sägen.

In keiner Werkstatt darf ein Permanentmagnet fehlen. Kleine Eisenteile wie Nadeln etc. fallen auf den Boden und lassen sich schwer aufklauben. Ein Magnet zieht sie an.

Nützlich und für Präzisionsarbeiten unbedingt nötig sind feine Reibahlen, mit denen man Bohrungen auf exakte Durchmesser bringen kann.

Klebstoffe

Überall in Supermärkten, Baumärkten und ähnlichen Geschäften findet man ganze Regale voller Klebemittel. Für den Bau eines Schiffsmodells sind davon jedoch nur sehr wenige verwendbar. Jeder Klebstoff ist nur für ganz bestimmte Verbindungen nutzbar, die wir hier beschreiben.

Man muss jedoch bei jeder Klebung beachten, dass die zu verklebenden Werkstücke an den Klebestellen frei von Fetten, Feuchtigkeit, Staub und anderen Unreinheiten sind. Wenn eine Oberfläche für eine Klebung vorbereitet ist, sollte man einen Fingerkontakt unbedingt vermeiden, denn er hinterlässt Fett-, Säure- und Feuchtigkeitsspuren. Dies gilt generell für jede Klebeart, ohne Ausnahme!

Holz mit Holz oder Karton

Hierzu kann man drei Klebstoffe empfehlen. Erstens den guten alten Kaseinkleber in Pulverform. Man rührt ihn so mit Wasser an und lässt ihn ausquellen, wie man ihn für die bestimmte Klebestelle benötigt. Seine Abbindezeit dauert immer so lange, bis der letzte Rest des Anrührwassers verdunstet ist. Leider findet man ihn in vielen Fachgeschäften nicht mehr.

Zweitens den dickflüssigen Weißleim ohne Lösungsmittel. Ihn gibt es für wasserfeste und normale Klebungen. Wichtig ist, dass die Klebestellen, wenn es möglich ist, bis zum Abbinden fest zusammengepresst werden sollten. Der Leim wird hauptsächlich in der Möbelindustrie verwendet. Er hat eine relativ kurze Abbindezeit und hält in einer warmen Umgebung bereits nach fünf Minuten sehr fest. Bis zur totalen Abbindung sollte man aber mindestens zwölf Stunden vergehen lassen. Übergequollene Leimwürste muss man sofort mit einem feuchten Lappen entfernen; trocknen sie, kann man sie nur mechanisch entfernen, und das führt möglicherweise zu Beschädigungen am Material. Es hat sich auch bewährt, die Klebestellen vor dem Leimauftrag gut mit Spiritus oder Fleckentferner zu reinigen und ganz durchtrocknen zu lassen. Bringt man den Kleber ohne diese Vorbehandlung auf, dringt er in die Poren ein, quillt so neben der eigentlichen Klebestelle aus und bildet nach dem Trocknen die hässlichen weißen Flecken, besonders auf Edelholzfurnieren. Man bekommt diese Flecken nie wieder weg.

Und drittens den Alles- oder Bastelkleber mit Lösungsmittel. Diese Kleber kann man überall einsetzen, nur bei Styropor nicht. Das Material wird aufgelöst.

Holz mit Kunststoffen

Holz und Kunststoffe lassen sich gut mit Zweikomponentenklebern verbinden. Diesen Klebstoff kann man mit superschnellen, schnellen und langsamen Abbindezeiten bekommen. Jeder ist für bestimmte Anwendungen bestens geeignet. Fertige Klebestellen mit dem superschnell reagierenden Kleber sollte man niemals in direkten Kontakt mit Wasser bringen. Er wird dann nach recht kurzer Zeit spröde und wasserdurchlässig. Also Ruderkoker und Stevenrohre immer mit dem ganz langsamen Zweikomponentenkleber befestigen, er wird wasserfest. Die Kleber eignen sich auch für die Montage kleinster Bauteile am Modell. Die Klebstellen sollten vorher aufgeraut werden, dies vergrößert die Leimfläche und die Klebung hält besser!

Bei der Verarbeitung dieser Klebstoffe sollte man unbedingt auf die Umgebungstemperatur achten, sie binden in warmer Umgebung gleichmäßiger ab. Die Zweikomponentenkleber werden beim Abbinden recht warm und setzen Gase frei. Die Werkstatt sollte also gut belüftet werden.

Kunststoffplatten und Kunststoffteile

Mit flüssigem Polyesterkleber verleimt man Kunststoffe am allerbesten. Die in Tuben gelieferte Paste ist recht schwierig aufzutragen, sie neigt dazu, über die Klebstellen hinauszuwandern. Diese Stelle bekommt dort einen unschönen Wulst. Es ist leichter, die beiden zu klebenden Teile fest zusammenzuhalten und mit einem Pinsel einen Flüssigkleber auf die Klebstelle aufzutragen. Der sickert aufgrund der Kapillarwirkung in die vorhandenen Ritzen und Spalten ein, verbindet beide Teile fest miteinander, trocknet schnell und hinterlässt kaum sichtbare Spuren an der Umgebung. Obwohl diese Klebung recht schnell, innerhalb von zwei Minuten, erfolgt, soll man das Werkstück doch mindestens zwölf Stunden ruhen lassen, bevor man es weiterverarbeitet. Alle diese Klebstoffe arbeiten mit einer chemischen Reaktion. Um dabei abgesonderte Gase entweichen zu lassen, benötigt auch die Chemie etwas Zeit.

Flüssige Kunststoffkleber soll man nur in gut durchlüfteten Räumen anwenden, die entstehenden Gase können unangenehm riechen. Einen nichtriechende Kleber gibt es noch nicht.

Metall mit Metall und anderen Materialien

In den letzten Jahren sind die Sekundenkleber auf den Markt vorgedrungen. Sie bestehen aus einer Cyanacrylat-Basis und sind leicht giftig. Es gibt sie von hoch flüssiger Form bis zum Gel. Auch aus diesen Klebern entweichen beim Reagieren unangenehm riechende Gase und sie sollten daher nur in gut durchlüfteten Räumen angewendet werden. Sie kleben fast alle von Modellbauern verwendeten Materialien und sind besonders für das Verkleben von Metall mit Holz, Papier, Karton, Kunststoffen; Styropor und Metall geeignet.

Will man z.B. Teile aus Weißmetall miteinander oder mit einem anderen Metall verbinden, konnte man es früher nur mit speziellen Lötmitteln und temperaturgesteuerten Lötkolben verlöten. Der Sekundenkleber ist ein guter Ersatz für diese schwierige Arbeit.

Wird Holz mit einem anderen Material verklebt, sollte man erst eine dünne Schicht Sekundenkleber auf das leicht angeraute Holz auftragen und gut trocknen lassen. Dann erst bestreicht man auch die zweite Klebefläche dünn mit Kleber und drückt beide Teile zusammen – in sehr kurzer Zeit ist die Verbindung hergestellt. Der erste Auftrag versiegelt die Poren des Holzes, der zweite stellt dann, aufgrund der nun geglätteten Oberfläche, die überaus feste Bindung her.

Bei der Verwendung von Sekundenklebern kann die Klebestelle durch einfaches Anhauchen beschleunigt und noch fester gemacht werden. Die Kleber reagieren bei erwärmter, leicht erhöhter Luftfeuchtigkeit sehr schnell und fest. Außerdem muss man die auf der Packung gedruckten Vorsichtsmaßregeln genauestens beachten. Verklebte Finger lassen sich oft nur von einem Chirurgen wieder trennen.

Furniere und Holz etc.

Für diese Verklebung sind Kontaktkleber ideal. Zum Glück haben diese in den letzten Jahren den von Klebstoffschnüfflern so geschätzten Duft des Lösungsmittels verloren. Beide Klebflächen müssen trocken und staubfrei sein; sie werden gleichmäßig dünn mit Kontaktkleber bestrichen und die Teile dann für etwa 15 Minuten zum Abtrocknen weggestellt. Die Klebflächen sollten sich, wenn man sie betastet, nicht mehr klebrig anfühlen. Werden sie dann zusammengefügt, entsteht sofort eine feste Bindung. Das Zusammenfügen muss also ganz besonders sorgfältig geschehen, denn aufgrund der sofortigen Bindung ist ein nachträgliches Zurechtrücken nicht mehr möglich. Durch leichtes Beklopfen mit einem Gummihammer oder mit einer kurzzeitigen starken Pressung kann man die zusammengefügte Klebung noch verstärken. Die Verbindung erreicht nach 3–4 Stunden, wenn alle Lösungsmittel verflogen sind, die volle Stärke.

Große Furnierflächen verklebt man am besten mit einem Spezialweißleim. Er gestattet nach dem Auflegen des Furniers für einen längeren Zeitraum noch Korrekturen an den Passungen. Man muss die Verarbeitungsvorschriften des Leims beachten. Er sollte anschließend langsam und blasenfrei trocknen!

Papierwerkstoffe und Holz etc.
Das beste Klebemittel für diesen Zweck wird von den Fotografen und Kunstmalern verwendet. Es ist ein Flüssigkleber, den man aus Sprühdosen großflächig auftragen kann. Der Vorteil: Er nässt das Papier nicht, das daher nicht quillt und keine Falten bildet, sodass es also vollkommen eben auf eine Holzplatte gebracht werden kann. Drei Grundtypen von Sprühklebern wurden entwickelt. Einer lässt nach dem Zusammenfügen noch Korrekturen zu, der zweite klebt sofort total fest und der dritte erfüllt die besonderen Anforderungen für Archivierungszwecke. Für den Modellbau benötigen wir fast ausschließlich den ersten.

Unter den vielen Klebstoffen gibt es einen, der besonders für das Verkleben von Holz und Plexiglas (Acrylglas) geeignet ist: der Alleskleber. Er bindet glasklar ab und hinterlässt, wenn er nicht zu dick aufgetragen wurde, kaum Spuren. Seine Klebestellen binden schnell ab, erreichen ihre größte Festigkeit aber erst nach etwa 24 Stunden. Bei Holz mit Holz erreicht seine Haftfähigkeit die des oben genannten Weißleims nicht. Zum Abschluss muss noch erwähnt werden, dass der Bereich der Klebstoffe sehr groß und verwirrend ist. Der Anfänger sollte sich an die Erfahrungen älterer Modellbauer halten. Aber auch unter denen herrscht Uneinigkeit darüber, welches Mittel bei welchem Einsatz am besten klebt. Der eine schwört auf dies, der andere auf das!

Immer aber gilt die wichtige Regel, die man gar nicht oft genug wiederholen kann: Alle Klebestellen müssen vor dem Auftrag des Klebers immer sauber, frei von Fetten und Ölen, Schmutz und Farbe, Fingerabdrücken und Nässe sein!

Kapitel 6: Bau des Rumpfes

Nachdem das Vorbild ausgesucht ist und die Zeichnungen und Daten beschafft sind, können wir unsere Aufmerksamkeit nun dem Bau des maßstabsgerechten Schiffsmodells zuwenden. Das Modell wird, wie das Original auch, vom Kiel aufwärts gebaut und dafür ist eine flache Arbeitsoberfläche Voraussetzung. Ein Stück dickere Tischlerplatte möglichst mit Kunststoffauflage, zumindest auf der Arbeitsseite, ist dafür ideal. Die Platte sollte auf jeder Seite mindestens 100 mm länger und breiter als das geplante Modell sein. Es muss sichergestellt sein, dass das Baubrett, wir nennen es jetzt Helling, völlig eben ist, also keine Beulen und Löcher aufweist. In Längsrichtung dieser Helling muss eine immer sichtbare Mittellinie aufgebracht werden. Am besten wird die von einem weichen Bleistift vorgezeichnete Linie mit einer scharfen Reißnadel und einem Stahllineal nachgezogen. Die Vertiefung ist so sehr schmal und kann nie verwischt werden. Ebenso sollten die Positionen der Spanten/Rippen markiert werden, nur, dass man hier nicht einritzt.

Jahrtausendelang wurden Schiffe aus Holz gebaut. Das ist das beste Material, um den Rumpf eines Maßstabsmodells zu bauen. Dafür gibt es nun eine ganze Anzahl Methoden. Man kann einen Schiffsrumpf aus einem soliden Holzblock schnitzen. Für jede Größe ist das aber nicht vorteilhaft. Der Arbeitsaufwand für die äußere Formgebung und noch einmal etwa derselbe für das Aushöhlen des Inneren ist so groß, dass sich diese Methode nur für die kleinsten Modelle eignet. Dazu kommt, dass nur sehr schwer trockene, astfreie und gerade gemaserte Holzklötze findet, die dafür notwendig sind.

Bei der Schichtbauweise werden gehobelte Bretter mit der genauen Dicke des Abstandes der Wasserlinien nach deren Konturen ausgesägt, verleimt und dann in Form geschnitzt. Da die einzelnen Bretter vor dem Zusammenleimen auch für den Innenraum ausgesägt wurden, erleichtert dies später den Aushöhlvorgang auf eine dünne Außenhaut.

Bei der dritten und populärsten Methode baut man ein hölzernes Gerippe aus dem Kiel und den ausgesparten Spanten und beplankt es dann mit dünnen Brettern. So wurden früher alle Schiffe – bis auf die Einbäume – gebaut und es ist noch immer die Methode im Holzschiffbau moderner Werften.

Bei der vierten Art benutzt man statt der ausgesparten Spanten so genannte wasserdichte Schotten aus Vollmaterial. Man wendet diese Methode dann an, wenn die Schotten später herausgebrochen werden oder der fertige Holzrumpf nur als Form für Kunststoffabgüsse benötigt wird. Es gibt noch verschiedene weitere Verfahren, Rümpfe zu bauen. So kann man die positive Urform des Rumpfes aus sehr feinem Gips herstellen, gut trocknen lassen, schleifen und dann mit Kunstharz und Glasmatten den eigentlichen Rumpf herstellen.

Das Gleiche kann man mit je einer halben hölzernen Steuerbord- und Backbord-Negativform machen, nur wird dabei der spätere Rumpf aus Kunststoff und Glasmatten in eine Form eingebracht. Der Vorteil: Die am Gebrauchsrumpf gewonnenen Oberflächen benötigen kaum Nacharbeiten. Nur zusammensetzen und den Kiel einbringen muss man noch.

Ich will nun einige der Methoden etwas detaillierter beschreiben, doch bitte ich um Verständnis, dass es auch bei allen erprobten Verfahren immer wieder Varianten gibt, die zu zahlreich sind, um aufgeführt zu werden.

Rümpfe in Schichtbauweise

Wenn man den Linienriss zugrunde legt, folgt die Schichtbauweise den Wasserlinien des Risses. Nur muss bedacht werden, dass der Riss nur eine Hälfte des Rumpfes zeigt, die einzelnen Schichten aber komplett ausgesägt werden müssen. Nimmt man den Linienriss als Vorlage, so ist es am besten, Bretter mit der Dicke des gezeichneten Abstandes der einzelnen Linien zu verwenden. Ist aber der Abstand der Linien für die Dicke der Bretter zu groß, muss man schon mehrere Bretter zusammenleimen, um dann die Kontur der bestimmten Wasserlinie aufzuzeichnen. Für die Genauigkeit der Schiffskontur ist dies unbedingt erforderlich. Ist das Holz aber dicker als der gezeichnete Abstand der Wasserlinien, muss man es auf die korrekte Stärke abschleifen oder abhobeln. Das lässt man am besten in einer nahen Schreinerei oder direkt beim Holzhändler machen. Deren motorgetriebenen Hobel- und Schleifmaschinen verringern die Bretter in kürzester Zeit auf die erforderliche Stärke. Wenn alle Bretter für jeweils eine Wasserlinie die richtige Dicke haben, können sie für die Weiterverarbeitung vorbereitet werden.

Die Kontur jeder Wasserlinie wird mit Kohlepapier per Durchpausen auf die für sie bestimmte Planke aufgetragen. Dabei darf die Mittellinie nicht vergessen werden. Am besten zeichnet man sie zuerst mit einem Lineal nach.

Tipp: Man spannt den Linienriss mit der Zeichnung nach unten auf eine Glasscheibe, beleuchtet diese von der anderen Seite und kann so die Linien auf der Planrückseite nachziehen. Die Mittellinie nicht vergessen.

Die unterste Planke bleibt komplett, d.h., sie wird nicht ausgehöhlt. Bei allen anderen werden die Innenpartien herausgesägt. Es muss aber genügend Material für das Zusammenlei-

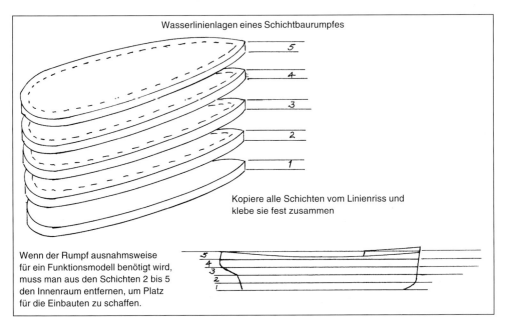

Wasserlinienlagen eines Schichtbaurumpfes

Kopiere alle Schichten vom Linienriss und klebe sie fest zusammen

Wenn der Rumpf ausnahmsweise für ein Funktionsmodell benötigt wird, muss man aus den Schichten 2 bis 5 den Innenraum entfernen, um Platz für die Einbauten zu schaffen.

50

Fünf Schablonen für die Bugform der „Scott Guardian". Jede einzelne bestimmt die Form an einer anderen Wasserlinie.

men stehen bleiben. Jedes Brett wird dann auf sein Unterbrett geleimt und so lange beschwert oder geklammert, bis der Leim abgebunden hat. Ganz Schlaue bohren noch Löcher für Dübel in die beiden geleimten Bretter. Die Dübel verhindern ein Verrutschen während der Abbindezeit. Andere schrauben Messingschrauben in die Lage, wobei man da sorgfältig die richtigen Stellen wählen muss, damit die Schrauben beim späteren Aushöhlen oder Schleifen kein Hindernis darstellen. Der Leim muss wasserfest sein, wenn er ausgehärtet ist. Der beste Leim hierfür war früher Kaltleim, der entsprechend der Verwendung angerührt wurde und dann sehr langsam abband. Heute verwendet man dafür einen wasserfesten Weißleim, den man in jedem Baumarkt kaufen kann.

Der nach dem Leimen noch seltsam aussehende Rumpf sollte für mehrere Tage in Ruhe gelassen werden; jedenfalls lange genug, um den verwendeten Leim total und auch die letzte Feuchtigkeit aus dem Holz trocknen zu lassen, bevor man mit dem Abschleifen und Formen des Holzes beginnt. Um das Äußere des Rumpfes in Form zu bringen, muss sehr viel Sorgfalt aufgewandt werden. Die einzige Hilfe zum richtigen Formen des Rumpfes ist die Anwendung von Schablonen, mit denen man laufend die Kontur des Rumpfes überprüft. Die Schablonen werden aus dünnem Sperrholz, Karton oder Kunststoffplatten nach den Konturen der Wasserlinien und der Spanten gefertigt. Sie müssen sehr sorgfältig ausgeschnitten und an die Linien des Plans angepasst werden. Von ihrer Passform hängt die spätere Genauigkeit des fertigen Rumpfes ab. Ein Bild zeigt ein paar Schablonen. Beim Formen und Schleifen des Rumpfes muss immer große Vorsicht walten. Es ist sehr leicht, zu viel abzunehmen, aber sehr schwer, Material wieder zuzufügen. Wichtig ist, dass ständiges Nachmessen mit den Schablonen erfolgt und je näher man dem Ende der Arbeiten kommt, muss immer feinkörnigeres Schleifpapier eingesetzt werden. Dieses Sandpapier sollte immer auf einem Schleifklotz befestigt sein, denn hält man es nur in der Hand, entstehen zwangsläufig Erhebungen und Vertiefungen. Für den Farbauftrag ist aber nun einmal eine perfekte Oberfläche nötig.

Das Innere des Rumpfes ist ebenfalls zu glätten. Die Stärke von Seitenwand und Boden ist so weit zu reduzieren, dass man die vorgesehene Ausrüstung einbauen kann, aber eine genügende Stabilität bleibt. Ein Schichtbau wird normalerweise an der Deckskante enden, jedes Schanzkleid muss später in üblicher Bauweise angebracht werden. Es ist zu dünn, um es aus dem Vollen zu schnitzen. Auch muss berücksichtigt werden, dass die Stärke des Rumpfes das Gewicht und das Fahrverhalten auf dem Wasser beeinflusst. Am Boden bestimmen die Einbauten die Dicke des Holzes. Er ist bei Zivilschiffen in den meisten Fällen nicht eben, sondern steigt von der Mitte zu den Seiten an. Die Erhöhung nennt man Bodensprung. Das oder die Stevenrohre müssen genau eingemessen werden. Jeder Sitz für einen Geräteträger oder Beschlag muss markiert und vorbereitet werden. Manche Schiffe haben einen erhabenen Balkenkiel, dieser muss angefertigt und an den Rumpf genau angepasst werden. Ein dünner Sperrholzkiel kann in eine kleine, in den Holzrumpf gearbeitete Nut, die gerade breit genug ist, um den Kiel aufzunehmen, gesetzt und geleimt werden. Bei einigen Fahrzeugen wird ein Kiel nur zwischen den beiden Propellern am Heck angebracht. Dieser Kiel muss aus dem Vollen gearbeitet, an den Rumpf angepasst und dann mit diesem verleimt werden.

Viele Schiffe haben so genannte Schlingerkiele, die etwa über ein Drittel der Schiffslänge an den beiden Unterwasserseiten verlaufen und das lästige Rollen des Schiffes dämpfen sollen. Sie müssen angefertigt und vor der Bemalung angebracht werden. Details hierzu kommen später.

So leicht der Bau eines Schichtrumpfes auch zu beschreiben ist, die Arbeit selbst gestaltet sich doch sehr zeitraubend und staubig. Außerdem sind stets das Augenmaß und vor allem die Schablonen gefragt, um die richtige, endgültige Form des Rumpfes sicherzustellen.

Der geplankte Rumpf

Diese Methode, einen Holzrumpf aufzubauen, ist weit verbreitet und wird öfter als die Schichtbauweise verwendet. Auch lässt sie für alle späteren Einbauten wie Motoren und Fernsteuerung genügend freien Platz. Die Linienrisse müssen entsprechend dem Maßstab des zukünftigen Modells kopiert, vergrößert oder verkleinert werden. Der Seitenriss gibt die Formen des Kiels an, er wird kopiert und auf ein 6 mm dickes Sperrholzbrett (mit Längsmaserung) oder ein anderes Material aufgetragen. Manchmal ist es bequemer, den Kiel in zwei (oder mehr) Teilen einschließlich Überlappungen zueinander auszusägen. Die Überlappungen werden als Schäftungen für das Zusammensetzen des Kiels benötigt. Man sollte die Schäftungen zusätzlich verstiften, denn das stellt ganz sicher, dass der Kiel nicht gebogen wird. Der Kiel muss in jeder Richtung absolut gerade sein. Man montiert ihn am besten auf einer ebenen Arbeitsplatte. Wenn der Kiel entsprechend den äußeren Konturen des Seitenrisses zusammengebaut bzw. ausgeschnitten ist, kann man das Innere des

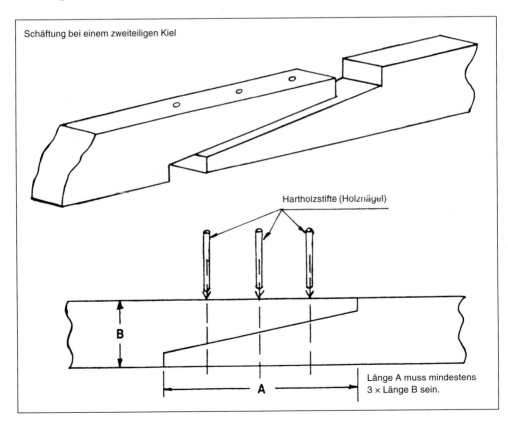

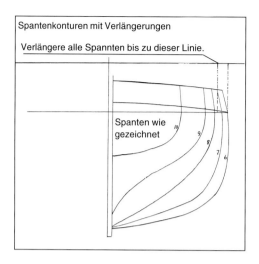

Kiels (bis auf Spantentiefe) ausarbeiten. Die Tiefe des Kiels, bis zu welcher er ausgeschnitten werden muss, wird durch das zu bauende Modell bestimmt. Wenn ein Schiff einen Balkenkiel hat, sollte er nur bis zu einer Tiefe von 25 bis 30 mm ausgesägt werden.

Man darf nie vergessen, einen geschäfteten Kiel so lange auf einer geraden Arbeitsplatte zu pressen, bis der verwendete Leim total ausgetrocknet ist. Statt ihn zu pressen, kann man den Kiel auch mit Holzschrauben auf der Arbeitsplatte niederhalten. In einigen Fällen ist der Achtersteven und/oder der Vorsteven Teil des Kiels. In anderen muss er (oder beide) gesondert hergestellt werden und dann an den fertigen Kiel gebaut werden. Die Zeichnungen helfen bei dieser Entscheidung.

Spanten bestimmen die Form des Rumpfes; ihr Zuschnitt und der spätere Zusammenbau muss sehr sorgfältig ausgeführt werden. Zuerst wird der genaue Bedarf an Spanten, die für die Stützung der Beplankung ausreichen, festgelegt. Sie sollten nicht weiter als 75 mm voneinander entfernt sein und zu den Rumpfenden wegen der stärkeren Krümmungen immer näher zusammenrücken. Die im Plan eingezeichneten Spanten werden nun auf den benötigten Maßstab vergrößert oder verkleinert fotokopiert. Wenn der Plan schon im gewünschten Maßstab vorliegt, kann man die einzelnen Spanten auch mithilfe von Durchschlagpapier auf gutes Zeichen- oder Transparentpapier pausen. Da das Rumpfgerüst über Kopf auf einer Helling gebaut wird, muss man vorher eine gemeinsame Bezugslinie mindesten 25 mm höher als der größte Spant über dem Spantenriss einzeichnen. Alle Spanten erhalten nun auf beiden oberen Seiten eine Verlängerung, die diese Linie als Grundlinie hat. Nach dem Ausschneiden bildet diese Verlängerung den Fuß der Spanten. Kiel und Spanten sind später so auf einer Höhe über der Helling.

Da der Spantenriss nur Halbspanten ausweist, muss die Kopie an der Mittellinie gefaltet und an der Pauslinie genau ausgeschnitten werden. Eine bessere Methode ist es, Transparentpapier einzusetzen. Man wendet einfach das Papier und paust noch einmal den gleichen Spant ab. Vergisst dabei aber nicht, die Stärke der Beplankung von der Außenkontur abzuziehen. Vor dem Ausschneiden sollte man aber auch den Sitz eventuell unterhalb des vorgesehenen Decks einzubauender Stringer (das sind Längsleisten zur Stabilisierung der oberen Spantpartien und des Spantabstandes, gleichzeitig erleichtern sie den späteren Einbau des Decks) festlegen. Außerdem ist die Breite der einzelnen Spanten, also der Innenausschnitt, einzuzeichnen. Als Breite kann man die der Schanzkleidstützen annehmen (man hat sie ja schon in den Verlängerungen).

Man klebt dann die Pause auf gutes Schiffs- oder Flugzeugsperrholz und schneidet die Spantkontur mit einer Laubsäge aus. Jetzt sollten auch die Schanzkleidstützen und das Innere der Spanten ausgesägt werden. Aber bevor man dies tut, ist es notwendig, die Dicke der Planken von den Spanten abzuarbeiten.

Nochmals: Die Linien der Risse zeigen immer die Außenkonturen eines Schiffes! Deswegen müssen sie um die Plankenstärke verringert werden, damit das Modell nicht zu breit wird und außer Maßstab gerät. Mit einer Lehre oder einem Bleistift, der an einem Holzklotz befestigt ist, kann man die Dicke der Planken direkt auf die Spanten übertragen und dann wegschneiden. Das Innere der Spanten wird dann bis auf einen Rest von 10–15 mm ausgesägt. Mehr sollte man nur an den Stellen wegnehmen, an denen die Einbauten einen größeren Raum benötigen.

Tipp: Es hat sich als vorteilhaft erwiesen, dass man an den Spanten einen Steg zwischen den beiden Backen stehen lässt. Er ist gleich als Träger für das Deck vorzusehen und mit der im Riss angegebenen Decksbucht zu versehen. Man stabilisiert dadurch das Kiel-Spanten-Gerippe enorm.

Einige der Fotos zeigen, wie Kiel und Spanten zusammengebaut und das ganze Gebilde auf der Helling befestigt wird (am besten mit hölzernen Wäscheklammern). Jeder Spant erhält am unteren Ende eine Nut, die genau mit der für diesen Spant vorgesehenen Stelle des Kiels zusammenpasst. Der Kiel soll aber mindestens um die doppelte Beplankungsdicke aus dem Spant herausragen. Bei vielen Schiffen, ganz besonders bei Kuttern, steht der Kiel recht weit über die Beplankung vor, darauf ist beim Bau unbedingt zu achten. Jeder Spant muss senkrecht und zu beiden Seiten gleichwinklig zum Kiel stehen, deshalb ist er vor dem Verleimen ganz genau einzurichten. Selbstverständlich sollten vor dem endgültigen Verleimen die Positionen aller Spanten mit Spantnummer auf dem Kiel angezeichnet werden. Dies verhindert eventuelle Montagefehler.

Blick vom Heck auf den Kiel und die Spanten. Die Planken enden am letzten Spant. Das Heck wird später aus Weichholzblöcken (z.B. Balsa) aufgebaut.

Kiel und Spanten für das Modell „Scott Guardian", aufgebaut auf einer Helling mit einigen der unteren Rumpfplanken

Blick auf das Innere zum Heck des fertig geplankten Modellrumpfes der „Scott Guardian". Die Holzklötze sind an Spant Nr. 0 zu erkennen. Man beachte die Spantnummern, die immer vom Heck zum Bug gezählt werden.

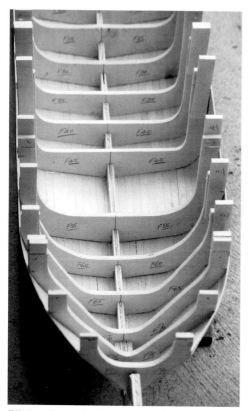

Diese achtere Ansicht des Rumpfes zeigt die Markierungen zum Ausarbeiten der Deckslinien. Einige der Planken sind nummeriert, um das korrekte Anbringen nach dem Schneiden sicherzustellen.

Blick auf den Bug des geplankten Rumpfes. Der Platz für die Bugfüllklötze ist am Bugspant zu erkennen.

Hier sieht man die Abschrägung der Plankenenden. So wird an diesen Verbindungsstellen die Klebe- und Stoßfläche jeder einzelnen Planke vergrößert und eine Verstärkung des Rumpfes erreicht.

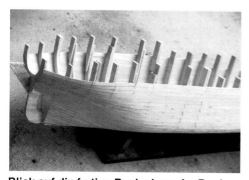

Blick auf die fertige Beplankung im Bugbereich. Sie zeigt den Platz für die später den Bug formenden Holzklötze. Diese werden dort angebracht, wo der Biegeradius der Planken nicht ohne Bruch erreicht werden kann.

Auch hier sieht man die Deckslinien, die zum Ausschneiden markiert sind. Die Spantenverlängerungen werden erst nach dem Feinstschliff des Rumpfes zurückgeschnitten.

Dieser Blick auf das achtere Viertel des Modellrumpfes der „Scott Guardian" zeigt die Plankenführung, bevor der Rumpf geschliffen und gespachtelt wurde. Die Räume, die zwischen den Planken und den Holzklötzen entstehen, werden mit quer zur Plankung laufenden Holzstreifen ausgefüllt und beigeschliffen.

Wer eine schnelle Abbindung der Klebstellen vorzieht, verwendet Sekundenkleber. Der langsamer trocknende wasserfeste Weißleim ist aber für diesen Zweck besser geeignet. Das fertig geleimte Gerippe sollte für mindestens 24 Stunden zum Trocknen zur Seite gestellt werden. Um ein Verziehen während dieser Zeit zu verhindern, sollte man den Kiel mit Winkeleisen gerade halten und das ganze Gebilde fest mit der Helling verankern.

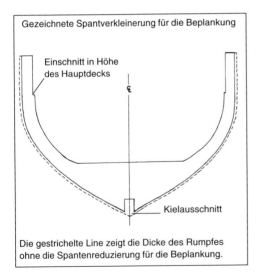

Die Skizze zeigt einen Spant mit einem flachen Boden im Inneren und Kerben an der Position des Hauptdecks. Er ist für einen Heringsfänger gedacht, kann im Prinzip aber auch auf andere Modelle angewendet werden.

Wenn die Kiel-Spanten-Baugruppe trocken ist, wird sie kopfüber auf die Helling montiert. Die Verlängerungen der Spanten müssen jetzt alle die Oberfläche berühren. Unter diejenigen Spanten, die das Baubrett nicht berühren, legt man kleine Klötze. Dann werden Leisten an den Spantverlängerungen und der Helling angebracht und mit diesen durch Schnellkleber und Stiftnägel verbunden.

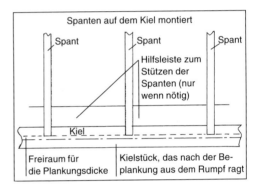

Tipp: Wenn man das Kiel-Spanten-Gerippe selbst gleich kopfüber auf der Helling aufbaut, gibt es keinen Verzug beim Zusammensetzen, da kleinere Verspannungen noch vor dem Leimen ausgemerzt werden können. Die Spanten werden dazu mit ihren Verlängerungen an 10×10 mm starken Leisten, die genau im festgelegten Spantenabstand auf die Helling geschraubt wurden, mit Wäscheklammern (aber aus Holz) befestigt, der Kiel eingesetzt und verleimt.

Das Ergebnis ist eine sehr feste Konstruktion, auf der die Rumpfplanken angepasst und verleimt werden können. Bevor man mit dieser Arbeit beginnt, ist es wichtig, dass die Spanten, um die Planken stets flach aufzunehmen, abgeschrägt werden müssen. Man nennt diesen Vorgang Straken der Spanten. Die Arbeit kann man mit einer Leiste als Führung ausführen. Mit einem Schleifblock mit grobem Sandpapier oder einer groben Feile werden die Spanten bug- und heckwärts so weit abgeschrägt, dass die Leiste an jeder Spantkante fest anliegt. Sie muss auch deshalb über die ganze Schrägfläche der Spantenkanten anliegen, um der vorgesehenen gebogenen Rumpfform genau zu folgen. Besser geht das Straken der Spanten mit einem recht flexibles Stahllineal. Man legt es mit einem Ende an einem Mittelspant an und biegt es dann in Richtung Bug (oder Heck), markiert die auf den Spanten abzuarbeitenden Winkel und entfernt sie später. Man muss dabei das Lineal immer wieder anlegen! So vermeidet man eine zu starke Materialwegnahme! Fertig ist das Straken, wenn das gebogene Lineal jeden Spant auf der größtmöglichen Kantenfläche berührt.

Um starke Krümmungen von Planken zu vermeiden, kann man die Bug- und Heckpartien des Modells auch mit massiven Füllklötzen aus Balsa, Ramin oder Limba ausarbeiten. Diese Blöcke werden nach dem Planken und Schleifen angebracht. Mehr dazu später.

Welches Holz auch immer für die Beplankung genutzt wird, es muss astfrei, gerade gemasert und von bester Qualität sein. Linde ist genauso ideal wie gutes Flugzeugsperrholz. Die Planken sollten nie breiter als 10 mm und nie dicker als 3 mm sein. Alle dickeren Leisten lassen sich schwerer biegen. Das Planken erfolgt immer wechselseitig auf beiden Seiten des Kiels. Auf alle Fälle dürfen nie mehr als zwei Planken auf einer Seite angebracht werden, dann wendet man sich der anderen Seite zu und holt dort diese zwei Lagen nach.

Von dieser Regel darf man auf keinen Fall abweichen. Bei einseitiger Beplankung verzieht sich nämlich der Rumpf. Man stellt dies erst nach dem Abnehmen vom Baubrett fest, wenn sich der Rumpf in eine Richtung wegdreht. Das Resultat: Wegwerfen und neu bauen.

Der Beginn der Beplankung erfolgt, indem eine Planke, das so genannte Kielholz, auf jeder Seite des Kiels angepasst wird. Dabei ist die Planke auch an den Rumpfsprung durch Abschrägen anzupassen. Sind die Planken zu kurz, werden sie mit einer Schäftung über einem mittleren Spant zusammengesetzt. Man muss aber, um die größtmögliche Festigkeit der Konstruktion zu erreichen, diese Schäftungen bei den folgenden Planken immer auf anderen Mittelspanten positionieren. Mit wasserfestem Weißleim werden jetzt die beiden Planken einmal an den Spanten und zum anderen seitlich am Kiel befestigt und mit kleinen Nägeln an jedem Spant in Position gehalten, bis der Leim getrocknet ist. Messingnägel sind dafür ideal, denn sie lassen sich später gemeinsam mit dem Rumpf abschleifen. Stahlnadeln muss man vor dem Schleifen wieder entfernen und die zurückbleibenden kleinen Löcher mit Glaserkitt o.Ä. füllen. Um sicherzustellen, dass immer parallel an beiden Seiten, Steuerbord und Backbord, gearbeitet wird, sollte man jede Planke mit einem weichen Bleistift als S1 (Steuerbord 1) oder B1 (Backbord 1) kennzeichnen. Dies verhindert Fehler und später einen verzogenen Rumpf. Die ersten Planken müssen dem ganzen Kiel genau angepasst werden; wenn sie am Heck passen, können sie jedoch am Bug über den Kiel hinausragen. Ganz vorsichtig muss dieser Überstand dann weggenommen werden.

Von nun an ist das Anpassen der weiteren Planken ein wenig aufwendig. Die Leisten müssen zum Bug und zum Heck schmaler gemacht werden; sie sollen ja der korrekten Form des Rumpfes folgen. Dies geschieht wie folgt (siehe auch die entsprechende Skizze):
1. Messe die genaue Decksposition auf dem Plan ab und markiere sie an allen Spanten des Gerippes ebenso wie am Bug- und Heckbalken.
2. Ermittle den größten Spant des Modells und bestimme unter Mithilfe einer Schablone, die etwa 0,5 mm schmaler als die Plankenbreite ist, die Anzahl aller benötigten Planken vom Kiel bis zur Decksposition (und darüber hinaus, wenn das Schanzkleid gleich mitgeplankt werden soll).

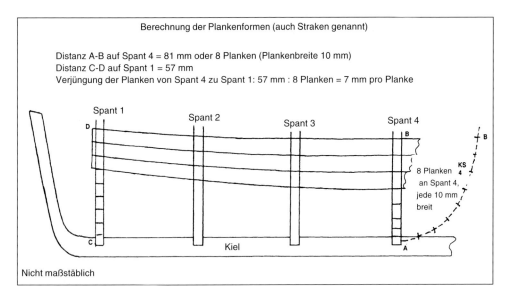

3. Messe die Länge der Rippenkanten aller anderen Spanten ab, teile sie durch die Anzahl der unter Schritt 2 ermittelten Planken und markiere auf jedem Spant die errechneten Abstände. So werden auf den Spanten die Straklinien der Planken ermittelt.

Es hat sich herausgestellt, dass man, wenn die Kielhölzer eingeleimt sind, in Höhe der Deckskante eine ungeänderte Planke (den Schergang) anbringen sollte. Sie festigt die Konstruktion, verhindert beim Anbringen der anderen Planken weitgehend ein Verziehen und stellt für den Modellbauer die Obergrenze der Beplankung dar. Er braucht sich keine weiteren Gedanken um diesen Abschluss zu machen.

Sind die zwei ersten Planken am Kiel und den Spanten angebracht, passt man jede folgende Planke individuell an; man sollte dabei die Schäftungen in der Mitte des Gerippes berücksichtigen. Die an die bereits angeleimte Planke weisende Kante der nächsten Planke muss dieser genau angepasst werden, bevor man sie dann in der Position festklebt. Es sollte kein Spalt zu erkennen sein. Dann werden die Planken mit Stiften oder Nadel gesichert und man lässt sie trocknen, während die andere Rumpfseite bearbeitet wird. Sollte die natürliche Federkraft der Planke wegen einer zu starken Biegung des Rumpfes für eine Nadel zu groß werden, kann man zusätzlich eine Klammer einsetzen.

Ist die Biegung jedoch zu stark, muss die Planke vorgebogen werden. Dies kann auf verschiedene Arten geschehen: Ein elektrischer Plankenbieger wird gekauft und jede Planke mit ihm gebogen. Planken werden in sehr heißes, ja kochendes Wasser getaucht und für ein paar Minuten eingeweicht. Dann sind sie meistens zum stärkeren Biegen weich genug. Den gleichen Effekt kann man erzielen, wenn man die Leisten in Wasserdampf hält und so einweichen lässt. Dabei ist jedoch der entweichende Wasserdampf lästig. Als chemische Variante bietet sich das Einweichen in Haushaltssalmiakgeist an, doch stören hierbei die Gerüche.

Alle diese Methoden sind recht brauchbar, wenn es sich um Massivhölzer handelt. Wird aber mit Sperrholz beplankt, versagen sie kläglich. Sperrholz biegt man am besten mit trockener Hitze. Am einfachsten geht das, wenn man sie über das Gehäuse des Heizelements eines 75- oder 100-Watt Lötkolben zieht und dabei immer weiter biegt. Der Lötkolben wird

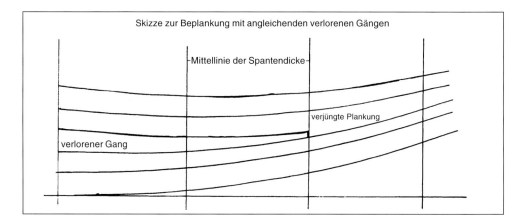

Skizze zur Beplankung mit angleichenden verlorenen Gängen

dazu in einen Schraubstock gespannt. Die Hitze des Kolbens erweicht den Kleber zwischen den einzelnen Furnierlagen, der Streifen kann leicht gebogen werden. Nimmt man den Streifen von der Wärmequelle, festigt sich der Leim wieder und hält die Furnierlagen permanent in der neuen Position.

Manchmal stellt man beim Beplanken fest, dass sich eine Planke nicht mehr so leicht an die Vorgängerin anpassen lässt. Sie muss gebogen und gleichzeitig gedreht werden. Man lässt sie dann, so wie sie gewachsen sind, auslaufen und setzt so genannte verlorene Gänge dazwischen. Überlappen sich aber mehrere Planken an den Steven, kämmt man sie aus, d.h., einzelne Planken werden gekürzt und zwischen den verbleibenden eingefügt. Dazu spart man beide oder auch nur eine der Planken aus. Wichtig dabei ist, dass alle Plankenstöße immer auf einem Spant beginnen oder enden!

Natürlich werden bei diesen Einfügungen die zuvor angebrachten Markierungen ungültig. Bei einem naturbelassenen Edelholzrumpf muss man, wegen des späteren guten Aussehens, die Abstände neu markieren und unbedingt einhalten. Wenn es ein farbig gedeckter Rumpf wird, arbeitet man freilaufend weiter und passt jede Planke erst unmittelbar vor dem Festleimen an. Es ist auch vorteilhaft, erst die ganzen Planken ohne große Krümmungen anzubringen und danach die verlorenen Gänge einzuarbeiten. Diese Kurzplanken werden, wie die anderen, mit Leim und Nägeln befestigt. Solche verlorenen Gänge tun der Vorbildtreue keinen Abbruch, denn alle hölzernen Originalschiffe haben diese Bauteile in der Beplankung. Man sollte ihre Anzahl jedoch auf solche Stelle beschränken, an denen es wirklich nicht anders geht.

Langsames, sorgfältiges Arbeiten beim Planken ist wichtig! Man verlegt immer nur wenige Planken (maximal zwei oder drei auf jeder Seite) bei einer Arbeitssitzung! Längere Trockenpausen zwischen den Arbeitssitzungen sind erforderlich. Der Leim muss jedes Mal durchtrocknen. Es ist darauf zu achten, dass zwischen den Planken keine Spalten entstanden sind. Wenn Planken an Biegungen und engen Bögen nach dem Trocknen einen Spalt bilden, muss dieser sofort geschlossen werden. Das ist nicht weiter tragisch bei einem Rumpf, der später gestrichen wird, hier nimmt man einfach Spachtelmasse. Professioneller ist es jedoch, den Spalt, wie bei einem Holzrumpf, der später gefirnisst und lackiert werden soll, mit einem verlorenen Gang, der jedoch an beiden Enden spitz ausläuft, zu schließen.

Wenn die Planken auf den Bug- und Heckspanten auslaufen, müssen sie mit diesen, zwecks Aufnahme der Füllklötze, plan gemacht werden. Absplitterungen dürfen dabei nicht entstehen. Danach sucht man die gesamte Plankenfläche noch einmal nach Spalten und Beschädigungen ab und füllt diese auf. Der Rumpf

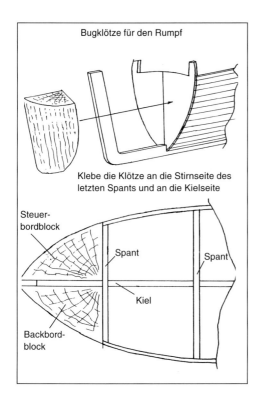

Bugklötze für den Rumpf

Klebe die Klötze an die Stirnseite des letzten Spants und an die Kielseite

Steuerbordblock

Spant

Spant

Kiel

Backbordblock

ständer, besser Stapel- oder Ablaufschlitten (Originale werden auf solchen Schlitten in der Werfthelling gebaut und damit zu Wasser ablaufen gelassen) genannt, bauen. Der später notwendige Stapelschlitten für die Modellpräsentation ist eine Arbeit für sich.

Der nächste Schritt ist das Anfertigen und Anpassen der Bug- und Heckfüllklötze. Balsa fällt einem dafür natürlich zuerst ein, denn es ist leicht zu schneiden und zu formen, jedoch gegen Beschädigungen sehr empfindlich, auch wenn die Oberfläche versiegelt und somit gehärtet ist. Da das Modell später fahren soll, muss also ein härteres Holz verwendet werden. Abachi oder Limba sind hierfür besser geeignet. Beide sind fast genauso einfach zu bearbeiten wie Balsa, aber viel härter und gegen versehentliche Stöße nicht so empfindlich.

Die Bugblöcke sind relativ anzuzeichnen, indem man sie mit einer Kante in die Ecke zwischen Kiel und Bugspant hält, wie es die

soll nach dem Planken relativ glatt und maßstäblich sein, anschließendes Schleifen mit Sandpapier mittlerer und feiner Körnung erzeugt dann eine saubere Oberfläche. Zu diesem Zeitpunkt kann der Rumpf bereits von der Helling genommen werden. Vielleicht ist es aber besser, damit noch zu warten, denn der Einbau der Füllklötze an Bug und Heck ist durch deren Größe und Dicke oftmals recht kritisch. Man kann sie mit normalen Mitteln wie Klammern, Zwingen etc. nach dem Kleben schlecht fixieren. Sie sollten daher wie die Spanten mit Stützen versehen und dann erst eingeleimt werden. Die Stützen stellen die Einbauhöhe sicher. Der Rest ist dann leichter zu handhaben. Auch das Schleifen, Spachteln und eventuell sogar das Grundieren und Bemalen des Rumpfes ist auf der Helling leichter durchzuführen. Man kann beidhändig arbeiten, der Rumpf liegt fest.

Wenn man den Rumpf von der Helling nimmt, muss man einen vorläufigen Modell-

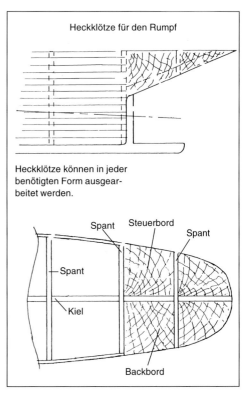

Heckklötze für den Rumpf

Heckklötze können in jeder benötigten Form ausgearbeitet werden.

Spant   Steuerbord

Spant

Spant

Kiel

Backbord

Skizze zeigt. Nur muss man darauf achten, dass die Maserung nach unten, also Richtung Kiel läuft. Jeder Block kann dann roh bearbeitet und in die Ecke eingeklebt werden. Bei den Heckblöcke ist das etwas schwieriger, aber auch sie können in der Ecke zwischen Kiel und Heckspant eingepasst und angezeichnet werden (siehe Skizze). Dann werden sie roh bearbeitet und in diese Ecke geklebt. Bei Fahrmodellen ist zu bedenken, dass die Höhlung für den Ruderstock und die Propellerwelle aus den Blöcken ausgearbeitet werden muss, was die Sache etwas aufwendiger macht.

Die endgültige Bearbeitung des Rumpfes ist eine zeitraubende Arbeit, die gleichzeitig größte Sorgfalt und Genauigkeit erfordert. Die Bug- und Heckblöcke müssen durch Schleifen sehr nahe an ihre Endform gebracht und der ganze Rumpf auf Unregelmäßigkeiten geprüft werden. Stellen, an denen Schleif- oder Füllarbeiten notwendig sind, werden mit einem weichen Bleistift gekennzeichnet. Alle früheren Nagelpositionen müssen geprüft und ebenso wie andere Vertiefungen mit einer sehr guten feinen Spachtelmasse gefüllt werden. Wenn sie gründlich ausgehärtet ist, schleift man den ganzen Rumpf sehr sauber mithilfe eines Schleifklotzes mit mittlerem Sandpapier (Körnung 80 bis 100). Diese Arbeit wird mit immer feinerem Sandpapier so lange fortgeführt, bis die gesamte Oberfläche ganz glatt und vor allen Dingen maßstabsgerecht ist. Man kann diese mühselige Arbeit nicht abkürzen, sie muss in dieser Reihenfolge getan werden. Wer schon Übung mit einem Motorschleifer hat, erledigt das Schleifen etwas schneller und mit weniger Kraftaufwand.

Zum Schluss wird das Rumpfinnere gereinigt und vor allen Dingen von den übergequollenen Leimwürsten befreit. Ein sehr scharf geschliffener Beitel erledigt diese Arbeit problemlos. Bei der Gelegenheit untersucht man den Innenrumpf auf Unregelmäßigkeiten und bereinigt diese. Die Stützen der Spanten können jetzt, wenn sie nicht als Schanzkleidstützen verwendet werden können, bis zur Höhe der ersten Planke, des Scherganges, abgeschnitten werden.

Tipp: Es ist vorteilhaft, das Schanzkleid vor dem großen Schleifen anzubringen, denn so erhält man eine durchgehend glatte Oberfläche der Außenhaut. Eventuelle Scheuerleisten werden später in Position gebracht.

Im Sinne der Wasserdichtigkeit ist es empfehlenswert, den Innenrumpf mehrmals mit Firnis einzustreichen oder – noch besser – eine Lage Polyesterharz o.Ä., dem der erforderliche Härter beigemischt wurde, einzubringen. Der Gebrauch von Harzen im Schiffsmodellbau wird in Kapitel 8 beschrieben. Dieses Harz wird nach dem Aushärten die Holzkonstruktion verstärken und die Arbeiten für eine einwandfreie Oberfläche der Außenhaut unterstützen. Wenn der Rumpf bis zu diesem Stadium gediehen ist, kann man die Außenhaut mehrfach mit Einlassgrund (Porenfüller) bestreichen. Dabei ist darauf zu achten, dass nach jedem Anstrich der Rumpf längere Zeit (einen Tag) ruht und dann fein geschliffen wird. So entfernt man die Holzfasern, die sich durch den Einlassgrund aufrichten. Nach dieser Porenfüllung wird eine gute Grundierung mehrmals aufgetragen. Auch hier gelten die gleichen Verfahren wie beim Porenfüller.

Man kann auch die Außenhaut mit einem Harz bedecken; das erfordert aber hinterher eine sehr lange und sorgfältige Schleifarbeit. Harze haben die Tendenz, sich zu größeren Molekülpaketen zusammenzutun, sie bilden Höcker und Falten.

Die Farbgebung eines Schiffes wird in Kapitel 21 beschrieben.

In diesem Baustadium kann man am Rumpf nur noch das Deck einmessen. Das Modell wird in seinen Stapelschlitten (Ständer) gestellt, die Oberkanten der Spanten werden am Schergang abgearbeitet. Mit einer Leiste oder einem Stahllineal legt man die genauen Höhen aller Spanten zueinander fest. Dabei sind die Decksbuchten, längs wie quer, sehr genau zu beachten. Als Maß gilt hier die Decksline des Seitenrisses.

Ein Rumpf, der nach einer der oben beschriebenen Macharten gebaut wurde, kann ohne weiteres zu einem funktionsfähigen ferngesteuerten Maßstabsmodell komplettiert und ausgerüstet werden. Er kann aber auch nur als Form für einen glasfaserverstärkten Vollpolyesterrumpf dienen. Ist Letzteres der Fall, braucht man einen Schichtbau natürlich nicht aushöhlen und kann einen Spantenbau mit vollen Spanten bauen.

Die Urform muss auch nicht aus Holz bester Qualität entstehen, dafür genügt sogar altes Möbelholz, es soll nur trocken und verzugsfrei sein.

Ein Schichtrumpf könnte gut aus gut abgelagerten Fußbodendielen gebaut werden.

Kapitel 7:
Detaillierung des Rumpfes

Ob der Rumpf zum fertigen Modell ausgebaut oder aber als Form für einen glasfaserverstärkten Kunststoffrumpf genutzt wird, er muss mit den vorbildgetreuen Einzelheiten versehen werden. Das sind die Position der Schraubenwelle(n) und des Ruders festzulegen, die Ankerkettenöffnungen oder die Ankersitze selbst in der Nähe des Bugs einzuarbeiten oder vielleicht die Platzierung von Bug- oder Heckstrahlruder oder von Stabilisatoren gegen das Rollen anzuzeichnen.

Stahlplattenbau
Bis zum Zweiten Weltkrieg hat man Schiffe stets aus Stahlplatten gebaut, die mit dem Gerippe und auch untereinander vernietet waren. Aber schon während des Krieges wurden die Rümpfe mehr und mehr geschweißt, weil sie so schneller fertig wurden.

Es besteht unter den Modellbauern eine Meinungsverschiedenheit: Soll man das Modell eines mit Stahlplatten beplankten Originals auch so ausführen? Das ist zweifellos eine Frage des Maßstabs. Meistens waren die Platten beim Original etwa 25 mm dick. Im Maßstab 1:25 wäre diese Platten immer noch 1 mm stark und gut sichtbar, auch gibt es Kunststoffplatten von dieser Stärke. Wenn der Maßstab 1:100 beträgt, kann man am Modell die 0,25 mm dicke Platte aus nächster Nähe gerade noch mit bloßem Auge ausmachen. Diese Art von Schiffsbeplankungen und ihre Verarbeitung waren und sind immer noch in den amtlichen

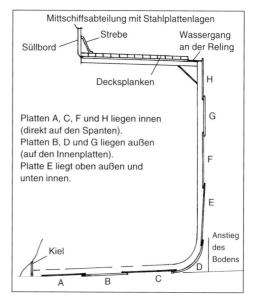

Schiffbauerlassen verzeichnet und müssen entsprechend ausgeführt werden. In der Abbildung kann man sehr gut erkennen, dass einige der Platten innen (anliegende Gänge) und andere außen (abliegende Gänge), selten ein paar sowohl innen als auch außen (Mixgänge) angebracht werden müssen. Welche Platten überlappen oder überlappt werden und ob das an beiden Enden oder nur an einem geschieht, bestimmt sich aus der Rumpfform.

Für den Modellbauer, der einen genieteten Nachbau erstellen will, ist ein Abwicklungsplan der Außenhaut, wie ihn die folgenden Abbildung zeigt, sehr hilfreich, aber schwer zu

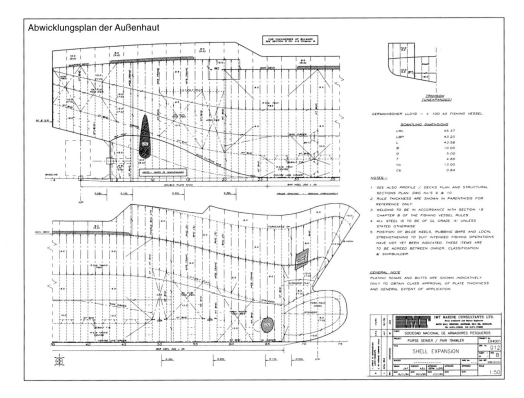

Abwicklungsplan der Außenhaut

beschaffen. Er zeigt aber immer nur die vertikale Abwicklung, niemals die horizontale. Wenn keine originale Abwicklung irgendwoher bezogen werden kann, sollte man Vergrößerungen von Fotos zu Rate ziehen. Generell gilt, dass die Plattengänge parallel zum Kiel und zur Deckskante verlaufen, so dass man mit einigen Angaben zur Plattengröße und dem Verlauf eine Plattenplankung recht gut nachbilden kann.

Die Platten für ein Modell können aus Zeichenkarton (z.B. Bristolkarton) gefertigt werden, den man in vielen Stärken in Geschäften für Künstler- oder Architektenbedarf kaufen kann. Dünne Kunststoffplatten tun den gleichen Dienst, sind aber schwierig zu befestigen. Gebrauchte dünne Lithographieplatten aus dem Druckgewerbe oder auch Dosenblech aus Aluminium ist sehr gut zu verwenden. Man wählt das Material, das der maßstäblich korrekten Stärke am nächsten kommt. Ein Plattendarstellungsplan kann, weil er nur die vertikalen Maße angibt, für ein Modell nicht ohne Nacharbeit genutzt werden. Am besten markiert man die Plattengänge auf dem Rumpf und ermittelt von dort die Formen der einzelnen Platten. Für die Befestigung der Kunststoff- und Lithoplatten wird Kontaktkleber genommen, für alle anderen Materialien sollte man Zweikomponentenkleber mit kurzer Reaktionszeit verwenden. Man arbeitet beim Plattieren immer vom Heck zum Bug und vom Kiel zum Deck. Am Heck überlappen sich alle Platten. Es ist aber notwendig, die anliegenden Gänge zuerst, dann die Mixgänge und zum Schluss die abliegenden Plattengänge anzubringen. Größte Sorgfalt ist bei dieser Arbeit unumgänglich, sieht man hinterher doch jeden kleinsten Fehler auf der fertigen Außenhaut.

Nieten

Eine sehr ernst zu nehmende Angelegenheit, über die unter Modellbauern ständig kontrovers debattiert wird, ist das Darstellen der einzelnen Nieten. Die Behörden haben genaue Vorschriften über Anzahl der Nietenreihen, die Nietabstände und die Größe der Nieten festgelegt. An den meisten Motorschiffen sind die Köpfe der Nieten mittels eines Senkers so bearbeitet worden, dass sie kaum mehr sichtbar sind, speziell dann, wenn der Rumpf bereits eine ganze Anzahl von Anstrichen aufweist. Unter diesen Umständen ist es wirklich überlegenswert, ob Nieten an Maßstabsrümpfen dargestellt werden oder nicht. Ganz sicher sollten sie nicht mehr ab einem Maßstab von 1:33 und kleiner angebracht werden. Viel wichtiger ist es, die Nieten, wenn man sie anbringt, auch richtig darzustellen. Eine Reihe von Leimtröpfchen reicht nicht aus und wird sicher als eine schlechte Arbeit angesehen. Der Modellbauer sollte sich die amtlichen Vorschriften besorgen und die Nietköpfe sorgfältig und genau anbringen. An jedem Schiff gibt es Flächen, an denen die Nieten in drei oder vier Reihen benötigt werden. Weniger belastete Schiffsteile können mit zwei oder gar nur einer Reihe Nieten auskommen. Man soll beim Nieten sorgfältig nachdenken und sehr sicher über den anzubringenden Nietverlauf sein. Einige Details zeigt die Skizze.

An einem Schiffsrumpf gibt es eine Anzahl von Ein- und Auslässen in verschiedenen Größen und für unterschiedliche Zwecke. Sie liegen teils über, teils unter der Wasserlinie. Die über der Wasserlinie liegenden Öffnungen müssen bei einem Modell mit größerem Maßstab auch dargestellt werden. Meistens reicht ein aufgeklebter Ring aus. Ein echter Auslass muss ausgearbeitet werden. Wie das gemacht wird, wird in einem späteren Kapitel erläutert.

Detaillierung der Urform
Wenn ein Rohbaurumpf als Form für einen Kunstharzabguss genutzt werden soll, muss man bedenken, dass jeder Schönheitsfehler, jede Rille und alle Unebenheiten am Abguss wiederzufinden sind, deshalb muss die Form mit äußerster Sorgfalt behandelt werden. Es ist ferner sicherzustellen, dass das Entformen des Abgusses durch nichts behindert oder gar unmöglich gemacht wird. Daher markiert man die Stellen, an denen vorspringende Teile am Rumpf zu finden sind, und bringt diese Teile später nach der Ausformung an. Beispielsweise wird ein Rudergegenlager, möglichst noch mit viel Raum für den Propeller, ganz bestimmt den Ausformvorgang unmöglich machen und ist später anzubringen.

Ein großer Vorteil des aus Kunststoff gefertigten Modellrumpfes besteht im gleichzeitigen Anformen des Schanzkleides und der Scheuerleisten. Sie können schon Bestandteil der Urform sein, ebenso wie andere, den Ausformvorgang nicht behindernde Kleinteile. Urformen, die durch Beplanken oder Schichtbauweise entstehen, können aber oft das Schanzkleid nicht mit darstellen, weil der Rumpf zu dick ist. Dann sollte das Schanzkleid wie weiter hinten beschrieben später angebracht werden. In einigen Fällen kann die Schanz aus bautechnischen Gründen nicht mit abgeformt werden. Ihr Anbau muss sowieso später erfolgen. Wenn aber die Schanz mit dem Rumpf geformt wird, muss sichergestellt sein, dass auf der Grundform alle Stellen für Durchbrüche wie Wasserpforten, Klüsen usw. deutlich markiert sind. Details dazu werden in späteren Kapiteln behandelt.

Kapitel 8: Der abgeformte Rumpf

Ein Rumpf, der, wie den vorigen Kapiteln beschrieben, in Holzbauweise erstellt wurde, kann mit vernünftiger Abdichtung und Bemalung für den Ausbau zum Funktionsmodell ausreichen. Er ist leicht mit Deck und Aufbauten etc. auszustatten, alles aus einer Holz- oder Kunststoffplattenkonstruktion. Aber ein Rumpf, der aus Polyesterharz mit Glasfasereinlagen geformt wurde, ist, außer an den Stevenrohren oder anderen Durchbrüchen, gegen Wasserschäden und Lecks beständiger. Und wenn einmal eine Form erstellt wurde, kann man mehrere identische Rümpfe ausformen. So kann sich eine Gruppe von Modellbauern, die z.B. alle einen Schlepper bauen wollen, die Kosten für das Material der Rumpfschalen teilen und jeder baut dann seinen Rumpf aus, wie er ihm vorschwebt.

Das Material für glas-/kohlefaserverstärkte Kunstharzrümpfe kann man bei verschiedenen Lieferanten beziehen. Polyesterharz ist eine dickflüssige, klare Flüssigkeit mit einem stechenden Geruch, die gebrauchsfertig eingestellt in luftdicht verschlossenen Gebinden gekauft werden kann. Wenn ein Gießharz mit einem Härter richtig gemischt worden ist, setzt eine chemische Reaktion ein, deren Resultat die Aushärtung der Masse ist. Gleichzeitig erzeugt diese Reaktion Wärme und man muss Vorsicht bei der Verarbeitung des Harzes walten lassen. Der Härter ist meistens flüssig. Autozubehörhändler halten Gießharze vorrätig, die das Zumischen einer Härterpaste erfordern. Für die Formarbeit eines Modellrumpfes ist diese Art des Harzes gegenüber den Harzen der Speziallieferanten sehr teuer.

Um eine sehr glatte Rumpfoberfläche zu erhalten, sollte man vor jeder anderen Arbeit Gelcoat einbringen. Es hat die Eigenschaft in Kontakt mit anderen Materialien und unter Luftabschluss zu trocknen. Wenn Luft zugeführt wird, bleibt das Gelcoat klebrig. Andere Harze härten auch bei Luftzufuhr aus. Um das Harz so zu verstärken, dass es die Rumpfform oder eine andere Gussform besser einhält, müssen Lagen in Streifen gerissener, gepresster Glasfasermatten (Kohlefasermatten) eingearbeitet werden. Diese Glasfasermatten werden in verschiedenen Faserstärken und Formen geliefert. Lieferbar sind auch gewebte Matten mit Gewichten von 25 bis 280 g/m². Glasfaserbänder (Kohlefaserbänder) in unterschiedlichen Breiten und Gewichten sind für Verstärkungen von Ecken und Nähten erhältlich. Die feinen gewebten Matten, die nicht leicht zu handhaben sind, geben dem späteren Rumpf eine saubere Innenfläche.

Alles nötige Material, wie Gießharz, Härter, Trennwachse, Glas- und Kohlefasergewebe, Ausformmittel und Farbpasten, kann man zusammen mit den Werkzeugen bei den Herstellern beziehen. An Werkzeugen braucht man Flachpinsel verschiedener Breite, Andruckroller aus Teflon und deren Reinigungsmittel sowie Wegwerfhandschuhe und Mischbecher. Polyesterharze und Fiberglasprodukte sind immer mit Vorsicht und nach den Vorschriften der Hersteller zu behandeln und einzusetzen. Der Geruch ist oft unangenehm und einige der Flüssigkeiten sind auch gefährlich. Unter diesen Umständen ist es ratsam, in gut belüfteten Bereichen möglichst außerhalb des Hauses zu arbeiten, wo niemand durch Gerüche oder Dämpfe belästigt wird. Auch müssen zumindest Kleinkinder vom Arbeitsplatz und von den Materialien fern gehalten werden. Einige Anwender werden bei der Arbeit feststellen, dass Harze, Härter, Trennwachse oder Reiniger Irritationen auf der Haut oder beim Atmen hervorrufen, während andere ohne Beschwerden damit umgehen können. Erstere sollten die Arbeiten unbedingt von unempfindlichen Freunden machen lassen! Es ist immer angebracht, die gefährdeten Hautpartien vor der Arbeit mit Schutzcreme einzureiben und Wegwerfhandschuhe (Latex) zu tragen. Bei kühlem und feuchtem Wetter müssen die Arbeiten in beheizten Räumen stattfinden, da viele Harze nur bei Temperaturen ab 16°C aufwärts reagieren. Am besten sind Temperaturen zwischen 21 und 24°C.

Vorbereiten der Form

Ein Holzrumpf, der als Formkern genutzt werden soll, muss so weit wie möglich vollständig sein, d.h. mit allen notwendigen Details versehen und frei von Schrammen und anderen Schönheitsfehlern. Dann sollte er zwei- oder besser dreimal mit sehr gutem Glanzlack eingesprüht werden. Zwischen den einzelnen Lackaufträgen ist die Form immer mit feinkörnigem (600er) Schleifpapier nass zu bearbeiten. Die zurzeit besten Glanzlacke sind Acryllacke aus dem Autozubehörhandel. Die Dosen haben eine sehr feine Düse und erzeugen dadurch eine gute Oberfläche.

Tipp: Die Dosen sollten vor der Benutzung immer sehr lange gut geschüttelt werden! Die meist angegebenen fünf Minuten Schüttelzeit reichen für eine gute Vermischung von Farbpartikeln mit dem Treibgas in der Dose für unsere Zwecke nicht aus. Das Ergebnis sind

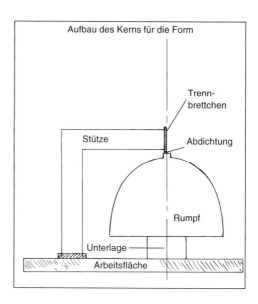

matte Schlieren auf der Oberfläche. Nach den Farbaufträgen lässt man den Kern einige Zeit an einem staubfreien, warmen Platz ruhen, damit die Farbe gut aushärten kann – 7 bis 10 Tage sind angemessen. Voll ausgehärtete Farbe ist nämlich Grundvoraussetzung für die folgenden Arbeiten.

Der Kern wird dann kopfüber so auf ein billiges, ebenes Arbeitsbrett (kunststoffbeschichtete Tischlerplatte o.Ä.) montiert, dass er etwa 3 cm über der ebenen Fläche steht. Dabei müssen Bug und Heck auf gleicher Höhe sein. Nun wird mindestens 50 mm hohes Trennbrettchen aus 6-mm-Sperrholz angefertigt, das neben der Mittellinie entlang des Kiels vom Bug bis zum Heck läuft. Es wird an rechtwinkligen Stützen über dem Rumpf gut befestigt und man schließt die verbleibenden Lücken zwischen Rumpf und Trennbrett mit Plastilin o.Ä. Das Trennbrett muss genau im rechten Winkel stehen. In der Zeichnung ist das Prinzip anschaulich dargestellt.

Kern und Trennbrettchen werden nun mit einem in einer Reinigungsflüssigkeit (Nitroverdünnung oder Methylalkohol) getränkten, flusenfreien Lappen gereinigt. Nachdem sie gut getrocknet sind, trägt man drei bis sechs (oder mehr) sehr dünne Lagen Trennwachs

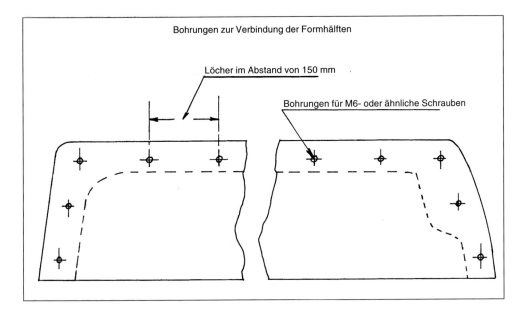

mit einem sehr weichen Frottiertuch auf und poliert jede Schicht anschließend so lange, bis eine harte, hochglänzende Oberfläche entstanden ist. Erst dann kann die nächste dünne Lage aufgetragen und ebenso behandelt werden. Für sechs Wachslagen benötigt man etwa zwölf Arbeitsstunden, die dazwischen liegenden Härtungszeiten nicht eingerechnet. In den Arbeitspausen muss die Form gegen Staub und andere Verunreinigungen sorgfältig abgedeckt werden.

Als Abschluss wird der ganze Kern mit einem handelsüblichen Trennmittel eingestrichen. Gut trocknen lassen.

Herstellen der Form

In einen Mixbecher wird jetzt so viel Gelcoat gefüllt, wie für die Abdeckung der frei liegenden Seite des Kerns und des Trennbrettchens notwendig ist. Die benötigten Mengen nennt oft das beigegebene Begleitblatt des Herstellers. Die spezifizierte Menge Härter wird hinzugefügt und beides miteinander sehr gut vermengt. Man muss bedenken, dass die Verarbeitungszeit des Gelcoats etwa zwischen 12 und 15 Minuten liegt, und sollte deshalb wirklich nur die Menge anrühren, die in we-

niger als dieser Zeit auf dem halben Kern verbraucht werden kann. Mit einem Pinsel streicht man eine etwa 1,5 mm dicke Schicht auf den halben Kern und das Trennbrett und lässt sie abbinden. Überschüssiges Gelcoat wird aus dem Pinsel gedrückt und dieser mit Reiniger (z.B. Aceton) gesäubert.

Während man auf das Härten der Gelcoatschicht wartet, bereitet man ein paar Glasfasermattenstücke vor. Sie sollen so groß sein, dass sie von der Oberkante des Trennbrettchens bis etwas über die Unterkante des Kerns reichen und ihn von vorn Bug bis zum Heck bedecken können. Jedes Stück sollte dabei das nächste um etwa 25 mm überlappen.

Wenn bei einer Tastprobe die aufgetragene Gelcoatlage zwar noch klebrig ist, aber nicht mehr am Finger haften bleibt, kann die nächste Schicht aufgetragen werden. Harz und Härter werden in genügender Menge für 15 Minuten zügiger Arbeit angerührt und etwa 1 mm dick auf die Gelcoatschicht gestrichen. Die vorbereiteten Glasfasermattenstücke tupft man dann mit dem Pinsel in die Harzmasse, so dass sie ganz mit Harz getränkt ist. Keinesfalls darf man mit dem Pinsel über die Glasmatte streichen, weil sie sich sofort verschieben würde, was nicht mehr rückgängig zu machen ist. Die Lage wäre unbrauchbar. So arbeiten man sich Stück um Stück voran, bis die ganze Rumpfhälfte mit Harz und Glasmatte bedeckt ist, und achtet dabei darauf, dass die Matte überall vom oberen Rand des Trennbrettchens bis etwa 2 cm über die untere Kante des Kerns hinaus reicht. Der Auftrag sollte jetzt etwa eine Stunde aushärten.

Dieselben Arbeitsgänge werden so oft wiederholt, bis die Stärke der Laminierung etwa 4–6 mm erreicht hat. Beim Auftragen der Lagen muss man darauf achten, dass keine Luftblasen eingeschlossen werden, was durch intensives Tupfen vorkommen kann. Am besten fährt man vorsichtig mit einem glatten Farb- oder Lackroller über die noch nasse Oberfläche. Jetzt muss die fertig laminierte Rumpfhälfte mindestens eine Woche durchhärten.

Nach dieser Wartezeit entfernt man das Trennbrettchen samt Stützen, behandelt die zweite Rumpfhälfte und den oben überstehenden Rand der fertigen Formhälfte mit Trennwachs wie zuvor. Dann wird wie gehabt Gelcoat aufgetragen und schließlich mit Harz und Glasmatte laminiert, daran anschließend folgt wieder eine mindestens siebentägige Pause zum Aushärten.

Danach bohrt man durch den angeformten Rand beider Formhälften im Abstand von etwa 150 mm Löcher mit einem Durchmesser von 6 mm. Die Bohrungen sollten nicht weiter als 15 mm von der Kielunterkante entfernt sein und der Kielkontur in diesem Abstand folgen (siehe Abbildung). Passende M6-Schrauben mit je einer übergroßen Unterlegscheibe auf beiden Seiten und Flügelmuttern dienen zum Verschrauben der beiden Formteile.

Der nächste Schritt ist das Entfernen des Kerns. Dabei werden beide Hälften der Form frei. Am besten gießt man etwas kochendes Wasser zwischen den Kern und die Schalen und unterstützt das Ablösen vorsichtig mit einer breiten Messerklinge oder einem Schraubendreher und so immer weiter rund um den Kern herum. Nach einer Weile werden sich, meist begleitet von erschreckenden Knack- und Reißgeräuschen, die Formhälften lösen und man kann den Kern entfernen.

Es ist sehr leicht möglich, dass im jetzt harten Gelcoat der Form kleine Holzstücke der Scheuerleisten oder anderer Details stecken geblieben sind. Man entfernt sie sehr vorsichtig mit heißem Wasser und einem Holzspatel. Niemals darf man in diesem Stadium Metallwerkzeuge zum Reinigen der Form benutzen. Sie erzeugen schnell nicht wieder zu entfernende Kratzer.

Wenn die Form von allen Rückständen befreit ist, wird sie in warmem Wasser mit einem Geschirrspülmittelzusatz sorgfältig gewaschen, dann ausgespült und getrocknet.

Formen des Rumpfes

Bevor der Rumpf geformt werden kann, muss die Form vorbereitet werden. Man schraubt beide Hälften der Form zusammen und behandelt die Innenseite genauso wie zuvor den Kern mit mindestens sechs Lagen Trennwachs. Jede Lage muss sehr sorgfältig auf Hochglanz poliert werden und danach lange genug durchhärten. Das Trennwachs wird mit ein paar Schichten flüssigem Folientrennmittel eingestrichen, das meist farbig und deshalb recht gut sichtbar ist, danach trocknen lassen.

Die Glasfasermattenstücke mit dem gewünschten Gewicht werden nun so lang wie die Form und in ausreichender Zahl zugeschnitten, die notwendigen Überlappungen betragen dabei nicht mehr als 20–25 mm. Es ist sinnvoll, die Glasfasermatte der trockenen Form anzumessen, bei bereits aufgetragenem Gelcoat wird diese Arbeit recht schwierig.

Tipp: Glasfasermatten bestehen aus lose aufgeschichteten einzelnen Glasfasern. Sie lassen sich recht schwer zuschneiden und außerdem verirren sich dabei viele einzelne Fasern in die Umgebung, die sich gerne in der Haut festsetzen (später sind kleine Pusteln die Folge) und vor allen Dingen die Atemwege reizen. Wer das vermeiden will, verwendet Glasseidengewebe unterschiedlichen Gewichts.

Aber auch dieses Material sollte nur mit Atemschutzmaske verarbeitet werden.

Als nächster Schritt wird so viel Gelcoat und Härter gemischt, wie notwendig ist, um die Form innen mit einer maximal 1,5 mm dicken Schicht vollständig zu bedecken. Gelcoat kann vor dem Einbringen des Härters mit Farbpaste gemischt werden. Der spätere Rumpf erhält dadurch eine der vorgesehenen Farbgebung angepasste Basis. Dabei darf man nur die vom Hersteller angegebene Menge Farbpaste verwenden, andernfalls wird möglicherweise das Härteverhalten des Harzes ungünstig beeinflusst.

Man lässt die Gelcoatlage wieder aushärten, bis sich die Oberfläche noch klebrig anfühlt, aber nicht mehr haftet.

Gießharz und Härter sowie eventuell Farbpaste werden wie zuvor beschrieben vermischt. Dann streicht man damit die Form ein und tupft die vorbereiteten Glasmattenstücke mit einem Pinsel in diese Masse. Wieder besonders darauf achten, dass keine Luftblasen zurückbleiben, und am besten mit dem Lackroller arbeiten. Ist eine zweite Lage Glasmatte erwünscht oder notwendig, sollte diese dann mit Harz und Härter eingebracht werden, wenn die erste Harzlage noch klebrig ist.

Bei einigen Rümpfen wird an die obere Kante gleich das Schanzkleid angeformt. Hierzu sollte man feinstes Glasfaserband zum Einlegen vorbereiten, dieses gibt besseren Halt und gleichzeitig eine gute Oberfläche für den späteren Farbanstrich.

Glasseidengewebe darf nur senkrecht zur Form mit einem Pinsel oder einer Lackrolle eingedrückt werden. Versucht man es im flüssigen Harz mit Streichbewegungen festzusetzen, verschiebt es sich unter Garantie und faltet sich dabei auf, und das lässt sich niemals mehr rückgängig machen.

Ist das Harzen fertig, stellt man die Form in einem warmen, trockenen Raum für mindestens 24 Stunden ab und lässt den Rumpf aushärten.

Der Rumpf wird dann ausgeformt. Man entfernt alle Maschinenschrauben, die die Form zusammenhalten, und lässt heißes Wasser in den Spalt am Kiel laufen. Nach einiger Zeit kann man mit leichtem Biegen die beiden Schalen auseinander ziehen.

Die dabei entstehenden Geräusche sind nicht von Bedeutung, es reißt nichts!

Die Form muss nun sofort gründlich gereinigt und mit einer neuer Schicht Trennwachs eingerieben werden. Wenn man nun einen zweiten Rumpf laminieren will, bedarf es wirklich nur noch dieser einen Trennwachsschicht und Folientrennmittel. Bis zu sechs Rümpfe können im Abstand von jeweils 24 Stunden geformt werden, erst dann wird eine komplett neue Trennwachsschicht gebraucht. Natürlich untersucht man die Form nach jedem Rumpf intensiv auf Schäden jeglicher Art. Um Risse und Dellen auszubügeln, liefern die Hersteller so genannte Formreparatursätze, bei guter, vorschriftsmäßiger Behandlung ist eine Reparatur jedoch fast nie notwendig.

Bevor der Rumpf weiterbehandelt wird, muss er von den Rückständen der Trennsubstanzen befreit werden. Sie würden sonst die Farbhaftung an der Oberfläche verhindern oder als unschöne Flecken auftauchen, die später nur sehr schwer zu entfernen sind. Den besten Reinigungseffekt erzielt man, wenn der Rumpf mit heißem Wasser und gutem Geschirrspülmittel geschrubbt und dann sehr gut mit klarem Wasser nachgespült wird. Jetzt sollte er ganz normal an der Luft trocknen. Anschließend muss er mit Nass- und Trockenschleifpapier, Körnung erst 400, dann 600 und höher, intensiv abgeschliffen werden. So erhält man die richtige Oberfläche für die Grundierung.

Um es nochmals zu betonen: Es ist wirklich sehr wichtig, dass der Rumpf gut gereinigt und geschliffen wird. Man kann sehr viele spätere Farbfehler auf eine schlechte Oberflächenbehandlung in diesem Stadium zurückführen.

Der Rumpf kann nun mit einer speziellen leicht ätzenden Grundierung behandelt werden, welche die Haftung einer folgenden Acryl- oder Kunstharzlackierung verbessert. In den folgenden Kapiteln behandeln wir den Einbau der Decks und die Machart der Aufbauten etc. des Modells etwas genauer. Aber schon jetzt muss man bei einem GFK-Rumpf für den Deckeinbau eine quadratische Leiste an der Oberkante oder bei angeformtem Schanzkleid in Höhe des Scherganges des Rumpfes angebracht werden. Wenn man dafür Zweikomponentenkleber mit langer Reaktionszeit verwendet, bleibt genug Zeit für Sitzkorrekturen. Außerdem verläuft er besser zwischen GFK-Material und Holz und führt so zu einer festen Verbindung. Eine noch bessere Haftung erhält man, wenn die Leiste erst an der Klebeseite mit Gelcoat eingestrichen und dann mit Klammern in der richtigen Position gehalten wird. Anschließend füllt man den Winkel zwischen Leistenunterseite und GFK-Rumpf mit Gelcoatmasse aus. Dies härtet innerhalb von 30 Minuten aus. Da das aufgebrachte Material mit dem des Rumpfes identisch ist, entsteht eine sehr feste Verbindung. Gelcoat kann auch für das Verkleben des Stevenrohrs oder anderer Zubehörteile genutzt werden. Alle diese Ratschläge betreffen diejenigen Modellbauer, die ihre eigenen GFK-Rümpfe bauen und sowieso Gelcoat zur Hand haben. Kleine Mengen Harz nur zu Klebezwecken zu kaufen kann teuer werden, zumal Harz keine lange Lagerzeit hat, manchmal nur wenige Monate.

Es gibt dann auch noch jene Leser, die schon von den exotischen Kunstharzen, die im Rennyachtbau verwendet werden, oder von Kevlar und Kohlefasern gehört haben oder sogar Erfahrungen im Umgang mit diesen sammelten. Derartige Kunstharze benötigen wir im normalen Modellschiffbau nicht. Die Festigkeitserhöhung durch Kevlar oder Kohlefaserprodukte rechtfertigt deren höhere Preise nicht. Auch ist es nicht erforderlich, die kostspieligen Spezialkunstharze zu verwenden. Polyesterharze, Glasfasermatten und -gewebe dienen den Funktionsmodellschiffbauer zur vollen Zufriedenheit und zu verträglichen Kosten. Auch die meisten käuflichen GFK-Modellrümpfe sind aus diesen Materialien aufgebaut.

Die Hersteller der Harze, Härter, Farbpasten, Trennmittel etc. liefern erstklassige Informationsliteratur in Form von Broschüren oder Datenblättern. Fast alle sind bestrebt, auch Kleinmengenabnehmern mit Rat und Hilfe zur Seite zu stehen. Es ist unbedingt erforderlich, den Anweisungen der Hersteller zu folgen und ihre Sicherheitshinweise zu beachten. Sie sind nur zum eigenen Vorteil. Alle Materialien sind bis zum Aushärten gesundheitsschädlich, ebenso die bei der Bearbeitung entstehenden Stäube. Deshalb trägt man immer dann eine Atemschutzmaske und Schutzhandschuhe, wenn es vom Hersteller empfohlen wird. Man lasse solche Warnungen nicht außer Acht, arbeite umsichtig und freue sich an dem auf diese Art und Weise erzielten Resultat.

Kapitel 9: Antriebselemente

Die nun besprochenen Antriebselemente von Funktionsschiffsmodellen umfassen Schiffsschrauben, Stevenrohre, Stevenrohrstützen im Rumpfboden bzw. die Schaufelräder, ihre zugehörigen Getriebe und deren Durchführungsrohre für die Wellen in den Rumpfseiten und außerdem die Steuerruder.

Bevor man die Decks und Aufbauten des Modells einpasst und anbringt, sollte man den Rumpf mit Antriebsgetrieben, Motorausstattungen und Ruderanlagen ausrüsten. Der Zugang ist jetzt noch leicht. Sorgfältige Überlegungen sind dazu notwendig, damit man später durch entsprechend angeordnete Zugänge noch an die Antriebskomponenten zu Wartungszwecken oder für eine Umrüstung herankommt.

Schiffsschrauben

Die Pläne bestimmen, wo Stevenrohre, Ruderkoker, Ruder und gegebenenfalls Strahlruder anzubringen sind. Bei einem Einschraubenschiff tritt das Stevenrohr aus dem Achtersteven heraus und das Ruder ist genau hinter dem Propeller angeordnet. Bei einem Zweischraubenschiff (es gibt auch Schiffe mit bis zu sechs Schrauben) treten die Stevenrohre seitlich des Kiels und nahe dem Heck aus dem Rumpf, es hat vielleicht ein mittig dazwischen angeordnetes einzelnes Ruder oder hinter jeder Schraube eines. Jedes Stevenrohr wird durch das Schiff in der Länge festgelegt; die zugehörige, innen liegende Welle ist meistens um 25 mm länger.

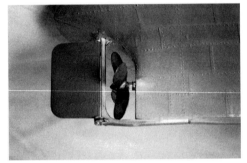

Propeller und Ruder eines Fischtrawlers, gebaut vom Autor im Maßstab 1:48. Der Propeller ist aus Messing, das Ruder wurde aus Holz mit einem Ruderstock aus Messing gefertigt.

Bei Zweischraubenschiffen treten die Wellen und damit die Stevenrohre gegenüber einem Einschraubenschiff viel weiter vorne aus dem Rumpf. Bei einigen Schiffen unterstützen hier A-förmige Lagerböcke nahe den Propellern die Schiffswelle. Bei dieser Anordnung ist die Welle zwischen dem Rumpfaustritt und dem Wellenträger nicht durch ein Stevenrohr geschützt, sie läuft frei und ihre Schmierung wird vom Wasser übernommen. Dafür sind kurze Stevenrohre mit überlangen Wellen erhältlich. Stevenrohre und Wellen in vielerlei Abmessungen kann man im Handel kaufen oder man baut sie sich selbst. Mit einer eigenen Drehmaschine (oder der eines Freundes) kann man Wellenlager, Stevenrohr und Wellen fertigen. Wellenlager werden aus Phosphorbronze, Wel-

Zwei Propeller und ein Ruder am Modell eines französischen Schiffs im Maßstab 1:30

lentunnel aus Messing- oder Kupferrohr und die Wellen selbst aus Silberstahl oder Nirosta mit richtigem Durchmesser hergestellt. Werkzeugstahl lässt sich besser bearbeiten, aber er korrodiert und verursacht mit der Zeit Probleme. Glücklich wird man auch nicht mit Wellen aus Messing oder anderem Material. Ein Abbildung zeigt ein einfaches typisches Stevenrohr für Modelle.

Handelsschiffe haben meist Drei- oder Vierblattschrauben. Schiffspropeller können wie die Stevenrohre von speziellen Händlern oder von gut sortierten Modellbaufachgeschäften bezogen werden. Sie bestehen normalerweise aus Messing, die Blätter sind dabei in eine mit Gewinde versehene Nabe eingelötet. Das Innengewinde der Naben wird durch den Propellerdurchmesser bestimmt. M2, M4 oder M5 sind dabei gebräuchlich. Die Welle muss natürlich mit dem gleichen Gewinde ausgestattet sein.

Man sollte darauf achten, dass man keine Propeller und Wellen aus dem englischsprachigen Raum mit Zollgewinden einkauft, da diese in absehbarer Zeit von metrischen Gewinden abgelöst werden und Ersatzteile dann schwer zu beschaffen sind.

Die Anstellwinkel der einzelnen Blätter zur Nabe sind bei allen käuflichen Propellern fast gleich; sie werden in den meisten Fällen die Vorgaben des Originals nicht erfüllen. Man kann den Anstellwinkel so verändern, dass er dem des Originals ähnelt, aber dabei ist Vorsicht geboten:
- Alle Blätter müssen anschließend den gleichen Winkel aufweisen.
- Die Blätter dürfen beim Verdrehen in der Nabe nicht gelockert werden.
- Der Propeller muss weiterhin im Gleichgewicht sein, d.h., er darf keine Unwucht aufweisen.

Wenn der Anstellwinkel verändert werden muss, sollte man das nur von einem erfahrenen Modellbauer oder dem Lieferanten (gegen Bezahlung) ausführen lassen. Es ist nämlich zu bedenken, dass die mit einem Anstellwinkel im Mittelwert ausgerüsteten käuflichen Propeller mit einem breiten Drehzahlspektrum zurechtkommen. Ändert man den Winkel der Blätter, wird das Drehzahloptimum sehr eingeengt.

Einige Schiffsmodellbauer fertigen ihre Propeller selbst. Für einen Vierblattpropeller nimmt man vier für das Blattprofil genügend dicke und große Messingblechstücke und heftet sie durch Löten zu einem Block zusammen. Die Kontur der Blätter wird auf einer Seite des

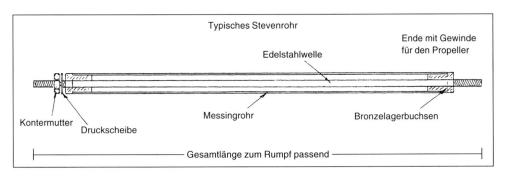

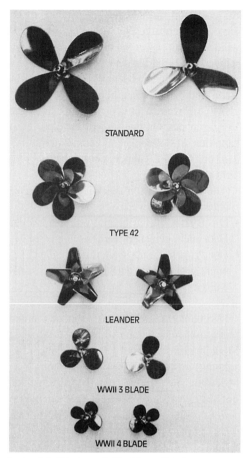

Industriell hergestellte Propeller in verschiedenen Größen und Formen

Nach dieser Grobeinstellung wird der Propeller ausgewuchtet. Man schraubt eine gerade Stahlachse in die Nabe und legt die Achse quer über zwei Schneiden, z.B. von passenden Messern. Die Schraube wird sich drehen, bis das schwerste Blatt unten hängt. Man feilt dieses Blatt leicht ab und prüft das Gleichgewicht wieder, und zwar so lange, bis der Propeller in keiner bestimmten Position mehr stehen bleibt. Er ist nun ausgewuchtet.

Erhältlich sind auch preisgünstige Kunststoffpropeller mit drei und vier Blättern, aber meist nur bis 50 mm Durchmesser, außerdem müssen sie angemalt werden.

Alle Propeller haben eine Drehrichtung, in der sie das Schiff vorwärts treiben. Bei einem Einschraubenschiff ist es unwichtig, ob eine Schraube Rechts- oder Linksläufer ist. Der einzige Effekt besteht darin, dass das Schiff immer etwas in die Drehrichtung des Propellers kurvt. Bei einem Zweischraubenschiff müssen die beiden Schrauben dagegen immer gegenläufig sein. Wenn man vom Heck auf die beiden Schrauben sieht, dreht die Backbordschraube bei Vorausfahrt immer nach links, die Steuerbordschraube immer nach rechts. Anders ausgedrückt: Beide Schrauben drehen bei Vorausfahrt nach außen.

Aufmerksame Leser habe sicher bemerkt, dass bisher nicht von Schiffe mit drei oder mehr Schrauben die Rede war. Das liegt daran, dass Drei- oder Vierschraubenantriebe nahezu

Blocks aufgezeichnet und dann mit Blechschere und Feile ausgearbeitet. Danach kann man die Bleche durch Hitzezufuhr wieder voneinander lösen. Die Nabe wird aus Messingrundmaterial gefertigt. Es erhält ein zentrisch gebohrtes Loch mit eingeschnittenem Innengewinde, dann feilt man das Ganze in Form. Danach werden vier diagonal angeordnete Schlitze im gleichen Abstand mit einer Laubsäge o.Ä. in die Nabe gesägt. Die einzelnen Blätter lötet man im gleichen Winkel zueinander in die Schlitze ein, am besten hart mit Silberlot, aber auch Weichlöten ist möglich. Die einzelnen Blätter müssen jetzt auf den richtigen Winkel und das endgültige Profil gebracht werden.

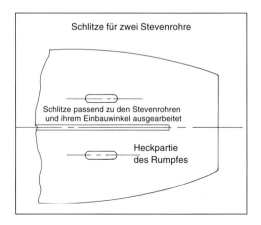

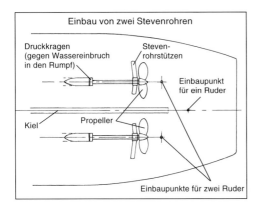

ausschließlich bei großen Passagierlinern und Kriegsschiffen vorkommen, die hier nicht behandelt werden. In der Flussschifffahrt treten bei Schubern und Sonderfahrzeugen jedoch Mehrschraubenantriebe auf. Damit muss man sich im Einzelfall beschäftigen, zumal dann die Steuertechniken bei Berg- und Talfahrt (Flussströmung) besonders betrachtet werden müssen.

Ob nun ein oder zwei Stevenrohre, sie müssen gut am Rumpf befestigt und innen genau geführt sein. Mit genauesten Messungen legt man die Durchbrüche im Rumpf zur Aufnahme der Stevenrohre fest. Zuerst bohrt man mit einem dünnen Bohrer vor und erweitert die Durchbrüche vorsichtig mit immer größeren Bohrerdurchmessern, bis die Stevenrohre gerade eben hindurchgleiten können. Bei einem Einschraubenschiff verläuft diese Bohrung durch den Hecksteven. Bei einem Zweischraubenschiff sind es dagegen länglich ausgearbeitete Öffnungen in den Rumpfflanken (siehe Abbildung), damit das Stevenrohr dicht am Rumpf zu liegen kommt. Die Befestigung des Stevenrohrs nimmt man am besten mit Zweikomponentenkleber vor. An der Klebestelle wird das Stevenrohr mit einer Feile aufgeraut. Der Kleber sollte langsam aushärtend sein, da der schnelle Typ nicht unbedingt für den Unterwassereinsatz geeignet ist. Beim GFK-Rumpf nimmt man am besten wieder Gelcoat.

Wie gesagt sind die Winkel der Stevenrohre zu den Schiffsachsen immer aus den Zeichnungen zu ersehen. Man wird aber oft feststellen, dass die Winkel im Modell nicht ausreichen, um Motoren oder Getriebe ohne doppelte Kardankupplung im Rumpf unterzubringen. Diese Kupplungen können zwar geringe Winkel ausgleichen, sie funktionieren aber am besten (und am leisesten), wenn sie genau in Linie mit dem Stevenrohr und dem Motor sind. Deshalb kann es erforderlich sein, die in den Zeichnungen angegebenen Winkel zu verändern. Jedenfalls müssen die Stevenrohre immer richtig im Rumpf befestigt werden. Sie übertragen die ganze Kraft der Antriebe auf die Propeller und damit auf das Medium Wasser. Auf gar keinen Fall dürfen die Stevenrohre auch nur leicht in die eine oder andere Richtung gebogen sein, denn dadurch würden die Antriebseinheiten mechanisch so belastet, dass über kurz oder lang sehr komplizierte und vor allen Dingen kostspielige Reparaturarbeiten in Angriff genommen werden müssten.

Das Anbringen von Antrieb und Kupplungen wird in einem späteren Kapitel behandelt. Wenn ein Stevenrohr im Rumpf endgültig festgemacht worden ist, muss es gleich mit leichtem wasserfestem Fett gestopft werden. Dies schmiert die Welle, verhindert ihre Korrosion der Welle und gleichzeitig das Eindringen von Wasser durch das Rohr in den Rumpf.

Einige Modellbauer bringen an den Stevenrohren im Modellinneren so genannte Öler an. Das sind kurze, senkrechte Rohrstücke, die auf das Stevenrohr gelötet oder geklebt werden. Durch das Rohr wird eine Bohrung in das Stevenrohr eingebracht. Als Schmiermittel verwendet man dann ein sehr dickflüssiges wasserfestes Öl. In den meisten Fällen hat sich aber herausgestellt, dass wasserfestes Fett, das man von einem Klempner beziehen kann, als Schmier- und Dichtungsmittel am besten geeignet ist. Man kann das Ölrohr leicht mit einem kleinen Schmiernippel versehen, um nachfetten zu können.

Wasserfeste Öle oder Fette erzeugen durch Bewegung in Verbindung mit Wasser keine mayonaiseähnlichen Emulsionen, die ihre

75

Schmier- oder Dichtkraft sofort beinträchtigen würden und eine Schleifwirkung bekämen.

Eine wichtige Variante der Propeller-Stevenrohr-Mechanik ist der Verstellpropeller, den man heute immer häufiger in der Zivilschiffahrt findet. Hierbei werden die einzelnen Propellerblätter über ein in der Nabe befindliches Getriebe im Anstellwinkel verändert. So lässt sich die Schiffsbewegung von neutral (keine Bewegung) bis voll voraus oder voll zurück bei gleicher Wellendrehrichtung bewirken, und zwar bei konstanter wirtschaftlicher Drehzahl der Maschinenanlage. Beim Original steuert man das hydraulische und elektronische Verstellsystem mit einem kleinen Hebel auf der Brücke. Normalerweise gibt es eine Skala, die den Anstellwinkel der Propellerblätter und damit den Propellerdruck angibt. So kann der Steuermann oder Wachoffizier Geschwindigkeit und Fahrtrichtung ohne Verzögerung von der Brücke aus direkt beeinflussen und ist nicht wie früher auf einen Maschinentelegraphen oder andere Befehlsübermittlungswege zwischen Brücke und Maschinenraum angewiesen. Übermittlungsfehler können somit nicht mehr auftreten, außerdem entfällt die Zeitspanne der Übermittlung, richtigen Verständigung und Ausführung, die manchen Kapitän bei schwierigen Manövern ins Schwitzen brachte.

Einige wenige Hersteller bieten derartige Verstellpropeller für Modelle an. Jedoch sind die Propellerdurchmesser meistens gering und passen vielleicht nicht zum Maßstab. Sie sind nicht billig, benötigen zur Steuerung aber nur ein Servo. So fällt der Vergleich zu einem Normalantrieb mit unveränderlichem Propeller und Fahrtregler etwas besser aus. Man muss jedoch berücksichtigen, dass das Stevenrohr aufgrund der darin untergebrachten Mechanik ein wenig dicker und teurer ausfällt. Hier könnte es zu Kollisionen mit dem Maßstab kommen.

Schaufelräder

Dampfer mit seitlichen Schaufelrädern, wie sie auf vielen Flüssen und Seen der Welt eingesetzt werden, sind bemerkenswert schnelle Schiffe. Sie erreichen Geschwindigkeiten von 17 Knoten (31 km/h) und mehr. Fast alle europäischen Dampfer haben Schaufelräder mit beweglichen Schaufeln. Gegenüber den festen Schaufeln, die beim Eintauchen mit einem schrägen Winkel auf das Wasser klatschen, tauchen bewegliche mit der schmalsten Seite senkrecht ins Wasser und behalten diese Stellung auch während der weiteren Umdrehung bei. So wird die ganze Kraft optimal genutzt, während bei festen Schaufeln ein gewisser Verlust entsteht.

Die Wasserradzellen oder Schaufelkästen (Buckets) der US-Dampfer bestehen oft aus zwei Druckbrettern, die vor und hinter der Speiche des Rades angebracht sind. Das vordere Brett liegt meistens um etwa 30% tiefer als das hintere. Beide Druckbretter tragen an der unteren Kante eine durchgehende Leiste. So erhöhen sie den Druck auf das Wasser. Diese Bauformen der Bretter mit den hölzernen Speichen lassen den Eindruck eines Kastens oder Eimers aufkommen. Die Druckbretter eines Schaufelkastens sind mit Klammern an den Radspeichen befestigt; ein Auswechseln bei Beschädigungen ist dadurch recht einfach. Das ist auch notwendig, denn in den befahrenen Strömen und Flüssen treiben oft mächtige Äste, einzelne Bäume, ja ganze Baumgruppen stromab. Beschädigungen am Antrieb sind vor-

Bewegliche Schaufeln im Steuerbordseitenrad des Modelldampfers „Duchess of Fife", Maßstab 1:32. Die funktionsfähige Schaufelradmechanik wurde aus Messing gefertigt, die Schaufelblätter sind aus Hartholz.

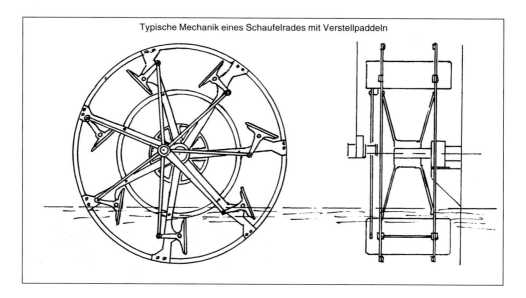
Typische Mechanik eines Schaufelrades mit Verstellpaddeln

programmiert. Modellplanlieferanten und Museen haben viele Zeichnungs- und Literaturunterlagen über verschiedene Schaufelradtypen. Dem Bau von maßstäblichen Antriebsrädern sollte deshalb nichts im Wege stehen.

Viele Schiffsbauämter oder ähnliche Institutionen haben verfügt, dass beide Seitenräder eines Dampfers miteinander starr verbunden werden müssen. Dadurch wird ein Gleichlauf beider Räder erzwungen, die sonst entstehende Schaukelei wird verhindert und das Schiff läuft mehr oder weniger geradeaus. Ein Modellbauer hat die Schwierigkeit, für den an dieser Stelle meist breiten Rumpf eine durchgehende gerade Achse herzustellen. Sie nimmt nicht nur Platz weg, sondern erfordert neben den direkt am Rad sitzenden Hauptlagern zusätzliche Lagerböcke in der Rumpfmitte. Diese Zusatzlager verhindern das Schwingen ein frei schwebenden Achse bei gewissen Umdrehungszahlen. Das Ausrichten dieser vielen Lager ist jedoch problematisch.

Schaufelräder arbeiten immer mit geringen Umdrehungen, so um die 100 Touren pro Minute. Das Rad würde sonst zu viel Wasser in die Luft befördern und der eigentlichen Antriebskraft entziehen. Deshalb muss man beim Modell die Drehzahl der Elektromotoren oder Dampfmaschine mit einem Getriebe reduzieren. Eine Ausnahme bilden die langhubigen, meistens schräg liegenden Dampfmaschinen. Sie sind speziell für Seitenraddampfermodelle entwickelt worden, haben immer zwei Zylinder und können von einem Servo gesteuert werden. Geeignete Antrieb diskutieren wir in den folgenden zwei Kapiteln.

Heckraddampfer, sie laufen hauptsächlich auf den Wasserstraßen der USA, haben grundsätzlich feste Schaufeln. Die Räder sind breit und von beträchtlichem Durchmesser und drehen auffallend langsam. Es gab Seiten- und Heckschaufelräder mit mehr als 36 Fuß (10,34 m) Durchmesser und 36 Schaufeln mit einer Bretttiefe von mehr als 1 m und einer Brettlänge von bis zu 3 m. Heckräder hatten nicht selten eine Breite von 8–10 m. Sie waren dann in der Mitte geteilt und gleichzeitig winkelversetzt auf der Achse befestigt. Hauptsächlich (und auch noch heute) wurden Schaufelräder mit einem Durchmesser von 16 Fuß (4,8 m) und 12–20 Schaufeln eingesetzt. Mir ist nur noch ein echter Heckraddampfer auf dem Mississippi bekannt, die „Natchez", beheimatet in New Orleans, Louisiana. Ihr Heckschaufelrad hat einen Durchmesser von 6 m, eine Breite von 10 m und 16 Schaufeln mit einer Eintauchtiefe von 2 Fuß (60 cm). Es dreht sich höchstens 80-mal pro Minute, angetrieben von einer Vierzylinder-Verbunddampfmaschine. Je zwei Zylinder sind auf einer Seite in den Aufbauten über Deck untergebracht und treiben im Gegendruckverfahren mit einer ca. 20 m langen Pleuelstange das Rad an.

Will ein Modellbauer eines dieser schönen, früher hölzernen Schiffe nachbauen, zeigen die Pläne auch genau die Antriebsart, den Radtyp und die Steuerung. Erfolgreiche Modelle benutzen einen Riemenantrieb zwischen Getriebe und Radachse. So wird eine gewisse Elastizität im Antrieb erreicht. Bei einem der modernen käuflichen Dampfantriebe, die meistens Schnellläufer sind, verfährt man genauso. In letzter Zeit werden Dampfantriebe wieder sehr populär.

Ein Modellbauer, der seine Dampfmaschine selbst baut, weiß, dass extravagante, langsam laufende, langhubige Maschinen viel und sehr hoch gespannten Dampf benötigen. Dies setzt ein großes Kesselvolumen voraus, und demzufolge eine sehr verbrauchsfreudige Heizung. Schnell laufende Maschinen sind sparsamer, erfordern aber immer ein Zwischengetriebe.

Wird ein Schaufelradschlepper mit Seitenrädern gebaut, dürfen diese Räder unabhängig voneinander ausgesteuert werden. Es sind dann zwei komplette Antriebe erforderlich. Zwei Lagerfundamente, zwei Zwischengetriebe und zwei elektronische Steuerungen sind ebenso nötig – sowie eine große Zahl von Übungsfahrstunden, denn es ist nicht leicht, ein Modell mit zwei unabhängigen Antrieben genau geradeaus zu steuern.

Die Schiffe, so gut man sie auch in der Manöverfahrt, also beim Kurven, beherrscht, tendieren dazu. im Watschelstil über den Teich zu fahren. Es ist nur mit viel empfindlicher Gleichlaufsteuerungstechnik und entsprechend großem Finanzaufwand möglich, zwei Antriebe zum Gleichlauf zu bewegen. Anfänger sollten auch bei Seitenradschleppern eine Antriebsachse bevorzugen.

Ruder

Die Ruder von Motorschiffen wurden ständig weiterentwickelt und damit verbessert. Aus den Zeichnungen des ausgewählten Originals kann man den Rudertyp erkennen, einige zeigen wir auch hier in einer Abbildung. Bei Originalen sind die beidseitigen Ruderausschläge auf maximal +/- 35° aus der Schiffsmittelachse begrenzt. Bei Modellen muss dieser Winkel oft vergrößert werden, daran sind die auf Grund ihrer Größenverhältnisse unterschiedlichen Ruderdruckkräfte im nichtmaßstäblichen Wasser schuld.

Blick auf die Kielverlängerung am Modell eines Dampftrawlers. Sie dient als untere Stütze des Ruderstock (Achse). Messingpropeller und Stevenrohr sind zugekauft worden. Das Ruder ist aus Holz, die Achse aus Messing.

Für das oder die Ruder muss an der richtigen Stelle im Modellrumpf eine Ruderachsenführung, meist Messingrohr, genau an der richtigen Position eingebaut werden. Bei einem nur 3 mm dickem GFK-Rumpf unterstützt ein Hartholzklotz die Rohrführung. Die Ruderachsenführung muss, um Wassereinbruch ins Modell zu vermeiden, innen weit über die Wasserlinie hinausragen. Die Ruderachse selbst ist entsprechend lang auszulegen. Sie erhält am oberen Ende eine Ruderpinne, die die Anlenkstange des Servos aufnimmt. Die Länge dieser Pinne wird durch die Länge des Servoarms und die vorher festgelegten maximalen Ruder-

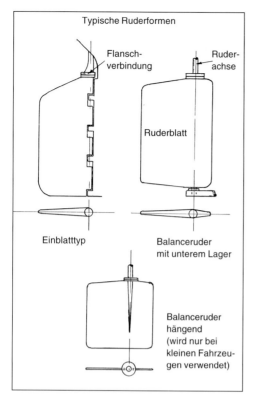

Typische Ruderformen

Flansch-verbindung
Ruder-achse
Ruderblatt
Einblatttyp
Balanceruder mit unterem Lager
Balanceruder hängend (wird nur bei kleinen Fahrzeugen verwendet)

ausschläge bestimmt. Einzelheiten werden später behandelt. Man darf auf keinen Fall vergessen, dass für diese Ruderanlenkung ein Zugang durchs Deck vorhanden sein muss.

Das Ruderblatt selbst kann man aus den verschiedensten Materialien bauen, von denen jedes seine Vor- und Nachteile hat. Man muss nur sicherstellen, dass die Ruderachse an richtiger Stelle unlösbar angebracht wird. Die Skizzen zeigen ein paar Rudertypen und ihre Achsbefestigung. Hölzerne Ruder müssen gegen

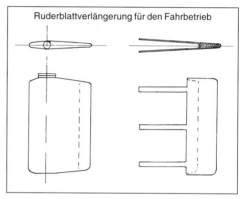

Ruderblattverlängerung für den Fahrbetrieb

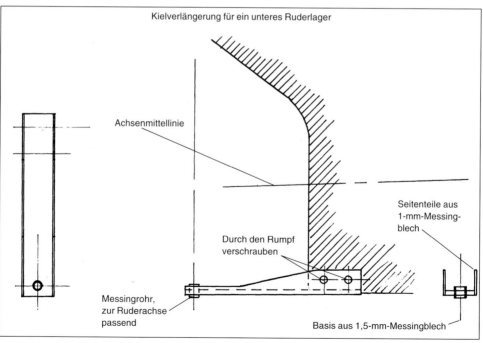

Kielverlängerung für ein unteres Ruderlager

Achsenmittellinie

Seitenteile aus 1-mm-Messingblech

Durch den Rumpf verschrauben

Messingrohr, zur Ruderachse passend

Basis aus 1,5-mm-Messingblech

Wasser durch Farben und Lacke isoliert und versiegelt werden.

Andere Materialien sind meist unempfindlich gegen Wasser. Für viele GFK-Rümpfe muss das untere Rudergegenlager, die Ruderhacke, gebaut und an den Rumpf angepasst und dann unverrückbar befestigt werden. Auch das als Hauptruderlager eingeklebte Rohr muss zum Rumpfmaterial gegen eindringendes Wasser abgedichtet werden.

Im Laufe der Zeit wurden immer neue Einrichtungen zur Verbesserung der Schiffskontrolle durch die Ruderanlage ersonnen. So entstand z.B. die bewegliche oder feste Kort-Düse. Sie zentriert den durch die Schraube erzeugten Wasserstrahl und lenkt ihn gezielt auf das Ruderblatt oder in den mit dem Ruderblatt eingeschlagenen Winkel. Eine genaue Beschreibung wird in den Folgekapiteln geliefert. Spätestens bei den ersten Fahrversuchen stellt sich heraus, dass der Wendekreis des Modells zu groß erscheint. Maßstäblich stimmt es in etwa; aber für das Auge der Zuschauer (und des Kapitäns) ist er eine Zumutung und bei Wettbewerben mit den geforderten Tordurchfahrten fast unbrauchbar. Meist zeigt sich, dass das maßstäbliche Ruder für diese Manöver eine zu kleine Fläche hat. Die Fläche zu vergrößern hieße aber, den Maßstab zu beugen. Man stellt also für den Fahrbetrieb eine aufsteckbare Verlängerung her. Kurz bevor das Modell ins Wasser gesetzt wird, steckt man diese auf und entfernt sie beim Herausnehmen wieder. Die Einstellung, die Abstimmung des Fahrverhaltens und weitere Tipps werden in einem späteren Kapitel behandelt.

Kapitel 10: Elektrische Antriebe

Gleichspannungsmotoren für 2,4, 4,8, 6 oder 12 Volt und die dazugehörigen nachladbaren Akkumulatoren sind die heute gebräuchlichen Antriebe für Modellschiffe. Sie werden unzähligen Ausführungen von den verschiedensten Herstellern angeboten, so dass sich immer wieder die Frage stellt: Welcher Motor mit welchen Akkus ist für das geplante Modell das Richtige?

Eine Faustformel für die Berechnung eines Antriebsmotors durch einen Nichtfachmann gibt es für ein Modell oder ein Maßstabsmodell nicht. Es spielen zu viele Faktoren eine Rolle. Da sind z.B. die Größe, Steigung und Blattform des Propellers, die Rumpfform des Modells, die Reibung der Modellaußenhaut, das Gewicht des Modells u.v.m. Alle diese und noch mehr Berechnungspunkte fließen in eine Ermittlung des optimalen Antriebs ein. Und man kann nicht einfach die verkleinerten Maße des Originals einsetzen. Die Versuchsanstalten für Schiffbau und Schifffahrt haben dafür umfangreiche Computerprogramme entwickelt. Auf einen besonderen Punkt einiger Motoren muss noch hingewiesen werden: Sie haben eine Vorzugsdrehrichtung. Volle Fahrt voraus sollte immer mit dieser Drehrichtung erfolgen, voll rückwärts mit der schlechteren. Man merkt die Unterschiede beim Fahren recht deutlich.

Bis in die 70er-Jahre des letzten Jahrhunderts waren alle kommerziell eingesetzten Schiffe nicht auf hohe Geschwindigkeiten ausgelegt. (Bei Kriegsschiffen gelten andere Überlegungen, die sollen nämlich immer schneller sein als die des potenziellen Gegners.) Die Mehrzahl bewegte sich im Bereich zwischen 9 und 16 Knoten (16–29 km/h). Diese Geschwindigkeiten rührten von den guten alten Dampfantrieben her, die zwischen 60 und 150 Umdrehungen pro Minute wirtschaftlich arbeiteten. Als die Dampfturbine eingeführt wurde, sorgte ein Reduktionsgetriebe für eine Propellerdrehzahl von etwa 250 U/min. Die modernen Schweröldiesel der großen Tanker und Containerschiffe sind ebenfalls Langsamläufer, drehen mit 75 bis 300 Touren und geben diese direkt auf die modernen Schrauben. Die

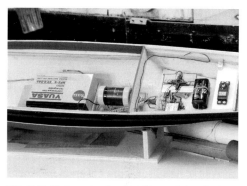

Ein 6-V-Motor, der in den Rumpf des Lotsenkutters „Chimaera" eingepasst ist, Maßstab 3/8 inch = 1 Fuß. Man beachte den Fahrtregler, der aus einem Platinenwiderstand besteht, sowie die sicher in einem Rahmen untergebrachte lagenunabhängige Bleibatterie.

Schiffe erreichen Reisegeschwindigkeiten von bis zu 28 Knoten.

Dieselmotoren werden in folgende Kategorien eingeteilt:
• Langsamläufer (meistens Einzylinder)
• Mittelschnellläufer mit bis zu 1.500 U/min
• Schnellläufer mit über 1.500 U/min

Außer bei den Langsamläufern müssen die Tourenzahlen der Dieselmotoren von Reduktionsgetrieben auf nutzbare Propellerumdrehungen gebracht werden.

Einige Beispiele: Die Antriebsspezifikationen für einen 30,1 m langen älteren Garnelenfänger forderten vor kurzem einen Sechszylinder-Diesel, der bei 850 Wellen-PS eine konstante Drehzahl von 750 U/min lieferte. Über ein 4,25:1-Reduktionsgetriebe wurde diese Tourenzahl auf 176 U/min gedrosselt und auf einen Verstellpropeller geleitet. Er erreicht damit eine Geschwindigkeit von 22 Knoten. Ein neuer Trawler mit einer Länge von 35 m bekam einen Mittelschnellläufer mit 750 Wellen-PS bei 1.225 U/min. Über ein Reduktionsgetriebe wurde eine feste Vierblatt-Bronzeschraube mit maximal 350 U/min versorgt. Auch dieses Schiff erreichte eine Höchstgeschwindigkeit von 22 Knoten.

Man sieht, dass nicht die Schraubenumdrehung, sondern alle Antriebskomponenten zusammen die Höchstgeschwindigkeit eines Schiffes bestimmen.

Moderne, preiswerte 6- oder 12-V-Gleichspannungsmotoren, die für die in diesem Buch beschriebenen Schiffsmodelle infrage kommen, drehen im Leerlauf bei maximaler Versorgungsspannung zwischen 4.000 und 30.000 U/min. Diese Drehzahlen sind selbst unter Last im Wasser viel zu groß für einen Modellpropeller. Verringert man die Versorgungsspannung, dreht der Motor zwar langsamer, verbraucht aber bei gleicher Last verhältnismäßig viel mehr Strom. Der Akku würde also schneller leer. Ein Untersetzungsgetriebe verringert die Drehzahlen für die Schraube, vermindert den Stromverbrauch und schont die Akkus.

Beispiel: Der Stromverbrauch eines Motors mit einem direkt angetriebenen Propeller unter Wasserlast beträgt 10 Ampere. Wird ein 2:1-Reduktionsgetriebe zwischengeschaltet, verringert sich dieser Strom auf 5–7 Ampere. Diese 30–50% gesparte Akkuleistung kann man direkt in längere Fahrzeiten umsetzen. Bei dieser Rechnung ist die in den Motoren entstehende Verlustwärme nicht berücksichtigt. Interessanterweise ist die Geschwindigkeit des Modells mit Untersetzungsantrieb kaum geringer als ohne.

Zu schnell drehende Schrauben verringern oder stoppen nämlich die Fahrgeschwindigkeit. Die Erklärung: Wird ein Propeller zu schnell gedreht, tritt an seinen Blattoberflächen die so genannte Kavitation auf. Durch die schnelle Bewegung wird im Berührungsbereich der Blätter zum Wasser der Wasserdruck verringert. Das weiche Medium, also das Wasser, wird buchstäblich zerrissen. Die entstehenden Hohlräume füllen sich, da hier kein Vakuum existieren kann, mit Wassergas. Der Propeller spürt weniger Widerstand; er rutscht quasi ohne Kraftabgabe durch die Hohlräume. Erreicht ein Modell diesen Zustand, fällt einem Beobachter auf, dass dieses abrupt stoppt; es saugt sich fest. Der Motor benötigt sehr viel mehr Energie, um das Modell aus diesem Zustand herauszubekommen. Bei einem großen Schiff kommt es in der Nähe der Kavitationsstelle zu Materialzerstörungen. Bei Modellschrauben tritt der gleiche Fraß auf, kann aber mit bloßem Auge selten beobachtet werden, da sie zu wenig im Einsatz sind. Aus all dem ergibt sich, dass man stets ein Untersetzungsgetriebe zwischen Motor und Propeller bedenken sollte.

Alle Antriebsmotoren müssen in einem Modell so untergebracht werden, dass der Wiederausbau für Wartungsarbeiten nicht behindert oder eingeschränkt wird. Der Motor muss fest sitzen. Um jedoch die Geräusche und Vibrationen, die sich auf den Rumpf als Resonanzverstärker übertragen können, zu mindern, können Gummipuffer, Plastikmatten oder

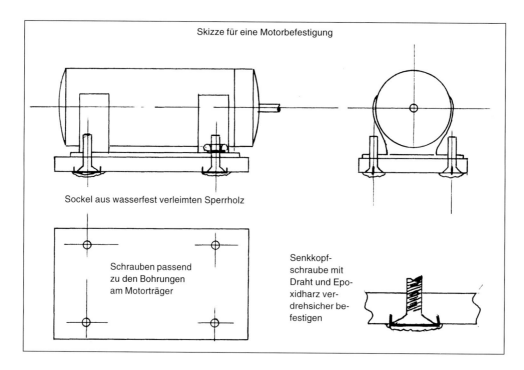

richtige Schwingmetalle als Zwischenlage dienen. Ein Schwingmetall besteht aus einem runden Gummiteil, in das an beiden Flachseiten jeweils eine Gewindestange eingeschmolzen wurde. Man verwendet diese Schwingmetalle genauso wie die sonst eingesetzten Befestigungsschrauben. Die Gummilage nimmt zum größten Teil die Motorschwingungen auf, schwächt diese dadurch ab und verhindert so ein Brummen des Rumpfes.

Motorachse, Kupplung, Getriebe, Kupplung und Propellerwelle müssen, bevor alle Teile endgültig festgesetzt und gesichert sind, sorgfältig ausgerichtet werden, damit sie genau fluchten. Jede kleine Abweichung eines Antriebsteils aus dieser Flucht verbraucht später Leistung und setzt diese auch noch in Geräusche um. Das Modell wird laut. Unsere Skizze zeigt eine recht einfache Konstruktion, bei der man nur vier Muttern, die Kupplung und die Anschlussleitung lösen muss, um den Motor samt Halterung aus dem Modell zu entnehmen. Natürlich ist dafür ferner ein Standort unter einer Decksluke oder einem abnehmbaren Decksaufbau Voraussetzung. Man sucht sich für diese Montage immer das passende Stevenrohr mit entsprechend langer Welle aus.

Batterien und Akkumulatoren

Es gibt für die Energieversorgung eines Schiffsmodells zwei Stromquellen: die einmal verwendbaren Primärzellen, im Volksmund auch Batterien oder Trockenzellen genannt, und die mehrmals wieder aufladbaren Sekundärzellen, besser bekannt als Sammler und Akkumulatoren (kurz: Akkus).

Die Primärzellen erzeugen, wenn sie in einen Stromkreis eingebaut sind, aufgrund einer einmaligen chemischen Reaktion Elektrizität (1,5 Volt pro Zelle) mit einer bestimmten Kraft. Sie geben diese Kraft relativ gleichförmig ab. Sind sie erschöpft, müssen sie, gesetzlichen Vorschriften entsprechend, entsorgt werden. Achtung: Einige dieser Batterien enthalten giftige Substanzen. Man darf sie nie öffnen oder zerstören.

Sekundärzellen erzeugen die Elektrizität (1,22 Volt pro Zelle) auf die gleiche Art. Durch

Anlegen einer Ladespannung, die etwas höher als die Akkuspannung ist, kann man den chemischen Prozess umkehren und den Sammler wieder aufladen. Es sieht so aus, als ob der Akku die Ladung sammelt. Man kann Akkus bei richtiger Pflege mehr als 2.000-mal wieder aufladen, erst dann ist er auf etwa 80% der angegebenen Kapazität abgesunken. Die Entsorgung erfolgt wie bei Primärzellen.

Achtung: Ein Akku, gleich welcher Bauart, darf niemals geöffnet werden. Beim chemischen Prozess entwickeln sich Gase, die im Akku unter Druck stehen. Beim gewaltsamen Öffnen entweichen sie meistens explosionsartig.

Alle Lieferanten halten verschiedene Bauarten von Akkus vorrätig. Im Modellbau können alle Arten verwendet werden. Für die Fernsteuerung nimmt man solche mit einer kontinuierlichen Entladecharakteristik, für den Antrieb einen, der unterschiedlich, also mit geringen oder hohen Stromentnahmen belastet werden kann. Es gibt Akkus, die mit einer Entnahme von bis zu 150 Ampere/Stunde belastet werden können. Andere vertragen gerade die Entnahme von einem Zehntel der Akkukapazität. Am billigsten ist der gute alte Blei/Bleioxid-Akku. Man bekommt ihn in verschiedenen Zellkombinationen mit unterschiedlichen Spannungen und Kapazitäten etc. Für unser Hobby hat sich der wartungsfreie, geschlossene und lagenunabhängige Typ bestens bewährt. Beim offenen, meist schwefelsäurehaltigen Autoakku besteht die Gefahr, dass Säure ausläuft und nicht reparierbare Schäden im Modell entstehen.

Alle Akkus benötigen ein ihnen richtig angepasstes Ladegerät. Ein Ladegerät für Autobatterien ist aus verschiedenen hier nicht zu erörternden Gründen ungeeignet. Die für uns infrage kommenden Bleiakkus werden hauptsächlich mit vier verschiedenen Spannungen (und vielen Kapazitäten) geliefert: 2, 6, 12 und 24 Volt. Da die Autoindustrie demnächst auf 42 Volt (man benötigt dadurch weniger Strom für die einzelnen Schaltvorgänge im Auto) umstellt, werden auch bald Kleinakkus mit dieser Spannung bereitstehen.

Alle Akkuarten bestehen aus einzelnen Zellen, die eine Idealspannung von 1–1,35 Volt, ja bis 2,4 Volt haben. Die Kapazitäten reichen von 0,1 Ampere/Stunde (Ah) bis zu 7 Ah. Diese Zellen werden, um die benötigte Spannungshöhe zu erhalten, in Paketen zusammengeschaltet.

Achtung: Man schaltet niemals Zellen unterschiedlicher Spannung, unterschiedlicher Kapazität, unterschiedlicher Chemie oder verschiedener Hersteller zusammen. Sie würden in kürzester Zeit ihre Arbeit meistens durch einen Knall oder bei Glück ganz leise einstellen.

Im maßstäblichen Schiffsmodellbau setzt man für den Antrieb Bleiakkus, für alles andere wie Fernsteuerung, Sonderfunktionen etc. gasdichte Nickel-Cadmium- (NiCd), Nickel-Metallhydrid- (NiMH) oder Lithium-Ionen-Zellen (Li-Ion) in Paketen ein. Diese Pakete können dem Rumpfinneren sehr gut angepasst werden.

Alle Batterien und Akkumulatoren sind deshalb der ideale Ballast für ein Modellschiff. Oftmals reichen sie aus, die Eintauchtiefe eines Schiffchens bis zur Wasserlinie herzustellen. Die Energiequellen müssen aber immer in entsprechenden Halterungen befestigt werden, damit sie nicht verrutschen und damit ein Modell zum Kentern bringen. Als Halterung reicht eine kleine Box oder offene Kammer, in die ein Akku hineinpasst, aus.

Steuerungsvorrichtungen für die Motoren

Die Drehzahl eines Motors wird immer über einen Regler gesteuert. Deren Typenvielfalt ist beträchtlich.

Da ist einmal der einfache Ein-Aus-Servoschalter, der jedoch nur eine Vorwärtsfahrt mit Höchstdrehzahl zulässt oder das Modell zum Stoppen bringt. Leider wird der Motor nicht sofort stehen bleiben und das Schiff treibt noch ein paar Meter weiter. Zusatzkontakte an die-

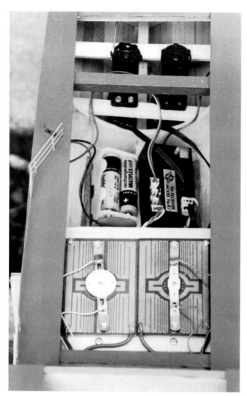

Zwei Platinenwiderstände für die Fahrtregelung zweier Motoren in einem französischen Modell.

sem Servoschalter ermöglichen die Spannungsumkehrung an den Motorkontakten. So erreicht man, dass das Modell eine Rückwärtsfahrt ausführt.

Ein Regelwiderstand (Potenziometer) mit geringen Ohm-Werten, aber beträchtlichen Ausmaßen, verbunden mit den o.a. Umkehrschaltern ermöglicht eine grobe Geschwindigkeitsregelung. Dabei muss man daran denken, dass die nicht für die Drehzahl des Motors verbrauchte Energie über den Regelwiderstand verheizt wird. Wenn man also langsamer fährt, spart man keine Energie. Außerdem wird dieser Widerstand recht warm, ja oftmals rotglühend, deshalb sind große Abstände zu anderen Bauteilen unumgänglich, besonders wenn sie brennbar sind. Solche Abstände werden auch wegen der Baugröße der Widerstände gefordert. Je größer der Energieverbrauch für die Fahrt ist, umso größer müssen auch die Widerstandswindungen ausgelegt werden.

Außerdem gibt es auch noch ganz alte Stufenschaltungen. Festwiderstände sind so angeordnet, dass sie, je weiter ein Servo einen Drehschalter bewegt, die Energie, die zum Motor fließt, verringern und den Rest vernichten.

Das sind so ziemlich alle Varianten der mechanischen Motorsteuerung, die für den Modellbau infrage kommen.

Die elektrischen oder besser die elektronischen Regler benötigen Steuerimpulse, um die Energiezufuhr zum Motor in Richtung und Stärke zu steuern. Ein Regelkreis wertet die vom Empfänger eingehenden positiven oder negativen Impulse aus und öffnet dementsprechend einen Schaltkreis. Der Schaltkreis entnimmt dann der Fahrbatterie nur so viel Energie, wie der Regelkreis vorgegeben hat. Ein kleines technisches Wunderwerk. Vor Jahren verbrauchten diese Regler noch recht viel der bereitstehenden Energie für sich selbst. Sie mussten große Kühlflächen haben. Heutige Regler benötigen zum Arbeiten kaum noch Strom, sie sind sehr klein und oftmals für Leistungen bis 20 Ampere nicht größer als zwei Briefmarken und etwa 5 mm dick. Das Schwerste daran sind die dicken Zu- und Ableitungen mit ihren vergoldeten Steckern.

Elektronische Regler werden verständlicherweise immer populärer. Mit ihnen kann man Geschwindigkeit und Fahrtrichtung eines Modells sehr genau und mit wenig Verlusten aussteuern. Viele moderne Regler haben bereits einen eingebauten Überlastschutz. Er schaltet bei zu großer Belastung den Regelkreis ab, Motoren und Regler werden dadurch vor Defekten geschützt. Außerdem werden durch eine ähnliche Schaltung hohe Spannungs- und Stromspitzen, die beim Anlaufen von Gleichspannungsmotoren entstehen, abgemildert. Solche Spitzen können auch bei abrupten Blockierungen der Schraube auftreten. Nur sind sie dann entgegengesetzt gepolt. Die Schutzschaltungen schwächen jedoch nur kurzzeitige

Störungen ab. Längere Blockaden mit maximalem Strom fängt man daher durch eine Sicherung ab. Die erste Sicherung, und zwar die mit dem langsameren (trägen) Schaltvermögen, wird immer in die positive Zuleitung von der Spannungsquelle (Batterie, Akku) zum Regler geschaltet, die zweite, schnelle (flinke) Sicherung in die (bei der Hauptdrehrichtung des Motors) positive Leitung vom Regler zum Motor.

Wert der ersten Sicherung: der zwischen Spannungsquelle und Regler höchste gemessene Strom plus 15%, Typ: träge. Der Wert der zweiten Sicherung: der zwischen Regler und Motor höchste gemessene Strom plus 10%, Typ: flink. Bei beiden Werten ist zu beachten, dass immer die Sicherung eingebaut wird, die im Wert über dem gemessenen höchsten Wert liegt. Zum Beispiel: Liegt der gemessene Wert bei 8 Ampere, ist die 10-Ampere-Sicherung richtig.

Die zweite Sicherung soll dann auslösen, wenn die Schraube durch irgendwelche Umstände blockiert. Der Motor wird seinen Kurzschlussstrom ziehen, und der ist viel höher als der normale Betriebsstrom; er kann einige 100 Ampere betragen.

Einige Regler haben bereits eine Sicherung eingebaut, trotzdem schadet eine Zusatzsicherung nicht.

Die langjährigen Erfahrungen zeigen, dass die Sicherung unbedingt zwischen Regler und Motor eingebaut werden muss. So wird bei einem Totalstopp des Motors alles andere mitgeschützt. Leider lässt sich nach dem Auslösen einer normalen Drahtsicherung das Modell nicht mehr mit der Fernsteuerung bewegen. Eine elegante Lösung ist der Einsatz einer Multifuse. Diese stellt sich, wenn sie durch Überstrom ausgelöst wurde, nach Abschalten des Spannungskreises zurück. Das Modell kann, manchmal auch nur mit ganz kleinen Motorschüben, ans Ufer zurückgeholt werden.

Jeder Regler steuert nur einen bestimmten Spannungs- und Strombereich. Man muss immer den einsetzen, der rechnerisch, und dann meistens auch praktisch, zum Motor passt. Beispiel: Ein Regler mit einem Regelbereich für maximal 12 Volt und 10 Ampere Strom, regelt einen Motor, der maximal 6 Ampere und 8 Volt benötigt, sehr gut. Benötigt dieser Motor aber bei der normalen Arbeit 9–10 Ampere, sollte man einen Regler einsetzen, der 15 oder besser 20 Ampere regeln kann. Der kleine Regler würde ständig an seinem oberen Limit arbeiten, heiß werden und schließlich den Geist aufgeben. Manche behaupten dann: Der Regler wurde gehimmelt!

Um genau über den Antrieb eines Modells informiert zu sein, muss man auch den Kurzschlussstrom des Antriebs kennen. Dazu klemmt man am besten den ausgebauten Motor so in einen Schraubstock, dass er sich nicht selbstständig machen kann. Ein auf Ampere gestelltes Multimeter wird zwischen Spannungsquelle und Motoranschluss geschaltet. Der Motor wird an die Spannungsquelle angeschlossen und läuft im Leerlauf. Der benötigte Leerlaufstrom wird abgelesen und notiert. Dann nimmt man eine Flach- oder Kombizange und hält damit kurzzeitig die Achse des Motors an, liest den Strom ab und lässt sofort wieder los. Man hat jetzt den Kurzschlussstrom des Motors ermittelt.

Der Durchschnittsverbrauch eines Motors wird im eingebauten Zustand in der Badewanne ermittelt. Der Messaufbau ist der Gleiche. Man muss jedoch sorgfältig auf zwei Dinge achten: Erstens darf man wegen der Anlaufspitzen nicht sofort das Amperemeter ablesen und zweitens darf das Wasser in der Badewanne beim Ablesen noch keine Strömung aufweisen.

Merke: Einen Motor darf man nie länger als wenige Sekunden festhalten, er brennt in diesem Zustand sehr schnell durch.

Ein anderes Problem tritt immer wieder durch den nachlässigen Einbau der Antriebsbauteile auf. Motor, Kupplung, Getriebe, Kupplung und Propellerwelle müssen stets genau fluchtend ausgerichtet sein. Ist das nicht der Fall, wird der Motor, um seine Arbeit zu tun,

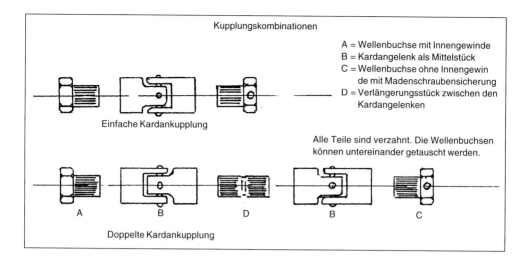

ständig mehr Energie fordern. Dies verkürzt nicht nur die Fahrtzeit, sondern behindert auch das Erreichen der Modellhöchstgeschwindigkeit. Außerdem wird die aufgenommene Mehrenergie vom Motor in Wärme umgesetzt. Im Antriebsstrang eingebaute Kardankupplungen können wirklich nur ganz kleine Unregelmäßigkeiten ausgleichen. Außerdem erhöhen sie den Geräuschpegel. Wenn größere Abweichungen in der Flucht vorkommen, gibt es andere Möglichkeiten, diese auszugleichen. Erfahrene Modellbauer stehen hierbei gerne mit Rat und Tat zur Verfügung.

Bevor auch nur eine Schiffsbewegung stattfindet, muss jede Abweichung der Antriebsanlage aus der Längsachse, jedes schwer laufende Lager der Propellerwelle, der Wasserwiderstand gegenüber dem Propeller und jeder Kupplungswinkel von der Kraft des Motors überwunden werden. Wenn diese Widerstände schon beim Einbau auf ein Minimum reduziert werden, läuft das Modell ruhig und lange auf dem Teich.

Maßstabsgeschwindigkeit

Die maßstäbliche Fahrgeschwindigkeit eines Schiffsmodells ist immer wieder ein Zankapfel bei Expertendiskussionen. Nur wenige Modelle laufen tatsächlich mit einer maßstabsgetreuen Geschwindigkeit, die meisten sind einfach zu schnell! Manche Frachtschiffe erreichen sogar Geschwindigkeiten, die, wenn man sie richtig umrechnet, das Original mit mehr als 50 Knoten (ca. 90 km/h) die Meere befahren ließen. Selbst dampfgetriebene Modellschlepper (mit Schraube) rasen durch das Wasser. Seiten- oder Heckraddampfern kann man das nicht zumuten. Diese Antriebe würden das Wasser im hohen Bogen wegschleudern und nicht vorwärts kommen.

Es ist ganz einfach, die maßstäbliche Geschwindigkeit eines Modells zu berechnen:

$$\text{Modellgeschwindigkeit (VM)} = \frac{\text{Originalgeschwindigkeit (VO)}}{\text{Wurzel aus Teiler des Maßstabs}}$$

Beispiel: Ein Original läuft mit einer maximalen Geschwindigkeit von 12 Knoten (21,7 km/h). Das Modell wurde im Maßstab 1:30 gebaut. Die maßstäbliche Modellgeschwindigkeit beträgt:

$$VM = \frac{VO}{\text{Wurzel aus 30}} = \frac{21,7}{5,4776} = 3,962 \, \text{km/h oder } 2,19 \, \text{Knoten}$$

Um dies auf einem Teich messbar zu machen, teilt man die Stundengeschwindigkeit durch 3.600 Sekunden und erhält so die Sekundengeschwindigkeit. In diesem Fall 3.962

m/h : 3.600 Sekunden = 1,10 m/s. Man kann also recht einfach eine Messstrecke festlegen und die verschiedenen Geschwindigkeiten des Modells ermitteln. Diese markiert man am Fahrthebel des Fernsteuersenders und hat so immer eine Kontrolle über die Fahrt des Modells. Das gilt aber nur dann, wenn die Energiequelle konstante Werte abgibt.

Die beste Methode, die Geschwindigkeiten eines Modells einzuhalten, ist ein entsprechend berechnetes Untersetzungsgetriebe. Die nachfolgende einfache Formel ermöglicht die Berechnung eines derartigen Zwischengetriebes. Dabei muss man wissen, dass ein maßstabsgetreuer Modellpropeller zur Einhaltung der maßstäblichen Geschwindigkeit viel schneller als der Propeller des Originals für das Erreichen der Originalgeschwindigkeit drehen muss. Dies hängt mit der sich nicht ändernden Wasserdichte im Molekularbereich zusammen. Die Drehzahl erhöht sich grob gesagt (auch noch wegen vieler anderer kleinerer Faktoren) um den Faktor der Wurzel des Maßstabnenners. Für uns Modellbauer reicht diese Formel vollkommen aus.

Beispiel: Wenn der Originalpropeller mit 200 U/min dreht, muss der Propeller des im Maßstab 1:50 gebauten Modells um den Faktor der Wurzel aus 50 mehr drehen.

Drehzahl Modell (rm) = Drehzahl Original (ro) · Wurzel aus 50

rm = 200 · Wurzel aus 50 = 200 · 7,07106 = 1.414,2 U/min

Die Modellschraube muss also mit 1.414,2 Umdrehungen pro Minute arbeiten, um die maßstäbliche Geschwindigkeit zu erreichen.

Wenn ein Elektromotor im Leerlauf mit 12.000 U/min dreht, reicht ein 6:1-Getriebe zum Erreichen der Modellgeschwindigkeit aus. Die Schraube dreht dann zwar im Leerlauf mit 2.000 U/min, verliert aber etwa 30% unter der Last des Wassers. Voraussetzung ist auch, dass bei Vollausschlag des Fernsteuerfahrthebels am Sender die richtige maßstäbliche Geschwindigkeit vom Modell eingehalten wird. Ein Vorteil stellt sich aber durch die geringere Energieentnahme aus der Batterie ein: Die Fahrtzeit wird länger.

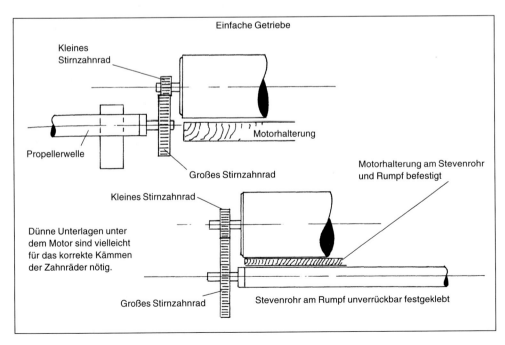

Um die maßstäbliche Geschwindigkeit einzuhalten, könnte man auch einen kleineren Propeller direkt mit dem Motor verbinden. Diese Praxis ist jedoch aus zwei Gründen unerwünscht: Die Schraube erzeugt Kavitation und bremst das Modell ab und der Stromverbrauch erhöht sich rapide.

Moderne Kunststoffgetriebe sind sehr preiswert, einfach auf die gewünschte Untersetzung zu montieren und wartungsfrei, denn sie benötigen keine Schmierung. Der Motor selbst kann aufgrund der Getriebebauart viel höher und damit besser erreichbar im Rumpf eingebaut werden. Ohne ein Getriebe muss man immer ganz unten, im Bereich der Bilge, an der engsten Stelle im Rumpf arbeiten.

Zum Getriebe selbst: Alle Achsen haben einen Durchmesser von 4 mm, auch die Ein- und Ausgänge. Die Zahnräder werden fest auf die Achsen gepresst. Es ist recht einfach, durch Berechnung und Umstecken die gewünschte Untersetzung zu erreichen. Um ein Getriebe mit dem Verhältnis 1:3 herzustellen, drückt man ein Ritzel mit 20 Zähnen auf die Eingangswelle und auf die Ausgangswelle ein Ritzel mit 60 Zähnen. Es gibt Getriebesätze, die Ritzel in 10er-Stufen beinhalten.

Motor und Stevenrohr müssen so fest eingebaut sein, dass die Ritzel zueinander genau fluchten. Dann kann man auf eine flexible Kupplung zwischen Motor, Getriebe und Welle verzichten und den gesparten Betrag lieber in ein besseres Getriebe investieren.

Antrieb mit zwei Getriebemotoren. Die Getriebe können mit verschiedenen Untersetzungen zusammengebaut werden.

Schaufelradantriebe

Ein Reduktionsgetriebe der einen oder anderen Art ist immer dann gefordert, wenn Schaufelräder von Elektromotoren angetrieben werden sollen. Schaufelräder drehen selten schneller als 120 U/min, beim Modell sollten sie 240 Touren nicht überschreiten. Mit kombinierbaren Planetengetrieben (mit unterschiedlichen Übersetzungsstufen) ist die notwendige Reduzierung der Motordrehzahlen am Ausgang des Getriebes leicht erreichbar. Man muss nur so lange die Planetenstufen umstecken, bis man die gewünschte Drehzahl am Ausgang erhält. Ein Gummiring (O-Ring) oder besser noch ein Zahnriemen übernimmt dann die Kraftübertragung vom Getriebe zur Schaufelradachse.

Einige Hersteller haben bereits brauchbare Getriebe im Lieferprogramm. Man muss nur ein wenig die Kataloge wälzen und den richtigen Lieferanten auswählen. Die Getriebe passen meistens direkt auf die Achse und das Gehäuse des Motors.

Kunststoffzahnräder laufen zwar recht leise, können jedoch nur eine gewisse Kraft aushalten und werden beim Blockieren eventuell beschädigt. Es gibt auch leise laufende Metallgetriebe. Getriebe beschneiden immer die zur Verfügung stehende Bewegungsenergie.

Die einfachste Methode, eine hohe Drehzahl mit weniger Verlusten auf die gewünschte herabzusetzen, ist der Einsatz eines Schneckengetriebes. Diese Getriebe kann man aus Einzelteilen (Achsen, Schnecke, Kugellager, Gehäuse und Zahnräder) selbst herstellen. Einfacher ist der Einsatz fertiger Produkte aus dem Modellbahnbereich, dort gibt es sie bei den größeren Spurbreiten (0 bis III) in den Abstufungen 20, 30, 40, 50 und 60:1.

Dreht ein Motor im Leerlauf mit 15.000 U/min und man setzt ein Schneckengetriebe von 60:1 ein, liegen am Ausgang 250 U/min an – genau die Drehzahl, die zum Antrieb eines Schaufelrades noch zulässig ist. Dreht es schneller, schlägt es Schaum.

Die Drehzahl wird bei einem Schneckengetriebe durch die spätere Wasserlast nicht allzu sehr herabgesetzt.

Steht keine genügende Schneckenuntersetzung zur Verfügung, kann man den Ausgang des Zwischengetriebes über eine Zahnriemenuntersetzung auf die Schaufelradachse geben. Aber auch hier müssen die Achsfluchten genau im rechten Winkel stimmen. Die Schnecke würde sonst aus den Zähnen des Zahnritzels gleiten.

Ein solcher Antriebsmechanismus reicht für einen starren Seitenradantrieb. Soll jedoch ein Modellschlepper mit voneinander unabhängigen Schaufelrädern angetrieben werden, muss man den mechanischen Aufwand verdoppeln.

Antrieb der Schaufelräder des Modells „Duchess of Fife". Das Getriebe hat eine Untersetzung von 20:1, der angeschlossene Getriebemotor eine von 2:1, so dass eine Gesamtuntersetzung von 40:1 geschaffen wurde. Die Schaufelräder drehen 110 Umdrehungen pro Minute.

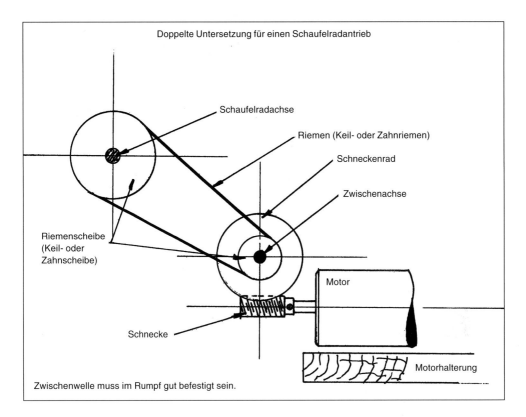

Doppelte Untersetzung für einen Schaufelradantrieb

Und man bekommt später Schwierigkeiten mit dem Geradeauslauf des Schleppers.

Für jeden Antrieb ist es notwendig, die Leerlaufdrehzahl des Motors zu kennen. Ganz besonders gilt dies bei Mehrschraubenschiffen. Nur so kann man die Untersetzungsverhältnisse der notwendigen Getriebe oder Riemenscheiben genau berechnen. Die Schraubendurchmesser und Drehzahlen der Originalantriebe müssen für die Berechnung der maßstäblichen Modellgeschwindigkeit bekannt sein. Kann man diese aus keinem schlauen Schifffahrtsregister oder Typenbuch entnehmen, verwendet man die Daten eines ähnlichen Originalschiffes.

Man kann heute einfache Drehzahlmessgeräte kaufen und mit ihnen beim Händler aus einem größeren Sortiment bei gleicher Betriebsspannung drehzahlgleiche Motoren aussortieren.

Kapitel 11: Dampfantriebe

In den letzten Jahrzehnten sind Modelldampfmaschinen aufgrund der besseren Angebote aus der Industrie populärer geworden. Die Maschinen sind leichter, kompakter und einfacher einzubauen. Somit ist der Selbstbau einer Dampfmaschine nicht unbedingt erforderlich. Im Schiffsmodellbau können Dampfmaschinen der etwas gehobenen Preisklasse gefahrlos eingesetzt werden. Der höhere Preis einer Dampfausrüstung gegenüber Elektromotoren wird durch das Vergnügen, mit einer Dampfmaschine umzugehen, wettgemacht. Alle Dampfmaschinen können mit relativ einfachen Funkfernsteuerungen kontrolliert werden.

Dampfmaschinen

Wie bei den Elektromotoren kann man auch unter recht vielen Dampfmaschinen nebst Zubehör auswählen. Es ist also notwendig, vor einer Anschaffung die Größe eines Dampfaggregats für das Modell festzulegen. Obwohl fast alle kleinen Dampfmaschinen Schnellläufer sind, kann man sie, wie die Originale, so aussteuern, dass sie auch langsame Drehzahlen abgeben. Dabei bleibt bei größeren Maschinen das Drehmoment, also die Leistung, fast immer recht hoch. Kleineren Maschinen, besonders den oszillierenden Typen, sollte ein Reduktionsgetriebe nachgeschaltet werden. Oszillierende Maschinen haben weniger bewegliche Teile als ventilgesteuerte Großmaschinen. Die Pflege ist aber für alle Maschinen gleich.

Wenn diese kleinen Dampfmaschinen, ventilgesteuerte oder oszillierende, aus gutem Material gefertigt wurden, mit den richtigen Lagern und einer guten Schmierung ausgestattet sind, werden sie lange Zeit zur Zufriedenheit des Anwenders arbeiten.

Bei den oszillierenden Dampfmaschinen sind durch die Federn, welche die Zylinder und festen Dampfventile in Position halten, zusätzliche Sicherheitsventile für den Dampfkreislauf geschaffen. Damit entstand eine in sich sichere Dampfanlage.

Zweizylinderdampfmaschine mit stehendem Kessel

Das Prinzip der Dampfmaschine ist ganz einfach: Wasser wird in einem Kessel erhitzt, dadurch entsteht Dampf, der durch ein Rohrsystem zur Maschine geleitet und dort durch Ventile in Portionen aufgeteilt und dem Zylinder zugeleitet wird. Der Dampf dehnt sich im Zylinder aus und schiebt dadurch den dort befindlichen Kolben an. Die am Kolben befestigte Pleuelstange bewegt über die Kurbelwelle ein Schwungrad. Dieses drückt den Kolben wieder zurück. Der Kolben treibt dabei den gebrauchten Dampf ins Freie, besser zum Schornstein. Und der Vorgang beginnt aufs Neue. Bei besseren Dampfmaschinen wird der Kolben auch im Rücklauf durch eine Dampfportion angestoßen. Der Anschluss des Schwungrades an eine normale Propellerwelle erfolgt wie bei einem Elektromotor.

Wie gesagt ist die einfachste Ausführung die oszillierende Einzylinder-Dampfmaschine. Bei ihr wird der Dampf nur auf eine Seite des Kolbens geleitet. Sie kann nicht von alleine starten, sondern muss angestoßen werden. Wenn sie einmal läuft, kann man die Drehzahl von außen auch nur ganz wenig beeinflussen. Und sie lässt sich während des Laufs auch nicht auf Rückwärtslauf steuern, sondern muss erst gestoppt und dann von Hand in die andere Richtung wieder angeworfen werden. Aufgrund dieser geringen Steuermöglichkeiten sollte man eine solche Maschine nur in ganz einfache Modelle einbauen. Oszillierende Dampfmaschinen mit mehreren Zylindern und Dampfzuführung zu beiden Kolbenenden sind normalerweise selbstanlaufend und können gut auf Rückwärtsfahrt umgesteuert werden. Auch lässt sich die Drehzahl besser regeln. Baulich sind sie etwas länger als Einzylindermaschinen. In einer Abbildung zeigen wir die Bauteile einer oszillierenden Maschine, weitere sind in den Fotos zu sehen.

Einzylinder-Dampfmaschinen mit Schiebersteuerung können selbst anlaufen und lassen sich auch auf Rückwärtslauf umsteuern. In Schiffen werden sie nur selten eingesetzt, weil sie meist langsam laufende Langhuber sind, die als Originale normalerweise an Land befindliche Maschinen antrieben. Wenn eine solche Einzylindermaschine in einer bestimmten Stellung stehen bleibt, kann sie nicht wieder von selbst anlaufen und das damit ausgerüstete Schiffsmodell würde antriebslos auf dem Teich dümpeln.

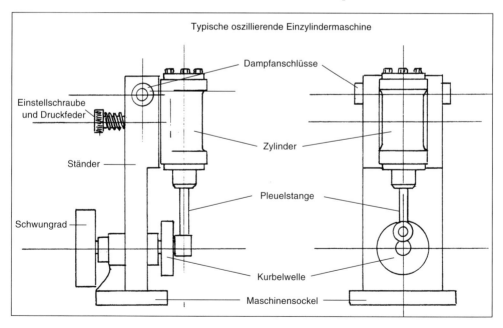

Oszillierende Zweizylindermaschine mit liegendem Kessel

Die Zweizylinder-Version dagegen eignet sich gut als maritimer Antrieb. Bei ihr kann die Umsteuerung von Vor- und Rückwärtsfahrt durch einen einzigen Hebel erfolgen, so dass eine Zweikanalfernsteuerung für Maschine und Ruder ausreicht.

Besser ausgestattete Maschinen haben eine Speisewasserpumpe zum Halten eines konstanten Wasserpegels im Kessel. Sie pumpt Frischwasser aus einem Reservetank in den Kessel. Man kann so die Fahrzeit zwischen den Wasserfüllungen enorm verlängern.

Einige Hersteller bieten Dreizylindermaschinen an. Wie die Zweizylinderaggregate haben diese eine Stevenson-Ventilsteuerung zur Laufrichtungsumsteuerung, die mit je einem Servo zur Bedienung der Steuerung und zur Regelung der Drehzahl versehen wird.

Bei allen Dampfmaschinen ist die Schmierung sehr, sehr wichtig. Während Elektromotoren oft geschlossene selbstschmierende Lager aufweisen, hat die Dampfmaschine das nicht. Bei ihr werden die Schmiermittel durch das warme Wasser und den Dampf von der Schmierstelle weggewaschen und müssen ständig ersetzt werden. Ein ungeschmiertes Lager

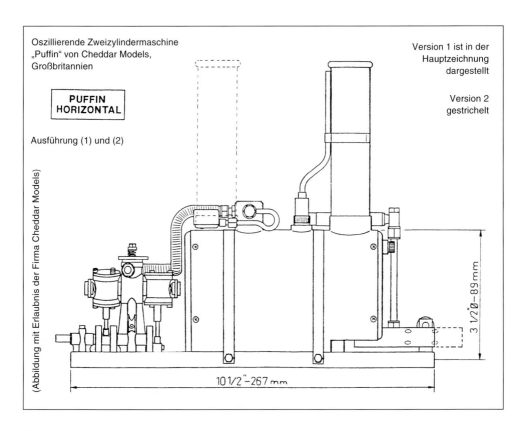

Oszillierende Zweizylindermaschine „Puffin" von Cheddar Models, Großbritannien

PUFFIN HORIZONTAL

Ausführung (1) und (2)

Version 1 ist in der Hauptzeichnung dargestellt

Version 2 gestrichelt

(Abbildung mit Erlaubnis der Firma Cheddar Models)

würde sonst ganz schnell festlaufen. In den Bedienungsunterlagen der Hersteller ist immer die vorgeschriebene Dampfölsorte und der Ort, wo es eingefüllt wird, angegeben. So ist an jeder Maschine mindestens ein Verdrängungsöler in der Dampfzufuhrleitung, meist dort, wo der Dampf am heißesten ist, untergebracht.

So ein Verdrängungsöler ist einfach konstruiert und hat keine beweglichen Teile (siehe Skizze). Es handelt sich um einen kleinen Zylinder mit meist einem Schraubdeckel zum Einfüllen des Dampföls. Am unteren Ende ist ein Ablasshahn für Kondenswasser montiert, am oberen Ende wird das Dampfrohr mit seinen Ein- und Austrittsöffnungen durch den Zylinder geführt.

Im Dampfrohr ist, in Richtung Ölvorrat weisend, eine kleine Öffnung. Durch diese Bohrung nimmt der heiße Dampf kleinste Mengen Dampföl auf und gibt gleichzeitig etwas Kondenswasser ab. Das Dampf-Dampföl-Gemisch wird zu den beweglichen Teilen der Maschine geleitet, wo sich das Dampföl an die kühleren Schmierstellen, z.B. den Zylinderwänden, absetzt. Auf diese Art werden die Kolben und die Schieber geschmiert.

Das im Verdrängungsöler zurückbleibende Kondenswasser setzt sich im unteren Zylinderteil ab und hebt dadurch den Pegel des darauf schwimmenden Dampföls auf das Entnahmeniveau. Auf diese Weise ist sichergestellt, dass der heiße Dampf immer genügend Dampföl mitnehmen kann. Die Größe des Ölers ist mit ausreichender Reserve für den vorgesehenen Laufzyklus einer (oder mehrerer) Kesselfüllung zu berechnen. Am Ende eines Laufzyklus muss das Kondenswasser abgelassen und der Öler mit Dampföl aufgefüllt werden.

Alle Dampfmaschinen brauchen Dampföl zur Schmierung. Das ist ein spezielles Öl, das den Kontakt mit heißen Maschinenteilen und Dampf ohne Einbuße an Schmierfähigkeit übersteht. Dampföl ist sehr dickflüssig und darf nicht durch Motoren- und Getriebeöl oder gar Nähmaschinenöl ersetzt werden. Diese Öle vermischen sich mit Wasser oder Dampf und bilden mayonaiseähnliche Pasten (Emulsionen), die nicht schmieren, sondern schleifen.

Ein unerwünschter Effekt wird vom Verdrängungsschmiersystem in den Modellschiffen hervorgerufen: Der Dampf, der das Öl in die Maschine mitnimmt, nimmt beim Verlassen einen Teil auch wieder mit hinaus. Wenn dieser ausgestoßene Dampf, der beim Erkalten am Modell kondensiert, nicht schnell vom Öl befreit wird, bedeckt über kurz oder lang ein Schmierfilm das ganze Modell. Diesen unangenehmen Effekt kann man verhindern, indem man den ölgeschwängerten Abdampf durch die Falle eines Kondensierungstanks leitet. Das sich bei Abkühlung leichter verdichtende Öl wird aus dem Wasserdampf abgeschieden, der dann ohne Ölrückstände ins Freie gelangt. Ein solcher Kondenser- oder Dampffallentank ist leicht anzufertigen. Man benötigt ein Kupferrohr, lötet Deckel auf die offenen Enden und versieht sie mit einem

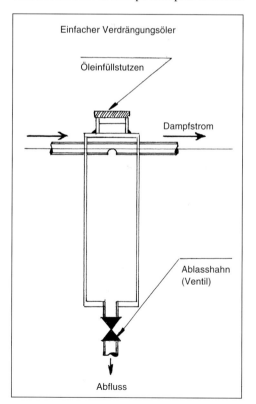

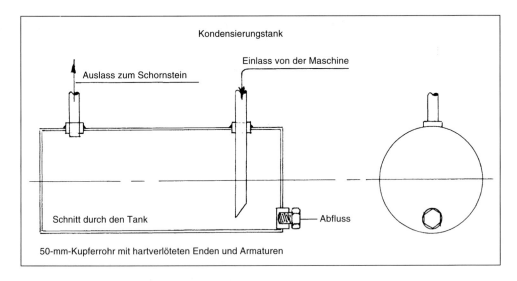

50-mm-Kupferrohr mit hartverlöteten Enden und Armaturen

Dampfeinlass- bzw. -auslassrohr. Ein unten am Kupferrohr angebrachter Ölablasshahn vervollständigt das ganze Gebilde. Diese Einrichtung ist auch dann von großem Nutzen, wenn Behörden oder Teicheigentümer Ölflecken auf den Gewässern nicht leiden können. Außerdem setzt man ja auch nicht gerne einen verölten Modellrumpf ins Wasser oder gar einem interessierten Publikum vor den kritischen Blick!

Die heute erhältlichen Dampfmaschinen sind in der Regel von bester handwerklicher Qualität und rechtfertigen so die verlangten Preise. Die kleinen oszillierenden Maschinen sind Dampfvergeuder. Sie können nicht allzu gut an den Dampfflecks abgedichtet werden. Die Maschinen mit den starren Zylindern und Schiebern erreichen, auch mit kleineren Kesseln, leicht Laufzeiten bis zu einer halben Stunde, bevor der Kessel wieder gefüllt werden muss. Eine Frischwasserpumpe verlängert diese Laufzeit beträchtlich.

Der Purist und Kenner wird jetzt fragen: „Und was ist mit den Verbund- und Dreifachexpansionsmaschinen?" Bei den Originalen waren die großen Antriebseinheiten als Zwei- oder Mehrzylinder-Verbundmaschinen die Norm. Man hatte sie sogar zu Drei- und Vierfach-Expansionsmaschinen weiterentwickelt. Bei all diesen Maschinen wurde der Dampfaustritt aus dem ersten Zylinder zur weiteren Arbeit in den zweiten, danach in den dritten etc. geleitet. Das schiffseigene Kondensatorsystem verwandelte ihn dann wieder zu Wasser und die Speisepumpe drückte es dann wieder in den Kessel zurück. Das Wasser kühlte dabei nur knapp unter die 100°C ab, also war das Ganze recht wirtschaftlich ausgeklügelt. Auf den großen Dampfern verließ der Dampf den Kessel mit einem Druck von etwa 250 PSI (pounds per square inch = 250 engl. Pfund pro Quadratzoll, entspricht etwa 17,5 bar) und einer Temperatur von 175°C. Der Dampf konnte mehrfach genutzt werden, bevor er wieder zu Wasser kondensierte.

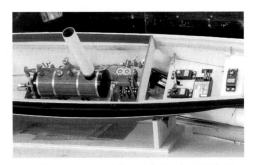

Dampfmaschine im Rumpf des Lotsenkutters „Chimaera". Die vom Reservewassertank im Bug zum Kessel laufende Leitung ist neben dem Brenner zu sehen.

Bei den kleinen Dimensionen im Modellbau lohnt sich dieser ganze Aufwand, schon aus finanziellen Gründen, nicht. Im Modell wird der Dampf höchstens auf einen Druck von 50 PSI (3,5 kg/cm²) gebracht. Die Dampftemperatur steigt auch nicht viel höher als 120°C. Und es besteht kein wirtschaftlicher Zwang, den Dampf für mehr als einen Arbeitsgang zu verwenden. Auch ist die Schmierung gegenüber den großen Maschinen viel einfacher.

Natürlich haben einige in der Mechanik sehr versierte Modellbauer mit voll ausgestatteter Werkstatt kleine Dreifach-Expansionsmaschinen gebaut. Solche komplizierte Arbeiten werden in dafür vorgesehenen Fachbüchern behandelt.

Kessel

Wie bei den großen Schiffen sind auch im Modell Kessel die Dampfquelle. Sie werden in verschiedenen Größen und Formen angeboten. Aber es passt immer nur ein Typ zur ausgewählten Maschine und zum Schiff. Es lohnt sich ganz bestimmt nicht, einen maßstabsgetreuen Nachbau des Originalkessels anzufertigen; der verwendbare Modellkessel ist viel einfacher und seine Außenansicht kann man dem Original anpassen.

Der einfachste Kessel besteht aus einem geschlossenen Zylinder, unter dem der Brenner für Trockenbrennstofftabletten oder Spiritus steht. Oben ist er mit einem Sicherheitsventil, das gleichzeitig als Füllstutzen verwendet wird, und einem Dampfausgang versehen (siehe die Prinzipskizze). Sinnvollerweise sollte er wie jeder andere Kessel ein Wasserstandsschauglas oder eine andere Möglichkeit zur Prüfung des Wasserstandes haben. Unabdingbar ist das Sicherheitsventil, es schützt den Kessel, wenn der Innendruck einmal zu hoch werden sollte, vor Verformung oder gar einer Explosion. Alle Sicherheitsventile müssen regelmäßig auf richtige Funktion überprüft und ständig sorgfältig gewartet werden. Eine präzise Einstellung ist Voraussetzung.

Der einfache Kessel lässt sich verbessern, indem Siederohre unterhalb des Kesselwasserspiegels direkt im Flammenbereich der Feuerung am Kessel angebracht werden. So wird

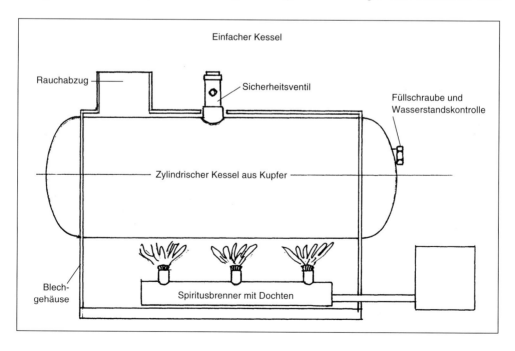

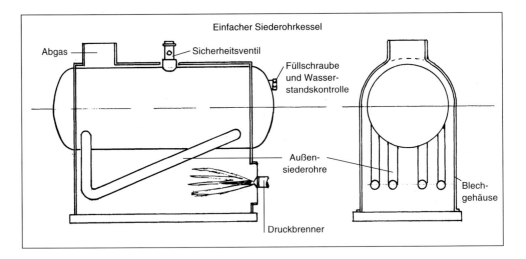

ein höher gespannter Dampf mit etwa 120°C und einem Druck ab 2,5 bar aufwärts erzeugt. Mit einem guten Isoliermantel um den Kessel und den Feuerbereich profitiert ein derartiger Kessel von einem guten Gasbrenner, der mehr Hitze erzeugt als der Trockenbrennstoff- oder Spiritusbrenner. Gasbrenner werden wir weiter unten diskutieren.

Noch leistungsfähiger sind Flammrohrkessel. Bei diesem Kesseltyp wird ein Metallzylinder so in den Kessel eingebaut, dass er immer vom Wasser umspült wird. In diesem Rohr wird dann mit dem Brenner die Hitze erzeugt. Die erste Abbildung zeigt einen einfachen Flammrohrkessel. Dieser Kessel kann durch den Einbau von Siederohren quer im Brennbereich des Heizzylinders und die Führung der heißen Abgase innerhalb des Kessels noch einmal in der Leistung verbessert werden (siehe nächste Abbildung). Der Einbau eines Wasserstandsschauglases, eines Speisewasserventils und Unterdruckschalters sowie die Durchleitung des zur Maschine führenden Dampfrohres durch den Abgaskanal gleich nach der Feuerung bringen weiteren Nutzen (siehe Abbildung).

Der wirkungsvollste ist jedoch der Rauchrohrkessel, bei dem die Abgase über viele Rohre durch das aufzuheizende Wasser in eine Rauchkammer geleitet werden. Erst aus dieser Rauchkammer entweicht das Ab-

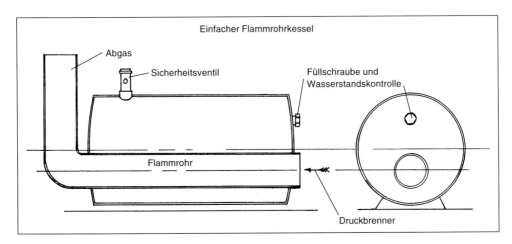

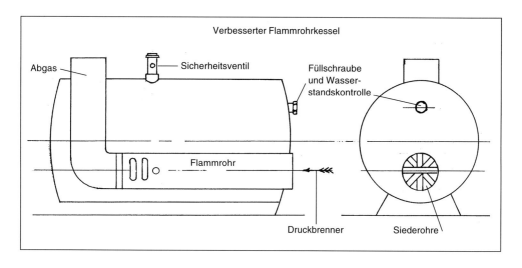

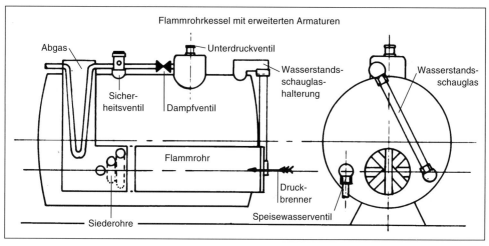

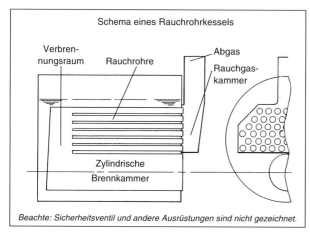

Beachte: Sicherheitsventil und andere Ausrüstungen sind nicht gezeichnet.

gas durch den Schornstein in die Luft (siehe Abbildung).

Fast alle fertig angebotenen Kessel sind heute aus Kupfermaterial hart zusammengelötet und man erhält ein Zertifikat über die vor der Auslieferung absolvierten Test. Nur ein japanischer Hersteller baut mit Spiritus beheizte Messingkessel für Drücke nicht über 25 PSI (1,75 bar). Damit laufen die Maschinen aus demselben Hause mit ihren großzügigen Toleranzen recht gut. Dennoch ist Messing kein wirklich zufrieden stellen-

99

der Werkstoff für Druckkessel, weil seine Zusammensetzungen zu stark variieren.

Kupfer ist also das allgemein für Modellkessel bevorzugte Material. Wenn es richtig verarbeitet und mit Silber- oder Messinglot hart gelötet wurde, hält es leicht Drücke bis 200 PSI (14 bar) aus. Es kommt immer auf die Blechdicke an. Moderne industriell hergestellte Dampfaggregate arbeiten mit Drücken zwischen 3 und 6 bar. Die Sicherheitsventile der Kessel sind auf 3,5 bzw. 7 bar eingestellt. Getestet werden die Kessel und Ventile jedoch mit dem dreifachen Druck.

Kauft man einen Kessel, muss das so genannte Abdrückprotokoll des Kessels bei den Unterlagen sein. Es genügt nicht, wenn nur ein Typenprüfprotokoll vorliegt. So schützt man sich vor Materialveränderungen bei der Herstellung und Fabrikationsfehlern. Ist man sich nicht sicher, gibt jede staatliche Prüfstellenniederlassung Hilfe bei der Unterlagendurchsicht.

Gegenüber den bisher behandelten liegenden (horizontalen) Kesseln gibt es auch vertikale Formen, den stehenden Kessel. Diese werden in engen Schiffsrümpfen bzw. als Schaumodelle in offenen Barkassen o.Ä. eingesetzt.

Egal welche Kesselausführung vorliegt, alle müssen mit einem Füllstutzen, einem brauchbaren Schornstein, der die Abgase auch richtig ableitet, und den zuvor beschriebenen Sicherheitseinrichtungen ausgestattet sein. Ganz wichtig sind hierbei die genau eingestellten Sicherheitsventile!

In einem Modell mit geschlossenen Aufbauten sollte der Kesselschornstein nicht gleichzeitig als Modellschornstein dienen, sondern mit genügend Abstand ringsum innerhalb des maßstäblichen Schornsteins verlaufen. So wird das heiße Abgasrohr von den Aufbauten fern gehalten, was die Brandgefahr verringert. Außerdem wird durch die Hitze des Abgasrohres im Zwischenraum ein aufwärts gerichteter Luftstrom erzeugt, der die Außenhaut des Schornsteins kühlt und gleichzeitig die Frischluftzufuhr durch andere Öffnungen in den Schiffsrumpf bewirkt und damit die Feuerung versorgt. Außerdem unterstützt der Aufwind das Ableiten der Abgase oberhalb des Schornsteins.

Einige der Fertigaggregate haben eine durch die Kurbelwelle angetriebene Frischwasserpumpe, die mittel eines entsprechenden Leitungs- und Ventilsystems den Wasserspiegel des Kessels konstant hält und so eine Verlängerung der Fahrzeit ermöglicht, bevor ein Nachfüllen fällig wird. Normalerweise wird ein Kessel nicht mit Wasser aus dem Teich oder See gefüllt oder auch nur nachgefüllt, weil es recht hart (kalkhaltig) oder anderweitig verschmutzt sein kann. Ablagerungen im Kessel (Kesselstein) oder dem Rohrsystem sind die Folge, der Dampf kann nicht mehr so effektiv und in den erforderlichen Mengen erzeugt werden und das Heizen dauert auch viel länger. Populär ausgedrückt: Die Dampfmaschine leidet an einer Verkalkung.

Deshalb verwendet man am besten destilliertes oder zumindest deionisiertes Wasser. Im Notfall tut es auch abgekochtes, reines Leitungswasser. Durch das Kochen fallen Kalk- und andere gelöste chemischen Bestandteile

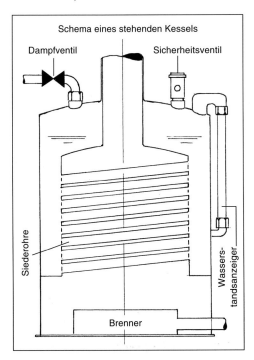

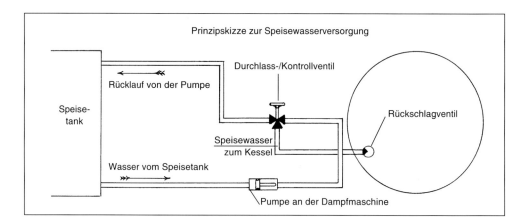

zum größten Teil aus. Das abgekochte Wasser sollte aber vor dem Einfüllen durch einen Kaffeefilter geleitet werden. Alle festen Bestandteile, wie der ausgefallene Kalk, werden dabei ausgefiltert und können in der Maschine keinen Schaden anrichten.

Zu einer Frischwasserpumpe gehört auch ein Frischwassertank. Dieser muss im Modell Platz finden. Er kann aus Kunststoffmaterial aufgebaut sein und sich ganz den Rumpfformen anpassen. Man kann auch die ganze Vorpiek (Bugsektion) abschotten und als Frischwassertank nützen. Man macht dazu die zwei letzten Spanten wasserdicht und verbindet sie mit einem Stutzen für die Wasserführung zur Pumpe. Das darüber liegende Deck kann dann der obere Tankabschluss sein. Der Einfüllstutzen wird durch einen Poller o.Ä. getarnt. Sollte es sich als notwendig erweisen, rüstet man den letzten Spant mit einem Schauglas aus oder macht den Spant gleich aus Plexiglas. Soll ein Frischwassertank aus der Außenhaut und den Spanten eines hölzernen Plankenrumpf ver-

wirklicht werden, muss die gesamte, später innen liegende Holzoberfläche unbedingt wasserdicht gemacht werden. Man streicht die Partien mehrmals mit Lack ein oder überzieht das Holz mit Zweikomponentenharz.

Die Laufdauer einer Maschine ist nur durch den Wasser-, Brennstoff- und Schmiermittelvorrat begrenzt. Es ist lebenswichtig, dass der Kessel unter allen Umständen stets genug Was-

▶ Dampfanlage im Trawler „Kingston Peridot". Diese leistungsfähige Anlage war etwas zu stark für das Modell und Kessel und Maschine passten so gerade eben in den schmalen Rumpf. Aber beim Fahrtest lief das Modell sehr gut.

ser hat, weil der Gasbrenner einen trockenen Kessel in kürzester Zeit ausglüht und die Lötstellen zerstört, so dass er als Totalschaden abgeschrieben werden muss – schade um das teure Stück.

Heizmaterial

Modellkessel können mit Trockenbrennstoff (Esbit), Brennspiritus, Petroleum (gereinigtes leichtes Erdöl), Flüssiggas oder Feststoffen wie Holz, Braun- und Steinkohle beheizt werden. Alle diese Brennmaterialien kann man kaufen, vieles davon aus dem Campingzubehör. Trockenbrennstoff gibt es in Tablettenform. Brennspiritus für Reinigungszwecke im Haushaltswarenladen. Dort erhält man auch Petroleum für Lampen. Als Flüssiggas wird hauptsächlich Butan oder eine Mischung aus Butan und Propan angeboten. Jede Heizmethode hat ihre Vor- und Nachteile. Flüssiggas ist und bleibt vorläufig der sauberste, überall beschaffbare Energieträger.

Brennstofftabletten sind vielen von uns noch von den ersten Wandertagen oder der Militärdienstzeit bekannt, kochte man doch damit seinen Kaffee auf dem kleinen Faltkocher. Als Brennmaterial für einen Dampfmaschinenkessel legt man sie in einen Trog und zündet sie anschließend an. Der brennende Trog wird dann unter den Kessel geführt. Das geht wirklich nur, wenn man im Rumpf genügend Platz hat. Auf Grund ihrer geringen Brenndauer – man bekommt mit einer Tablette keinen Liter Wasser zum Kochen – sind sie für bessere Kessel unbrauchbar und nur für kleinste Anlagen und kleine Modelle zu verwenden. Diesen Brennstoff gibt es auch als Brennpaste in der Tube.

Brennspiritus gibt es in der Drogerie und in fast jedem Supermarkt. Für ihn hat man zwei Arten von Brennern. Einmal den Dochtbrenner, bei dem aus einem Tank ein oder mehr Dochte ragen. Der an den Dochten aufsteigende und verbrennende Spiritus heizt dann den Kessel. Beim Hochleistungsbrenner nach dem Lötlampenprinzip wird der Spiritus unter Druck gesetzt und verbrennt mit an der Düse zugemischter Luft. So wird eine heiße Flamme – und ein eindrucksvolles Geräusch, wie bei einer Lötlampe eben – erzeugt. Er eignet sich sehr gut für einen Flammrohrkessel. Brenner dieser Art müssen mit Sicherheitsventilen ausgestattet sein, damit eventueller Überdruck im Tank abgebaut werden kann. Das dabei entweichende Spiritusgas sollte natürlich aus dem Modell abgeleitet werden. Ein Modelltransport erfolgt immer mit leerem Brennstofftank, da entweichende Reste explodieren und das Modell zerstören könnten.

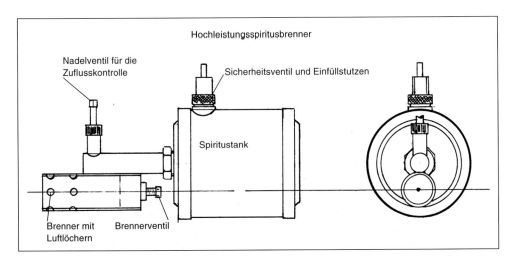

Spiritus brennt mit einer sehr heißen, nahezu unsichtbaren Flamme; sie ist sehr sauber und hinterlässt fast keine Rückstände in der Brennkammer. Weil brennender Spiritus kaum sichtbar ist, muss große Sorgfalt beim Umgang mit derartigen Brennern herrschen. Besonders Kinder sollte man beim Anheizen nicht in die Nähe des Modells lassen.

Verflüssigte Kohlenwasserstoffgase, die bei der Erdöldestillation anfallen und z.B. in Kochern, Öfen, Feuerzeugen und anderen Heizanlagen verwendet werden, sind natürlich auch gute Brennstoffe für Modellkessel, so dass die meisten Hersteller passende Gasbrenner als Standardausrüstung anbieten.

Feuerzeuggas, meistens Butan, wird in Kartuschen geliefert. Es brennt mit mittelheißer gelblicher Flamme. Propan brennt mit einer sehr heißen Flamme und steht unter höherem Druck in den Druckgasflaschen. Die Flamme ist im Kern bläulich. Gewöhnlich wird Propan in Verbindung mit reinem Sauerstoff zum Metallschneiden gebraucht und z.B. zur Beheizung von Neubautrocknern und Teerkochern usw. Butan kann in reiner Form als Brennstoff verwendet werden, besser ist ein Gemisch mit Propan. Die Mischung darf höchstens 70% Butan und 30% Propan enthalten, andernfalls wird die Flamme zu heiß. Das Gemisch verhindert auch die Unterkühlung des Tanks, die reines Butan gerne hervorruft. Diese Abkühlung reduziert den Druck immer mehr, bis schließlich der Brenner ausgeht.

Unter Druck nimmt das Gas flüssige Form an und ist so in seinen Behältern gelagert. Wird die Flüssigkeit freigesetzt, nimmt sie sofort wieder die Gasform an, kann so entzündet und in speziellen Brennern, die modernen Gasheizungsbrennern sehr ähnlich sind, genutzt werden. Der Brenner kann auch eine Lötlampe sein, die zum Gaslöten, Erhitzen einer Lötkolbenspitze oder Abbrennen von Farbe usw. verwendet wird.

Für Modelldampfmaschinen können beide Arten genommen werden. Die wichtigste Überlegung betrifft den wieder befüllbaren Gastank sowie das Rohrsystem, das das Gas vom Tank zum Brenner leitet. Da auch dieser Tank ein Druckbehälter ist, muss er nach den gleichen Normen und Vorschriften wie ein Kessel gebaut sein. Für Gasbehälter gelten darüber hinaus noch weitere Normen, sie müssen mindestens auf das Dreifache des normalen Innendrucks geprüft worden sein. Zertifikat und Prüfprotokoll müssen beim Kauf vorliegen und mitgeliefert werden. Einige Tankhersteller bauen entsprechende Sicherheitsventile ein.

Man muss immer sicherstellen, dass eventuell ausströmendes Gas sofort aus dem Modell entfernt wird. In diesem Zusammenhang sei daran erinnert, dass brennbare Gase meistens schwerer als Luft sind und sich daher am tiefsten Punkt im Modell ansammeln. Übrigens kann man das Gas auf Grund beigefügter starker Aromen gut riechen und daher Leckstellen erschnüffeln. Man kann einen elektrischen Ventilator einsetzen, der Frischluft bis in die Bilge, also den tiefsten Punkt im Schiff, bläst, das Gas damit verdünnt und über vorgesehene Entlüftungsschächte aus dem Modell vertreibt. Der Ventilator muss immer in der Zuluft sein, sonst kann es durch die Funkenbildung am Kollektor zur Explosion kommen.

Wenn das Gas nicht entfernt wird, kann es zu einer Explosion kommen. Nämlich dann, wenn der nicht gewollte Gaspegel im Modell die Flamme des Brenners erreicht. Wenn man feststellt, dass Gas ausgetreten ist, darf der Brenner so lange nicht entzündet werden, bis alles Gas aus dem Rumpf entfernt und das Leck lokalisiert und abgedichtet wurde.

Benutzt man ein Flüssiggas für die Feuerung, sollte man den Tank immer im Freien, weit weg von Zuschauern und besonders neugierigen Kindern, auffüllen.

Gasbrenner werden am schnellsten mit einem langen elektrischen Gasfeuerzeug oder eingebauten piezoelektrischen Zündern in Gang gesetzt. Auch dies sollte aus Sicherheitsgründen immer im Freien geschehen. Wenn ein Brenner nach dem zweiten Versuch nicht brennt, muss man das ganze Manöver abbrechen, das Modell von den entstandenen Gasblasen frei machen und wieder von neuem beginnen.

Gasblasen entfernt man schnell auf zwei Arten: Man dreht das Modell einfach um und lässt die Gasblase herausfallen. Wenn das nicht geht, setzt man über einen Verlängerungsschlauch den Luftstrom eines Föhns, Staubsaugers o.Ä. zum Freiblasen des Modells ein. Noch einmal: Niemals den Gebläsemotor direkt ins Modell halten, er erzeugt am Kollektor die besten Zündfunken!

Für Gaskocher etc. kann man Gas im Austausch in kleinen bis mittleren Gasdrucktanks kaufen. Diese eignen sich hervorragend zur Versorgung des Dampfmaschinenbrenners. Man muss nur schon beim Bau sicherstellen, dass diese Tanks im Modell einen festen Sitz bekommen. Jedoch ist ein gut gearbeiteter, für das Modell entworfener Tank mit allen Sicherheitseinrichtungen und Zulassungsprüfungen weit besser geeignet als jeder transportable Drucktank.

Vergleicht man den benötigten Platz der verschiedenen Antriebe, stellt man fest, dass die ganze Einrichtung von Gastank, Kessel, Dampfmaschine und Funkfernsteuerung viel mehr Raum benötigt als Akkumulatoren, Reglerbaustein, Fernsteuerung und Elektromotor. Außerdem ist es notwendig, beim Dampfantrieb eine zusätzliche Belüftung einzurichten. Ein Elektromotor mit seiner Stromversorgung und Steuerung benötigt dagegen gar keine Umluft. Es sei denn, dass der Motor sehr warm wird – und dann ist er unter Garantie falsch dimensioniert. Ein Kessel mit seinem Brenner und die Maschine selbst benötigen viel frische Luft, einmal zur Verbrennung und zweitens für die Kühlung. Wird dies nicht beachtet, versagt der Brenner, egal, welcher Brennstoff verwendet wird, und der Dampfnachschub versiegt.

Vor einigen Jahren fand ich heraus, dass ich aus den Decksaufbauten einer dampfgetriebenen Yacht alle Fensterscheiben herausnehmen musste. Davor erlosch der Brenner regelmäßig in dem Zeitraum, der benötigt wurde, um alle Aufbauten auf den Rumpf zu setzen, das Modell ins Wasser zu bringen und ein paar Meter vom Ufer abzulegen. Der Querschnitt der laut Plan ausreichenden Luftzufuhrkanäle wurde durch diese Maßnahme um mehr als 100 cm² vergrößert.

Natürlich müssen alle diese Frischluftöffnungen weit oberhalb der Wasserlinie sein, damit das Modell auch bei etwas stürmischer See oder Schräglage kein Wasser aufnimmt und letztendlich sinkt.

Bedienen von Modellen mit Dampfantrieb

Kessel und befüllbare Gastanks müssen alle zwei Jahre auf Funktionsfähigkeit und Sicherheit überprüft werden. Zertifikate der einschlägigen Teststellen sind nur für zwei Jahre gültig. Es ist eine Art strenger TÜV.

Innerhalb des Rechtsraums der Naviga und der Model Power Boat Association in Großbritannien müssen die gültigen Prüfbescheinigungen vor der Teilnahme an einer Regatta dem Veranstalter vorgelegt werden. Keine Versicherung wird einen Schaden regulieren, der von einer nicht überprüften Dampfanlage verursacht wurde. Manche Clubs, besonders die mit vielen Dampfmodellen, haben Test- und Prüfvorrichtungen sowie das erforderliche Personal, um solche Überwachungen, Tests und

Details einer Zweizylinderdampfmaschine

Prüfläufe von Dampfkesseln und Drucktanks durchzuführen und deren richtige Funktion zu bescheinigen.

Wenn man sich entschlossen hat, ein Schiffsmodell mit einer Dampfmaschine anzutreiben, muss man sich immer vergegenwärtigen, dass dies der gefährlichste Antrieb von allen ist, selbst dann noch, wenn man die elementaren Vorsichtsmaßnahmen einhält! Wird einem Kessel nur die kleinste Chance zur Explosion eingeräumt, wird er dies unbarmherzig ausnutzen. Heißer Dampf unter Druck hat, anders als eine Flüssigkeit, immer die Tendenz, sich schlagartig auszudehnen. Auch wenn der Dampfbehälter nicht explodiert, sondern nur heißen Dampf ausströmen lässt, führt dies fast immer zu starken, schmerzhaften Verbrühungen. Daher muss jede erdenkliche Vorsichtsmaßnahme, für die eigene Person und ganz besonders für die immer neugierigen Zuschauer, ständig getroffen werden.

Moderne Dampfausrüstungen sind jedoch, wenn sie gemäß den mitgelieferten Bedienungsanleitungen behandelt und gewartet werden, recht sicher. Ein Modell mit einer Dampfwolke über dem Schornstein ist auf jedem Teich ein sehr schöner Anblick. Wie alte Dampflokomotiven, Traktoren und Dampfwalzen haben auch Dampfer den gewissen Hauch von Romantik und vor allen Dingen Gemütlichkeit, also den Duft der guten alten Zeit. Der Geruch von erhitztem Schmieröl, die schimmernden beweglichen Gestänge und das Zischen des entweichenden Dampfes spielen immer eine große Rolle bei Betreibern und ihrem Publikum.

Einpassen des Antriebs im unbeplankten Rumpf, um die exakte Ausrichtung von Maschine, Welle, Kupplung und Schraube zu erleichtern

Kapitel 12: Decks und Luken

Die Methode, wie das zugehörige Deck befestigt werden soll, wird durch das Rumpfmaterial und den Willen des Modellbauers bestimmt.

Schon beim Bau des Rumpfes musste die Deckslinie ganz genau festgelegt worden sein. Im Fall eines beplankten Spantenrumpf ist das, wenn das Schanzkleid nicht mitgeplankt wurde, die oberste Kante des fertigen Rumpfes. Diese Kante, mag sie auch noch so genau stimmen, muss trotzdem vermessen werden. Die Kante wird nach den Linienrissen erneut für jeden Spant, und zwar vom Kiel aus, nachgemessen. Die einzelnen so festgelegten Messpunkte an den Spanten werden dann miteinander verbunden. Dann steckt man eine flexible Leiste als Lineal genau unter den Messpunkten mit Stecknadeln fest, die sich jetzt ergebende gekrümmte Oberkante dieser Leiste ist die Deckslinie. Als Holz für diese Leiste verwendet man am besten Buchenbiegeleisten. Die so zeichnungstechnisch an der Schiffsaußenhaut genau festgelegte Oberkante wird mithilfe von Schleifmitteln ganz genau eingeschliffen. Unterschneidet das bereits bestehende Material diese Linie, muss Material aufgetragen und dann der Linie angepasst werden.

Liegt das spätere Deck auf der Rumpfkante, ist die Dicke des Decks bei der Messung zu berücksichtigen. Ist die Deckslinie mit der Decksoberfläche und der Rumpfoberkante gleich, das Deck liegt also innerhalb des Rumpfes, müssen innen in richtiger Höhe eingeleimte Halteklötze die Decksspanten tragen. Dies gilt ganz besonders bei der Decksanpassung für einen GFK-Rumpf (glasfaser- oder kohlefaserverstärkten Rumpf). Halteklötze sind kurze 6×6-mm-Leistenstücke, die innen im Rumpf genau fixiert und am besten mit Zweikomponentenkleber befestigt wer-

Wäscheklammern halten die Holzleisten an der Deckskante eines Kunststoffrumpfes.

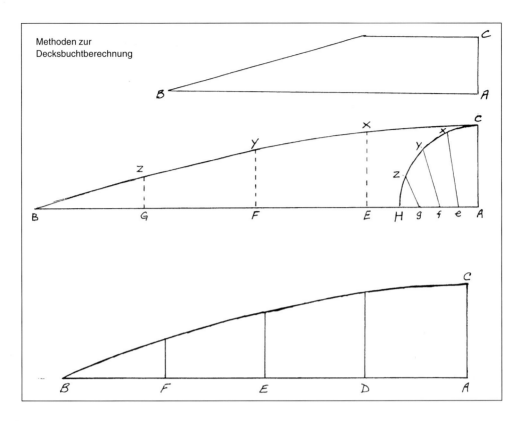

Methoden zur Deckbuchtberechnung

den. Manche Modellbauer nehmen anstatt der kurzen Leistenstücke eine durchgehende Vierkantleiste (6×6 oder 10×10 mm) und schneiden diese für die Biegungen alle 20 oder 30 mm bis auf 3 mm ein. Dann passen sie die Leiste genau der Innenrumpfkante an. Befestigt wird auch sie mit Zweikomponentenkleber. Beim Kleben muss man unbedingt darauf achten, dass die spätere Decksauflagefläche und die Innenfläche dieser Leisten nicht mit Klebstoff verunreinigt werden. Überquellenden Kleber muss man sofort vollständig entfernen.

Decksprung und Decksbucht

Der Decksprung ist die Linie des Decks, die genau in der Schiffsmitte vom Bug zum Heck verläuft. Zum Festlegen dieser Linie geht man vom größten Spant aus und misst von dort zum Bug und zum Heck. Der 0-Wert dieses Decksprungs liegt auf dem größten Spant. Er wird auch Haupt- oder Messspant genannt. Der Decksprung ist die Krümmung des Decks in der Schiffslänge.

Die Decksbucht ist der Bogen des Decks, der quer zur Fahrrichtung verläuft. Man legt dazu über jeder Spantposition oder an jeden Spant ein Lineal von einer Rumpfseite zur anderen. Dann misst man die Höhe genau über der Mitte. Die von dort zu den Rumpfseiten abfallende Linie ist keine Kreislinie, sondern eine Parabel, die zu den Rumpfseiten immer steiler wird (siehe Abbildung).

Auf modernen, ganz geschweißten Schiffen wird diese Buchtlinie von geraden Platten gebildet, die zur Kante in immer steiler werdenden Schrägen aufgeschweißt werden (obere Skizze).

Der Decksprung ist in den Rissen immer recht schnell auszumachen. Es ist die Linie, die an der Rumpfdarstellung als oberer Außenhautabschluss eingezeichnet ist. Die

Decksbucht des Mess- oder Hauptspants wird auf den Spantenrissen von der Schiffsmitte zur Außenkante angegeben. Die Buchten aller anderen Spanten werden nach diesem Hauptspant berechnet. Sind in einem Originalriss Zahlenwerte für die Bucht angegeben, gelten diese nur für den Hauptspant. Die Bucht wird von der Schiffsmitte zum Heck bzw. zum Bug immer geringer. Die Formel für die reine Berechnung ist kompliziert.

In der mittleren Skizze ist die grafische Methode zur Ermittlung der gezeigt: Linie AB ist eine halbe Spantenbreite. Linie AC ist die Mittelüberhöhung der Buchtlinie. Schlage um Punkt A einen Viertelkreis mit r = AC auf die Strecke AB und nenne diese Strecke AH. Teile alle Strecken (AB, AH und den Viertelkreis CH) in vier gleiche Teilstrecken. Verbinde die Schnittpunkte des Viertelkreises mit denen der Strecke AH. Ziehe dann Parallelen zur Strecke AB durch die Punkte auf dem Viertelkreis. Zeichne jetzt durch die Teilpunkte der Strecke AB Senkrechte. Wo die Parallelen die Senkrechten schneiden, befinden sich die Punkte, aus deren Verbindung sich die Parabel CB, die Decksbucht, ergibt.

Eine weitere Möglichkeit ist in der unteren Skizze dargestellt: Zeichne die Strecke AB, senkrecht in A die Strecke AC. Teile die Strecke AB in vier gleiche Teilstrecken. Es entstehen die Punkte D, E und F. Durch diese Punkte D, E und F werden Senkrechte gezeichnet. Die Länge der Senkrechten durch den Punkt D ist genau 15/16, die durch den Punkt E ist 3/4 und die durch den Punkt F ist 7/16 der Strecke AC. Durch deren Endpunkte verläuft dann die Buchtlinie.

Diese Berechnungen und zeichnerischen Ermittlungen der Buchtlinie müssen für jeden Spant einzeln durchgeführt werden.

Drei Decksbalken eingebaut in einen Kunststoffrumpf. Man beachte die Stützdreiecke aus Sperrholz.

Decksbalken im Heckteil eines Rumpfes. Die unteren Ausschnitte dienen der Bewegungsfreiheit der Ruderansteuerung.

◄ Rumpf mit Decksbalken, bei denen der Süllrand für die Aufnahme der Aufbauten vorbereitet ist. Das Foto zeigt den Rohbaurumpf eines New Yorker Hafenschleppers.

► Alle Decksbalken sind im beplankten Rumpf des Modells der „Arran Mail", einem Zweischrauben-Küstenmotorschiff, eingepasst. Die Einschnitte in den hinteren Spanten nehmen später die Stevenrohre auf.

Decksbalken, Decksauflage und Verstärkungen im Rumpf der „Keila"

Decksbalken

Als Grundlage für einen richtigen Deckaufbau muss aus den vorliegenden Rissen ein Decksplan erstellt werden. Nur an diesem Plan kann man die Lage, Länge und Höhe der Decksbalken, sie bringen die Decksbucht ins Deck, ersehen. In diesem Plan müssen alle Decksöffnungen wie Luken und Niedergänge sowie die Lage der gesamten Aufbauten eingezeichnet werden. Erst jetzt kann die Lage der Längsstringer (Längsbalken), die die nötige Steife und den Decksprung ins Deck bringen, festgelegt und einge-

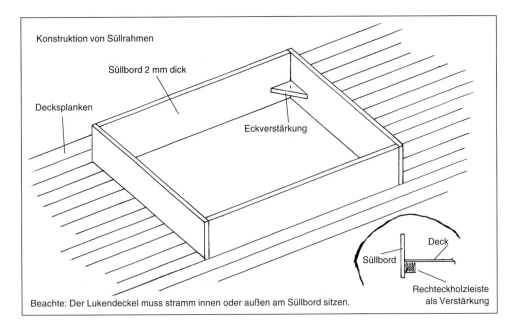

zeichnet werden. Die Decksbalken und Stringer werden gezeichnet, ausgeschnitten, zusammengesteckt und dem Modellrumpf angepasst.

Einige der Fotos zeigen unterschiedliche Decksbalkensysteme bei Modellen.

Wenn beides, die Decksbucht und der Deckssprung, vorhanden ist, ist es empfehlenswert, den Deckaufbau auf einer Helling durchzuführen. Dabei werden die einzelnen Bauelemente durch genau abgestimmte Unterleghölzer abgestützt. Beim Deckssprung muss man ganz genau aufpassen: Wenn der genau in der Mittellinie des Decks vorhandene Stringer einen gewissen Sprung aufweist, ist es nicht automatisch gegeben, dass die Außenstringer den gleichen Sprung haben. Über die unterschiedlichen Decksbuchten haben wir schon gesprochen. Alles muss den Rissen vom Original entsprechen, sonst passt später das Deck nicht mit dem Rumpf zusammen.

Ein Modellrumpf ohne feste Spanten, besonders ein GFK-Rumpf, neigt dazu, die Bordwände in der Rumpfmitte auseinander zu drücken. Bevor das Deck angepasst wird, muss dieses natürliche Materialverhalten erst beseitigt werden. Die Breite und Form des Rumpfes ist genauestens zu kontrollieren. Die richtigen Breiten und Längen werden dann fixiert und erst dann kann man das Decksbalkengerüst endgültig einpassen.

Es ist selbstverständlich, dass jeder Decksbalken einzeln genau dem Rumpf und den anderen Decksbalken (Stringer) angepasst wird. Dabei ist besonders auf die Mittellinie zu achten, diese muss immer genau in der Rumpfmitte liegen.

Decksbalken und Längsstringer sollten mindestens aus 6 mm starkem heißverleimtem (Flugzeug-)Sperrholz gefertigt werden. Mindere Ware kann später zu Verwindungen in der Deckskonstruktion führen. Um die Steife bzw. Stabilität des Decks noch zu verstärken, kann man in den Verbindungsecken der Decksbalken Sperrholzdreiecke einleimen.

Zum Abschluss wird das fertige Decksgerüst auf die bereits angebrachten Stützpunkte im Rumpf gesetzt und mit Zweikomponentenkleber befestigt. Auch hierbei können als zusätzliche Stützen noch kleine Holzstücke eingeklebt werden. Dies ist auf den Fotos ersichtlich.

Man sollte jeden Rumpf, auch den kleinsten, immer mit einem Decksbalkengerüst ausstatten. Dieses Gerüst kann auch aus einer inneren Umrandung des Bootrumpfes bestehen. Jeder Rumpf wird durch diese Maßnahme verwindungssteifer und viel robuster.

Wenn alle Decksbalken im Rumpf befestigt sind, sollte man ihn mit einem Mittel, es eignen sich am besten Kunstharzlacke oder eine Polyesterbeschichtung, gegen Feuchtigkeit und Wasser schützen. Dabei dürfen die Decksbalken (bis auf die spätere Plankenauflagefläche) auf keinen Fall vergessen werden. Später, wenn die Decksplanken aufgebracht sind, kommt man nicht mehr in alle Ecken und Winkel.

Die Schutzmaßnahme zahlt sich auf alle Fälle aus. Jeder Rumpf reagiert, wenn er ins Wasser gesetzt wird, auf die Temperaturunterschiede zwischen der umgebenden Luft und dem Fahrwasser mit Schwitzen! Er beschlägt von innen, sagt der Volksmund.

In vielen Fällen können die Decksbalken mit den Haltevorrichtungen (Sülle) für Luken und Aufbauten verbunden werden. Wenn dies gemacht wird, muss immer sichergestellt sein, dass der Sprung und die Bucht des Decks eingehalten werden. Es ist möglich, ja manchmal sogar erforderlich, die Lukensülle vor der Decksbeplankung einzubauen. So kann man sie besser an den Decksbalken befestigen und eine später wasserdichte Luke aufbauen. Sülle (auch Unterschwellen genannt) sind die erhöhten Ränder um eine Luke oder einen Aufbau. Sie können aus Holz, aber auch aus Metall bestehen. Praktisch ist es, wenn man die eingesetzten Sülle innen und unten mit einer Auflageleiste für die später in sie zu steckenden Aufbauten oder Lukenoberbauten versieht. Diese Leiste dichtet zum einen zusätzlich ab, zum anderen legt sie die Einstecktiefe der Aufbauten fest. So entsteht eine ziemlich wasserdichte Verbindung und die eingesteckten Baugruppen werden durch die vier Seiten in ihrer Position sehr gut festgehalten. Die Abbildung zeigt den Süllrahmen für eine einfache Luke.

Material für das Deck

Die Auswahl des Materials für das Hauptdeck (und alle anderen) ist eine persönliche Entscheidung. Wenn der ganze Rumpf aus Holz aufgebaut ist, bietet sich als Unterlage für die spätere Oberfläche eine 1,5–3 mm starke (Flugzeug-)Sperrholzplatte an. Dabei muss bedacht werden, dass die Decksbucht und der Sprung mit dünnerem Material einfacher auszuformen sind.

Ich nehme immer 0,8 mm starkes Sperrholz, von dem ich nacheinander mehrere Lagen (bis zu vier) mit gutem, nach dem Trocknen wasserfestem Weißleim aufbringe. Dieses Deck erhält so die richtige Form, verzieht sich später auf gar keinen Fall und ist durch den Leim gegen Feuchtigkeit bestens geschützt.

Die Unterseite der Decksplatte sollte vor dem endgültigen Festsetzen mit einem Farbanstrich gegen Feuchtigkeit geschützt werden.

Heißverleimtes Birkensperrholz mit einer sehr glatten Oberflächenstruktur erleichtert die weiteren Arbeiten. Es ist zwar etwas teurer, schützt aber durch die bessere Innenverleimung vor eindringender Feuchtigkeit.

Als Alternative zu gutem Sperrholz kann man Kunststoffplatten verwenden. Auch hier gilt, dass mehrere Lagen aus dünnen Platten, die sich überlappen, fester sind als eine dicke. Es gibt sie in Stärken von wenigen Zehntelmillimetern bis hin zu 3 mm. Ein Modellbauer kann also mit Kunststoffplatten in den Stärken einer Sperrholzplatte den gleichen Erfolg haben. Kunststoff eignet sich nur bedingt für Modellschiffe mit Dampfantrieb. Die Hitze wird das Deck über kurz oder lang verformen und unter Umständen auch entflammen. Es ist nicht feuerfest. Ein Modelllieferant empfiehlt, das vorgeformte Plastikdeck vor dem Einbau gegen Wärme und Feuer zu isolieren.

Eine Anstrich der Unterseiten ist nicht erforderlich. An Klebeflächen muss das Material aufgeraut werden. Als Kleber kann man den für Plastik vorgesehenen Flüssigkeitskleber einsetzen. Beide Teile werden mit den angerauten Klebeflächen zusammengehalten, dann trägt man mit einem Pinsel den Flüssigkleber auf. Er sickert zwischen die Bauteile und verschweißt sie innerhalb kurzer Zeit. Zum endgültigen Aushärten der Klebestelle sollte das Bauteil jedoch einige Stunden ruhen und ausdünsten. Der Kleber eignet sich nicht für Verbindungen von Kunststoff mit anderen Materialien. Hierfür empfiehlt sich Zweikomponentenkleber mit langsamer Reaktionszeit. Die Bauteile werden mit Nadeln, kleinen Messingnägeln oder Gewichten bis zum totalen Trocknen fixiert. Auch Bindfaden oder Gummiringe können dabei sehr nützlich sein.

Bis zum weiteren Bearbeiten müssen nach der Montage der Platten für den Decksaufbau einige Stunden, möglichst Tage vergehen. Die Klebung muss dann wirklich ausgetrocknet sein.

Decksplanken verlegen

Bevor man die Decksoberfläche bearbeitet, muss man sich über die Decksstruktur des Originals im Klaren sein, ob sie aus Holz, Stahl oder einem anderen Material ist. Ist das Deck aus Holz, kann man (wenn genügend Decksbalken vorhanden sind) direkt mit der Montage der etwa 3–6 mm dicken Decksplanken beginnen. Hat man jedoch zuvor eine glatte Unterfläche aufgebaut, genügt es, die Decksplanken aus dünnem Edelholzfurnier zu schneiden und aufzubringen. Wenn man ein originales Plankendeck anschaut, stellt man fest, dass die Planken alle eine gewisse Abschrägung an den Längskanten aufweisen. Diese Schräge wird für die spätere Kalfaterung, das Abdichten des Decks, benötigt. Dazu kommen wir noch.

Zuvor jedoch ein wichtiger Hinweis: Decksbeplankungen oder Decksbelegungen sind durch Vorschriften der nationalen und internationalen Schiffsbaubehörden ganz genau festgelegt. Jeder selbst erdachte Plankenverlauf ist nicht nur unschön, sondern verstößt auch gegen die Originaltreue. Will man mit seinem Modell später zu Wettbewerben, sollte man dies unbedingt bedenken.

Stoßversetzungen der einzelnen Planken zueinander, die Beplankung im Bogenbereich und die geraden Beplankungen sind also genau festgeschrieben. Decksplanken werden normalerweise mit hölzernen Nägeln auf den Decksbalken oder dem Unterbau gehalten. Die Nägel ragen zunächst über das Deck hinaus und werden dann abgeschliffen. Auf Stahlunterbauten werden Stehbolzen verwendet. Diese ragen vom Unterbau bis etwa zur Mitte der Plankenhöhe in eine große Bohrung hinein. In dieser Bohrung wird eine

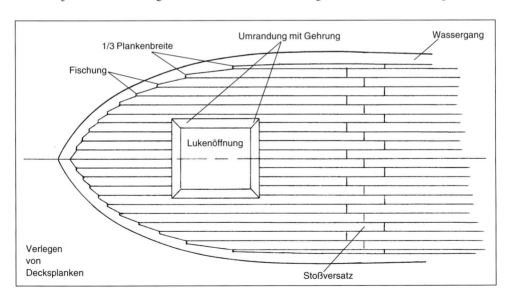

Rundmutter auf den Stehbolzen geschraubt und damit die Planke aufs Deck gedrückt. Ein Holzdübel verschließt später das Loch in der Planke und wird mit dem Deck plan geschliffen.

Da die Plankenkanten und Stöße beim Original mit Werg (Hanfabfall, Hede) und Pech ausgefüllt und damit abgedichtet werden, muss man dies auch beim Modell darstellen. Auf den Originalschiffen wurde immer darauf geachtet, dass ein schönes, harmonisches Plankenbild entstand. Es gibt mehrere Bücher, die sich insbesondere mit Originaldecksbeplankungen beschäftigen. Außerdem gibt es ja die Verordnungen der Seefahrtsbehörden.

Nachgebaute Decksbeplankungen

Die meisten originalen Decksplanken sind aus Teak, heute auch aus einer amerikanischen Kiefernart. Die Planken sind zwischen 50 mm und 120 mm breit. Sie haben dabei eine Höhe von 40–100 mm. Die Längen der einzelnen Planken variieren zwischen 4,8 und 7,5 m. Die Abstände der Befestigungspunkte haben Maße von 0,6 bis 1,5 m, je nach Anzahl der Decksbalken oder bei einer Stahloberfläche der Reihen der Stehbolzen. Diese Maße muss man bei der Nachbildung eines Decks beachten. Für ein Schiff wird der Decksplaner auf einer Werft immer eine Symmetrie beider Deckslängsflächen herstellen. Die Wahl der Plankenlänge wird von dieser Symmetrie bestimmt.

Es gibt viele Methoden, eine Decksbeplankung mit ihrer Kalfaterung nachzubauen. Die einfachste sind die Striche eines weichen Bleistifts oder eines Tuschefüllers, die auf einer soliden Sperrholzplatte die Kalfaterungen und Stöße der Planken darstellen. Diese Art kann man bei einem kleinen Maßstab, bei dem die Plankenbreite nicht mehr als 1,5 oder 2 mm beträgt, akzeptieren. Bei einem größeren Maßstab ist das jedoch nicht zu tolerieren.

Decksplanken für Modelle können aus dünnen Streifen verschiedener Hölzer hergestellt werden. Um jedoch Teak oder das Kiefernholz darzustellen, muss man bedenken, dass die großen Decks täglich geschrubbt werden und außerdem Wind, Wetter, Wasser und auch Eis auszuhalten haben. Die Hölzer werden dadurch in kürzester Zeit fast weiß. Furnierstreifen aus Birke oder dünnes Birkensperrholz ohne Asteinschlüsse sind daher ideal für die Darstellung eines Teakdecks. Auch eignen sich Lindenholz- und Buchsbaumleisten, die man in Stärken von 1 mm und verschiedenen Breiten in guten Modellbaugeschäften kaufen kann. Egal, welches Holz man benutzt, es ist immer große Sorgfalt bei der Decksfertigung anzuwenden.

Tipp: Gute und scharfkantige Schnitte in Holzfurnieren bis 2 mm Dicke erhält man, wenn man die ganze Furnierplatte vor dem Schneiden mit einer selbstklebenden Klarsichtfolie oder breitem (5 cm) Papierklebeband beidseitig abklebt. Um Abspaltungen zu vermeiden, muss das Messer extrem scharf sein. Der Schnitt darf nicht mit Druck auf die Klinge durchgeführt werden. Die Folie oder das Klebeband wird später ganz vorsichtig von der fertigen Leiste abgezogen.

Kalfaterte Decks

Erfahrene Modellbauer haben eigene Methoden, die Kalfaterungen der Decks darzustellen. Eine akzeptable Version ist das Aufkleben eines schwarzen Stoff- oder Papierstreifens auf die Schmalseite der einzelnen Leiste. Eine andere lässt zwischen den Leisten eine ganz schmale Ritze, die später mit einem dunklen Faden, z.B. eingefärbtem Takelgarn o.Ä., aufgefüllt wird. Eine sehr gebräuchliche Art ist das Bemalen beider Schmalseiten der Leiste mit einem schwarzen Filzstift. Hierbei ist jedoch die Gefahr gegeben, dass die Tusche in das Holz einzieht und dort in Äderchen ausläuft. Man sollte die Leiste zuvor total lackieren oder in Lack tauchen und dann die Breitseiten wieder abschleifen, sonst hält der Kleber nicht!

So hat jede Machart ihre Vorzüge und Nachteile. Welche auch immer gewählt wird, das fertig geplankte Deck muss anschließend fein geschliffen, mehrere Male gefirnisst und dann gut lackiert werden.

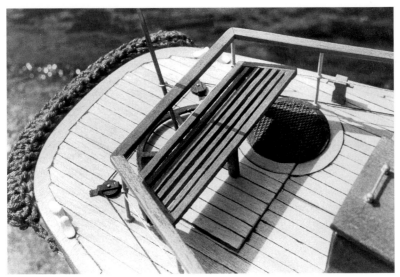

Heck mit Sitzbank und Reling des Zollkutters „Badger"

Der Zugang zur Ansteuerung des Ruderarms ist durch den Sitz und die Luke gut getarnt.

Decks mit Papier als Kalfaterersatz können nicht geschliffen werden. Das Papier würde durch die Körnung des Schleifpapiers aufgeraut und herausgezogen. Diese Decks muss man abziehen. Man verwendet dazu eine Ziehklinge, setzt sie sehr steil auf das Holz und zieht damit eine sehr dünne Schicht Holz von den Planken ab. Das Papier bleibt dabei unbeschädigt. Dieses Abziehen macht man so lange, bis die Oberfläche total geglättet ist. Als Ziehklingen kann man auch gerade gebrochene Glasscheiben verwenden. Bei dieser Arbeit müssen unbedingt Arbeitshandschuhe getragen werden.

Tipp: Meine Methode, ein gutes geplanktes Holzdeck zu produzieren, ist zwar nicht einfach, aber sehr effektiv. Weißer, wasserfester Holzleim wird mit schwarzer Abtönfarbe für Wandanstriche solange eingefärbt, bis getrocknete Leimproben tiefschwarz erscheinen. Dieser Mischvorgang muss sehr sorgfältig durchgeführt werden. Die Leisten werden aus einer Furnierplatte, wie beschrieben, geschnitten.

Der Unterbau des Decks wird gereinigt und man beginnt mit dem Aufkleben der einzelnen Planken gemäß dem zuvor angefertigten Plankenplan. Jeder Leiste wird mit reichlich Leim bedacht und an die Stelle gelegt, an die der Plan sie haben will. Die Planke wird genau eingerichtet und mit Nadeln festgesetzt. Der zwischen den einzelnen Planken herausquellende Leim wird sofort mit einer scharfen Klinge abgehoben und die Stelle mit einem feuchten Tuch gereinigt. Ebenso muss der Platz für die nächste aufzubringende Planke ganz vom Leim der gerade verlegten Planke gereinigt werden. Die Trocknungszeit für jede Leimung muss mindestens sechs Stunden betragen und man muss immer auf beiden Seiten parallel arbeiten. Zum Schluss wird alles, wie bei den anderen Decks auch, abgeschliffen und lackiert. Ein gutes Deck benötigt seine Zeit.

Verlegetechnik

Um die Decks richtig zu verlegen, zeichnet man als Erstes auf dem Unterbau vom Bug zum Heck eine ganz genau verlaufende Schiffsmittellinie ein. Für diese Linie bilden die Aussparungen für Aufbauten, Ladeluken, Aggregate etc. kein Hindernis. Die ersten Planken werden rechts und links an diese Linie angelegt und verklebt. Man muss sich dabei immer an die Plankenstruktur des Originals halten.

Einige Schiffe haben eine so genannte Königsplanke, die genau mittig über dieser Linie aufgebracht wurde. Sie ist dann die Basis, an die alle anderen Planken angelegt werden.

Alle Aussparungen werden (meistens) mit Umrandungsplanken abgegrenzt. Diese Plankengebilde sind wie ein Bilderrahmen aufgebaut und umrahmen die Sülle der Aufbauten, Ladeluken etc.

An den Außenkanten aller Decks sind die Wassergänge. Dieser Decksbereich nimmt alles Ablaufwasser vom Deck auf und leitet es über die Speigatts außenbords. Diese Gänge sind immer tiefer als die normalen Decksflächen. Oft werden sie teilweise durch die Schanzkleid- und Relingstützen verdeckt. Manchmal sind diese Rinnen nur gestrichen, aber meistens wird, als Abdeckung und Dichtung gegenüber der Beplankung, eine Bitumenschicht verwendet. Auf jedem Modell sollten diese Feinheiten herausgearbeitet werden. Die offiziellen Bauvorschriften sind, wie schon vorher festgestellt, auch hierbei genau zu beachten.

Es besteht kein Zweifel, dass ein Schiffsmodell durch ein gut verlegtes Deck eine Aufwertung erfährt. Jeder Modellbauer sollte gerade beim Deckbau bedenken, dass sein fertiges Schiffchen von den neugierigen Zuschauern (und Kampfrichtern) mehr von oben als von allen anderen Seiten betrachtet wird. Das Deck ist also der Blickfang.

Da ein gut verlegtes Deck ganz genau um die Aufbauten, Luken etc. herumpassen muss, ziehen es einige Modellbauer vor, die Decksbeplankung bis zu einem späteren Bauzustand zurückzustellen. Dabei muss man natürlich bedenken, dass das Deck dann zwar sehr präzise verlegt werden kann, für die erforderlichen Nacharbeiten, wie Schleifen und Glätten, aber kaum genug Platz zur Verfügung steht. Die Entscheidung für ein solches Vorgehen wird schon sehr früh, meistens bei Baubeginn, gefällt. Ein maßgeblicher Punkt für diese Entscheidung ist die Komplexität der Aufbauten.

Luken

Oftmals sind auf dem Generalplan eines Originals nur einige der wirklich vorhandenen Luken eingezeichnet, die Positionen der übrigen Luken und Zugänge muss man erst bestimmen. Man benötigt oft auch zusätzliche Zugänge zum Modellrumpf, wie für Wartungsarbeiten am Antrieb oder der Fernsteuerung, und zwar folgende: im Heck der Zugang zur Ruderansteuerung und dessen Achse, ihn kann man bei einem Großmodell oft unter einem Kettenkasten, Pollerpodest o.Ä. verstecken. Bei einem Fischkutter ist hier häufig eine Gräting, damit die Decksmannschaft nach einem Wasserüberkommen schnell wieder im Trocknen steht. Weiter in Richtung Bug sind dann entweder Ladeluken, Decksaufbauten als Wohn-

Lukendeckel auf dem Modell des Küstenfrachters „Jonrix"

trakt oder Großkrananlagen zu finden. Alle diese Elemente lassen sich abnehmbar konstruieren um Zugang zum Getriebe, Ruderservo, Motor etc. zu erlauben. Noch weiter zum Bug findet man andere Aufbauten, Ladegeschirre oder Ladeluken, unter denen der Zugang zu den Akkus, dem Fahrtregler, den Steuerungen der Zusatzausrüstungen etc. versteckt werden sollte. Dort muss man am meisten arbeiten, deshalb sollten diese Abdeckungen gut abnehmbar gestaltet sein. Im Bug selbst muss ein Zugang für Funktionen wie Bugstrahlruder, Anker etc. geschaffen werden.

Lukentypen
Luken haben verschiedene Aufgaben. Es gibt Fracht- oder Ladeluken, Fischluken, Fluchtluken und Luken als Zugang zu einigen Unterkünften. Fracht- oder Ladeluken sind generell sehr große Öffnungen, die beim Original mit sehr unterschiedlichen Abdichtungen verschlossen werden.

Die frühen Ladeluken wurden mit entfernbaren Querhölzern (den Scherstöcken) ausgerüstet. Zwischen diese Scherstöcke werden die hölzernen Ladedeckel eingelegt und danach die ganze Luke mit einer schweren Persenning (Plane) abgedeckt. Diese Persenning wird an den Seiten des Lukenaufbaus mit den Schalkkeilen, Schalkklatten und den Schalkklampen festgeklemmt. Andere Sicherungen waren lange Stahlträger, die über die Ecken der Luken gelegt und dann mit Klampen und Keilen abgesichert wurden.

Moderne Schiffe haben stählerne Lukendeckel. Sie laufen mit Rollen auf Schienen, die an den Längssüllen der Luke angebracht sind. Sie werden beim Ladevorgang zur Seite gezogen und senkrecht an beiden Schmalseiten der Luke gestaut. Damit erhält man eine recht große Ladeöffnung. Diese Lukendeckel, sie werden meistens von den Werften bei kleineren Firmen in Auftrag gegeben, sind häufig verstärkt und können zusätzlich als Container- oder Großlastenstauraum genutzt werden.

Modellluken und ihre Deckel sind nicht schwer herzustellen. Wenn einige Details der Originaldeckel in den Modellbau übernommen werden, können sie sehr beweglich sein und damit den Zugang zum Rumpf weit öffnen. Die Skizzen und Fotos geben dem Modellbauer einen kleinen Einblick in diese Techniken.

Bewegliche Modellluken, die viele Details aufweisen, müssen mit entsprechender Sorgfalt behandelt werden. Die früheren Lukenabdeckungen mit ihrer Persenning sind leicht aus Sperr-

Hauptladeluke des Küstenfrachtschiffes „Arran Mail". Die Persenningabdeckung besteht aus einem schwarz eingefärbten Leinentaschentuch.

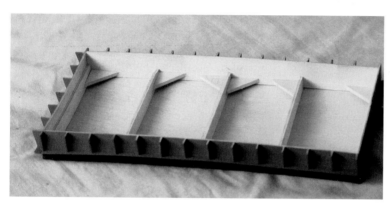

Die Unterseite der gleichen Luke offenbart die Konstruktion.

holz herzustellen. Das Segeltuch der Persenning kann man mit dem Stoff eines grün oder schwarz eingefärbten Taschentuchs imitieren.

Im Bugbereich eines Schiffes, manchmal auch Vorderkastell genannt, kann ein Zugang zur Vorpiek, dem Raum direkt hinter dem Bugholz, eingebaut werden. Das ist sinnvoll, selbst wenn man den Raum nicht benötigt. Sollte das Modell nämlich einmal eine größere Havarie erleiden, kommt man so an die vielleicht beschädigten Schiffseitenwände besser heran. Auf dem Vorderkastell oder im Bereich des Bugdecks sind oft kleine Kräne, Winden, Ankerkettenstopper oder Poller untergebracht. Auch kann man diesen Zugang durch Deckladung oder Kettenkästen o.Ä. verbergen.

Luken abdichten
Alle Lukendeckel und Aufbauten, die als Zugänge zum Rumpf dienen sollen, müssen gut abgedichtet werden, so dass möglichst gar kein oder höchstens nur sehr wenig Wasser in das Innere des Modells gelangen und Schäden am Antrieb oder der Steuerelektronik verursachen kann. Außerdem sollten die nur aufgesteckten Aufbauten gegen Winddruck fest verankert sein, denn man hat schon öfter gehört, dass sehr schön aufgebaute Deckshäuser in den Teich gepustet wurden.

Bestehen irgendwelche Zweifel an der Dichtigkeit zwischen den aufgesetzten Aufbauten und den zugehörigen von Süllen umgebenen Zugängen, müssen generell zusätzliche Sicherungen ergriffen werden. Wenn beim Modell keine Gewichtsprobleme auftreten, kann man mit kleinen Gewichten die Lukendeckel oder Aufbauten in die Süllränder und Sitze ziehen. Es können auch kleine Sicherungsstifte oder Federklammern an geeigneten Stellen eingebaut werden. Mit kleinen Schrauben, die an den Ecken der Süllränder versteckt sind, lassen sich selten abgenommene Aufbauten sichern. Welche Methode man auch auswählt, die sicherste und unsichtbarste ist immer am besten.

Tipp: Eine der besten Arten, einen Aufbau zu sichern, ist ein doppelter Süllrand. Man leimt innerhalb der Zugangsöffnung so breite Leisten, wie eine Aufbauwand dick ist. Dann baut man an diese Leiste einen Innensüllrand. Dieser braucht nicht allzu hoch zu sein. Es genügt, wenn er die Hälfte der Außensüllhöhe abdeckt. Wenn man jetzt den Aufbau in die so entstandene Spalte einsetzt, wird er von innen und außen gleichzeitig gehalten. Zum Abdichten kann man in den Spalt unter dem Aufbau auch noch einen O-Ring aus Moosgummi einlegen.

Angrenzende Ausrüstungen

Der Ausrüstung mit Kränen, Winden, Ladebäumen und anderen Zubehörteilen sollte man unbedingte Beachtung schenken. Häufig wurden die Ladevorrichtungen auf kleinen Podesten neben den Luken montiert oder sie befanden sich auf kleinen Decksaufbauten, welche die zugehörigen Antriebsaggregate aufnahmen. Achtung, die das Ladezeug tragenden Aufbauten waren nicht immer parallel zur Mittellinie des Decks angeordnet. Hier hilft wirklich nur das genaue Messen auf dem Original- oder Modellplan. Es gibt nämlich Zeitgenossen, die das vermeintlich für einen Fehler halten und ihn laut kommentieren.

Oftmals ist es am einfachsten, Luken und Ladevorrichtungen als eine Einheit aufzubauen. Das erleichtert die Farbgestaltung im Einklang mit der gesamten Modellbemalung und verhindert gleichzeitig einen Fehler beim Einbau.

Ladebäume, Kräne, die zugehörigen Geschirre und Baugruppen werden später ausführlich behandelt.

Andere Luken

Oft hat man an Schiffsmodellen den Bedarf für Rumpfzugänge, die nicht auffallen dürfen, also mit der Decksbeplankung eine Einheit bilden müssen. Man denke nur an Modelle von Tankern, Bohrinselversorgern, moderne Fischereifahrzeuge, Tonnenlegern usw., die alle größere, freie Deckflächen haben.

Auf solchen Modellen muss der Zugang zum Rumpfinneren so gebaut werden, dass kein Wasser eindringen kann und die Konturen des Zugangs eben nur dem Erbauer bzw. dem Nutzer bekannt sind. Außerdem muss eine Entfernung des Verschlusses schnell und jederzeit möglich sein.

Eine einfache Lösung ist der Einbau eines Decklagerrahmens. Dieser Rahmen muss so tief im Rumpf liegen, dass das eingesetzte Deckteil mit dem festen Deckrand eine ganz glatte Oberfläche ohne störende sichtbare Spalten bildet. Auf diesen Rahmen kann man eine kleine Raupe Silikon aus dem Sanitärbereich legen, die sich platt presst und den Spalt zwischen Deckteil und Rahmenauflage sehr gut abdichtet. Weil man die Silikondichtung nach jedem Öffnen erneuern muss, ist diese Methode für nicht so oft benötigte Zugänge gedacht. Zusätzlich muss man einen solchen Deckel mit kleinen Edelstahlsenkschrauben festsetzen, die ebenfalls mit dem Deck glatt abschließen.

Tipp: Die allerbeste Abdichtung erfolgt mit einer so genannten Mäanderdichtung. Dafür werden mehrere Leisten auf dem Rahmen und unter der Deckeinlage so angeordnet, dass sie gut ineinander rutschen. Sie bilden einen Mäander, durch den sich eindringende Flüssigkeit erst einmal hindurchquälen müsste, um im Rumpf aktiv zu werden. Wenn dann noch Silikongummi ins Spiel kommt, ist die Sperre perfekt.

Eine Verschraubung von Decks kann man durch geschicktes Anbringen von Klemmvorrichtungen und/oder Rasten verhindern. Verschraubungen sollte man – wegen der zuvor genannten Hauptbetrachtungsweise des Modells von oben – immer versteckt anbringen. Sie sind natürlich nicht für Luken geeignet, die täglich geöffnet werden müssen. Gut lassen sich bei häufig zu öffnenden Luken drehbare, federnde Schnellverschlüsse an verborgener Stelle anbringen.

Kapitel 13: Aufbauten

Konstruktionen verschiedener Art bilden die Aufbauten auf den Decks der Schiffe. Sie sind die Kommandobrücke, die Kabinenbauten für die Unterkünfte, die Oberlichter für die Kessel- und Maschinenräume, Mannschaftsquartiere und andere Deckshäuser. Auch gehört dazu die Bewaffnung der Kriegsschiffe. Beim Modell sind es alle Konstruktionen, die über dem Hauptdeck stehen. Alle Typen der Aufbauten können wir hier nicht behandeln, aber doch die Grundlagen dafür beschreiben.

Wenn die Aufbauten einfach wie eine Serie von Kisten betrachtet, vereinfacht das die Konstruktion. Komplexere Formen kann man in Einzelteile zerlegen, diese bauen und eventuell schon bemalen, bevor man sie dann zum kompletten Aufbau zusammensetzt.

Materialien

Die allererste Entscheidung betrifft das Material für die Aufbauten. Wenn das Modell mit Dampf angetrieben wird, sollten sie aus Sperrholz oder anderem nicht verformbaren Material erstellt werden. Ist der Antrieb elektrisch, kann man, schon wegen der glatten Oberflächen, Kunststoffplatten verschiedener Stärken verwenden. Natürlich ist auch Sperrholz geeignet, allerdings sollte man sich dann für eine sehr gute Qualität mit sehr glatten Oberflächen entscheiden. Doch Kunststoffplatten sind das am einfachsten und am saubersten zu verarbeitende Material. Es lässt sich gut schneiden und vor allen Dingen kleben. Der Flüssigkleber verbindet das Material, ohne viele Spuren zu hinterlassen. Leider ist die Aushärtezeit etwas länger als bei der Holzverarbeitung mit Lösungsmittel- oder Holzklebern.

Kunststoff hat eine saubere, glatte Oberfläche, die alle Farben außer denen auf Zellulosebasis annimmt. Das Material benötig nach dem Aushärten nur an den Verbindungsstellen kleine Nacharbeiten.

Gleichgültig ob der Aufbau aus Sperrholz oder Kunststoffmaterial gebaut werden soll, es muss ordentlich und stabil geschehen, besonders wenn der Aufbau gleichzeitig als Zugang in den Rumpf dienen muss. Häufige Bewegungen erfordern eine kernsolide Konstruktion. Die Materialdicke wird von den Anforderungen bestimmt, meist reichen 1–3 mm aus. Und die Qualität sollte wirklich die allerbeste sein, bei Sperrholz heißt das wasserfest und/oder heißgeleimt. Gebogene Wände werden aus dünnwandigen Kunststoffplatten oder Ein- oder Mehrfachlagen von 0,5-mm- bis 1-mm-Sperrholz gebaut. Wird richtig gearbeitet, versteift sich das Material nach der Trocknung von selbst. Ganz enge Biegungen benötigen viel Feuchtigkeit und/oder zugeführte Wärme.

Abnehmbare Aufbauten müssen immer ganz genau in die Süll der Decksausschnitte eingepasst werden; nur so kann man einen fast wasserdichten und sehr seitenwindstabilen Sitz gewährleisten.

Ein gut geeignetes Baumaterial für Aufbauten sind auch beidseitig kupferkaschierte

Leiterplatten in 0,2–2,0 mm Stärke. Aus den Platten werden die nötigen Formen ausgesägt und die Durchbrüche für Fenster und Türen ausgearbeitet. Alle Schnittkanten befreit man dann mit feiner Stahlwolle von jeglicher Oxidschicht und bestreicht sie sofort mit einem guten Lötfett. Dies verhindert erneutes Anlaufen und erleichtert auch den späteren Lötvorgang. Danach werden die einzelnen so entstandenen Wände mit einem elektrischen Lötkolben (Leistung 60–80 Watt) und dem besten Elektroniklötzinn zuerst an den Stoßkanten verzinnt und dann zusammengelötet. Um eine spätere Korrektur des Sitzes durchführen zu können, heftet man zuerst mit kleinen Lötpunkten und füllt die ganze Naht dann auf, wenn alles kontrolliert ist und stimmt. Ein Verrutschen der Bauteile muss natürlich verhindert werden. Man lötet also zuerst eine Hälfte der Naht, lässt diese abkühlen und führt dann den Rest aus. So erhält man einen wasserfesten, stabilen und dazu sehr leichten Aufbau. Durch das Löten bleiben Rückstände zurück, die mit heißem Seifenwasser entfernt werden. Gleichzeitig bereitet man damit den gesamten Untergrund des Aufbaus für die beste Farbgebung vor. Kupferkaschierte Leiterplatten erhält man als Überschuss- oder Abfallmaterial bei Leiterplattenherstellern.

Detailansicht des Ruderhauses des Bohrinselrettungsschiffs „Scott Guardian" zum Vergleich mit dem Modell

Brücken

Die folgenden Skizzen zeigen den Aufbau eines Küstenmotorschiffs (Kümo), des Zweischraubers „Rovuma", in den verschiedenen Bauphasen aus dünnem Sperrholz. Bei diesem Schiff ist die offene Brücke mit einem geschlossenen Ruderhaus verbunden. Die Brücke hatte bei den meisten alten Schiffen keinen Schutz. Die Wachgehenden waren jedem Wetter ausgesetzt. Moderne Schiffe haben geschlossene Brücken. Bei einigen sind jedoch die Brückennocks (die Aussichtsohren) offen. Schlepper haben heute geschlossene Brücken. Durch die Einführung von zwei seitlichen Abgastürmen muss der Schiffsführer für eine Sicht nach achteraus auch nicht mehr auf eine seitliche Brückennock. Ganz moderne Hochseeschlepper und Bohrinselversorger haben sogar ganz verglaste Brücken mit Seitenauslegern für eine sichere, vollkommene Rundumsicht. Einige Brücken- und Ruderhausformen sind auf den Fotos zu sehen.

Wenn man die Aufbauten plant, muss auch auf die Inneneinrichtung geachtet werden, ganz besonders die der Brücken und Navigationsräume. Denn beide haben große Fenster, die vor allem in den größeren Maßstäben einen sehr guten Einblick in diese Räume gewähren.

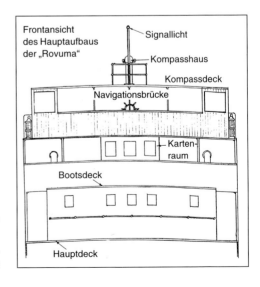

Modellruderhaus (im Bau) der „Scott Guardian"

Aufbauten des Modells „Jonrix" im Rohbau. Verwendet wurden Kunststoffplatten.

Ein leeres Ruderhaus sieht ärmlich aus. Es ist zwar nicht immer möglich, ein Ruderhaus mit seiner kompletten Inneneinrichtung darzustellen, aber Ruderstand, Kapitänssitz, Kreiselkompass, Kartentisch mit Kartendarstellung und ein Maschinentelegraph (wenn erforderlich) sollten doch immer zu sehen sein. Das wenige ist besser als ein ganz leerer Raum. Für eine Bewertung des Modells kann ein gut eingerichtetes Ruderhaus sehr vorteilhaft wirken. Zwei Fotos zeigen solche Ausstattung.

Die Aufbauten aus der Frontansicht

Konstruktion der Aufbauten

Die Ecken und Decks von allen Aufbauten müssen grundsätzlich verstärkt werden. Besonders dann, wenn die Aufbauten abnehmbar sind. Blöcke und Dreiecke aus Sperrholz oder Kunststoff, sorgfältig an bestimmten Stellen eingebaut, versteifen die Bastelarbeit und geben gleichzeitig zusätzliche und sichernde Klebestellen ab. Wo Rundungen an den Aufbauten sind, ist es oftmals erforderlich, Zusatzlagen aus Holz oder Kunststoff anzubringen, um die Kanten später durch Abziehen oder Schleifen in die richtige Form zu bringen. Man kann solche Rundungen auch aus Kanthölzern herstellen. Nur müssen

Und so sehen die fertigen und bemalten Aufbauten der „Jonrix" aus.

diese für die Aufnahme der anschließenden Wand mit Falzen versehen werden. Beim Kutter „Chimaera" sind die vorderen Ecken der Steuermannskabine aus Kanthölzern, die in Form geschliffen wurden, gefertigt. Die Kabine ist aus 1,5-mm-Sperrholz aufgebaut; mit Furnierstreifen sind die Paneele dargestellt. Im Innern finden sich ein kleiner Tisch, zwei Bänke, eine beleuchtete Tischlampe und Gardinenstangen. Der ganze Innenraum ist mit Mahagonibeize behandelt und dann lackiert. Die Fenster erhielten Vorhänge aus Seidenpapier. Natürlich beeinflusst der Detaillierungsgrad den Bauablauf. Das Dach kann beispielsweise nicht vor der fertig gestellten Einrichtung aufgesetzt werden. Eine Innenbeleuchtung geht nicht ohne vorher installierte Zuleitungen. Man muss die Vorgehensweise also vor Arbeitsbeginn genau durchdenken: Wo und wie werden elektrische Leitungen untergebracht, welche Einrichtungsgegenstände sind unabdingbar, wie soll das Ganze eingefärbt werden und vieles mehr.

Um nichts zu vergessen, ist es unumgänglich, vor dem Baubeginn eine genaue Liste aller Ein- und Anbauten aufzustellen und die Reihenfolge der Arbeiten festzulegen. Einige der Einbauten werden zuvor bemalt oder ihre Oberfläche anderweitig behandelt. Dabei müssen alle späteren Klebeflächen unbedingt sauber gehalten werden. Die Innenseiten der Aufbauten sind gegen Feuchtigkeit und auch wegen des guten Aussehens vor dem Zusammenbau zu imprägnieren und zu streichen. Die Halterungen für die Fensterrahmen und das Fenstermaterial sind vorzubereiten. Alles das ist natürlich nicht notwendig, wenn der Maßstab oder die Fenster so klein sind, dass man gar nicht in den Aufbau hineinschauen kann.

Fenster und Bullaugen

Ein weiterer wichtiger Punkt sind die Fenster und Bullaugen. Es ist sehr schwierig, eine bereits verglaste Kabine zu streichen, auch wenn man die Fensterscheiben zuvor abgeklebt hat. Es gibt zwar schützende Abdeckanstriche, die vor dem Streichen auf das Glas aufgetragen und danach

Aufbauten beim Lotsenkutter „Chimaera". Beim Lotsensalon wurde das Dach abgenommen, um einen Blick ins Innere zu erlauben. Man beachte die Vorhänge aus Seidenpapier, den polierten Tisch und die Sitzbänke. Das Außenpaneel und die Tür sind aus Mahagonifurnier. Oberlicht auf dem Maschinenraum bleibt geöffnet, um der Dampfmaschine zusätzliche Luft zuzuführen.

Einrichtung des Ruderhauses auf dem Fischerboot „Denebula", Maßstab 1:40

Einzelheiten der Fenster am Ruderhaus des Hecktrawlers „Glenrose I" im Original.

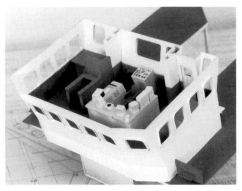

Innenausrüstung des Modellruderhauses der „Glenrose I", Maßstab 1:40

Ruderhaus der „Glenrose I" mit Blick nach achtern. Die Fensterrahmen wurden vor der Verglasung eingebaut.

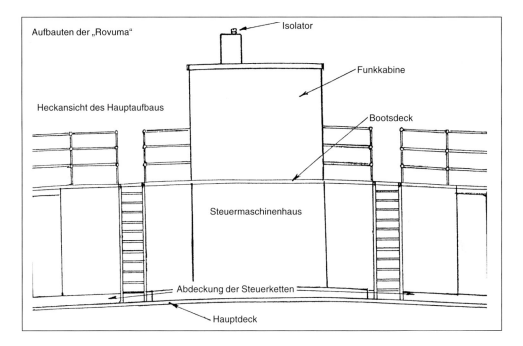

wieder abgezogen werden können, aber in fast allen Fällen ist es einfacher, die Holzteile vor der Verglasung zu streichen. Meist bedeutet das, dass der Boden oder die Decke des Raums nach dem Streichen und Verglasen anzubringen sind. Im Fall des Trawlers „Glenrose I" wurde die Innenausstattung der Brücke, bestehend aus Steuerpult, Rudergängersitz, Bänken, Schränken und Bildschirmen, vor dem Aufsetzen des Dachs eingebaut und die Verglasung erst viel später angebracht. Jedes Fenster ist ein eigenes Werkstück. Es besteht aus 2-mm-Plexiglas, das ganz genau an die dafür vorgesehene Öffnung angepasst wurde. Zwei Plastikstreifen bilden den Rahmen: Einer mit einer Dicke von 0,5 mm wird in die Öffnung geklebt und steht dann 3 mm nach außen über der Wand, innen ist er flach angebracht. Der zweite Streifen, Maße 3×3 mm, wird von außen um den anderen Streifen geklebt. So entsteht der ganze Rahmen. Vor

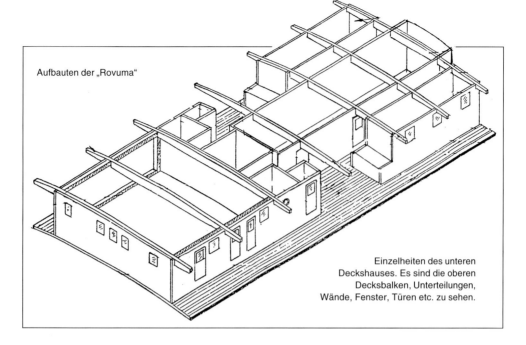

Aufbauten der „Rovuma"

Einzelheiten des unteren Deckshauses. Es sind die oberen Decksbalken, Unterteilungen, Wände, Fenster, Türen etc. zu sehen.

dem Einsetzen des Plexiglases wird alles gestrichen. Holzrahmen lassen sich auf die gleiche Weise, meistens aus Furnieren, herstellen. Eine ganz saubere Sache.

Tipp: Für die Automodellbauer gibt es fertige Kunststoff- und Gummiprofile als Meterware, die die Herstellung aller Fenster, Bullaugen, Oberlichter, Türrahmen usw. sehr vereinfachen. Die Verglasung besteht, wegen der Verletzungsgefahr, am besten immer aus Plexiglas. Die Glasdicke sollte 1 mm nicht überschreiten, am besten sind Stärken von 0,2–0,5 mm. Es wirkt sonst bei den Maßstäben und der auftretenden Lichtbrechung zu plump.

Endarbeiten

Wenn ein Aufbau aus Holz oder Sperrholz gefertigt wurde, ist es unumgänglich, einen Porenfüller zum Verdecken der Maserung einzusetzen. Auch wenn der Originalaufbau aus Holz ist, muss doch ein Porenfüller zum Auffüllen der sonst zu großen Poren benutzt werden. Gute Farbengeschäfte führen für jeden erdenklichen Einsatzzweck eine große Auswahl von Porenfüllern.

Für feinporiges Holz kann man keinen Füller für große Poren verwenden und umgekehrt. Man muss sich immer die Originaloberfläche vor Augen halten, um eine maßstäbliche Oberfläche am Modell zu erzeugen.

Die Maserungen und kleinen Oberflächenmängel im Holz sollten durch den Porenfüller und das anschließende Schleifen ganz verschwinden. Zum Schleifen wird Schleifleinen oder Schleifpapier mit feinster Körnung und viel Wasser eingesetzt. Die letzte Lackschicht ist dann kein Problem!

Schon einmal wurde erwähnt, dass Aufbauten auf Dampfschiffen, speziell jene über Kessel- und Maschinenräumen, zusammengenietet wurden. Diese Nietungen waren im Original immer mit Rundkopfnieten ausgeführt. Solche Nieten kann man gut mit halbrundköpfigen Ziernägeln, Stecknadelköpfen oder Ziernieten nachvollziehen. Die kleinsten Ziernägel haben Rundköpfe mit 1 mm Durchmesser. Bei der Fertigung dieser Nietnachahmung ist allergrößte Sorgfalt angebracht. Man beachte dabei unbedingt die Vorschriften der Schiffbaubehörden. Die Nietpunkte werden vorgebohrt und der Nietenersatz mit einem schnell abbindenden Zweikomponentenkleber eingesetzt. Der überquellende Kleber muss sofort entfernt werden. Fotos des Originals sind für den richtigen Sitz der Nieten am Modell sehr hilfreich. So

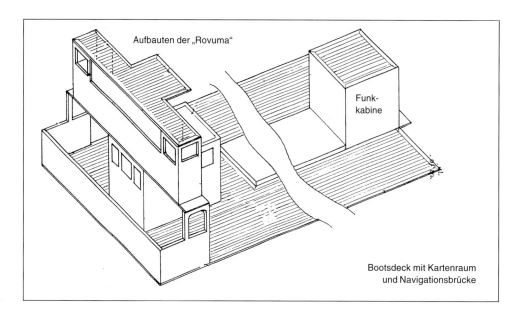

Aufbauten der „Rovuma"

Funk-
kabine

Bootsdeck mit Kartenraum
und Navigationsbrücke

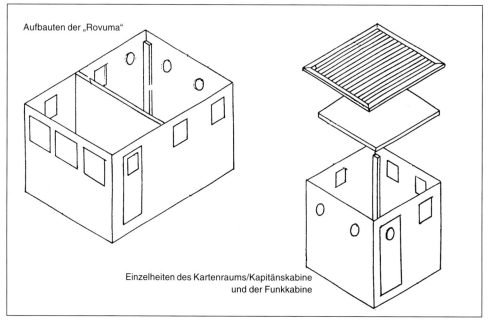

Aufbauten der „Rovuma"

Einzelheiten des Kartenraums/Kapitänskabine
und der Funkkabine

können die Abstände der Nieten zueinander, zu den Kanten und Ecken ganz genau bestimmt werden. Dies gilt ganz besonders bei den Schornsteinen und den Luftklappen der Maschinenraumabdeckungen. Ein Foto zeigt solche Nietverbindungen.

Viele Frachtschiffe haben unter den Mast- oder Ladebaumfüßen kleine Podeste, die man auch als Abdeckungen für Rumpfzugänge ausnutzen kann. Unter Umständen kommt man durch solche Zugänge besser an Steuer- und Antriebsteile heran. Die Podeste sind leicht durch

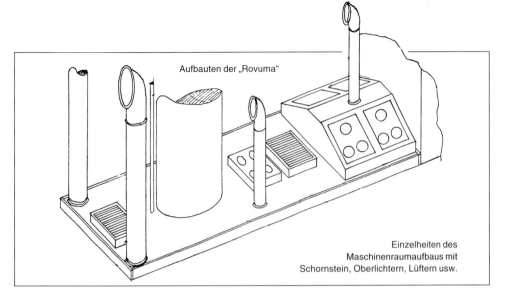

Aufbauten der „Rovuma"

Einzelheiten des Maschinenraumaufbaus mit Schornstein, Oberlichtern, Lüftern usw.

Schubschlepper „Heron", gebaut von Peter Backhouse, Großbritannien. Auf diesem Bild befindet sich das Ruderhaus in der unteren Position, um niedrige Brücken passieren zu können.

„Heron" mit gehobener Brücke für bessere Sicht

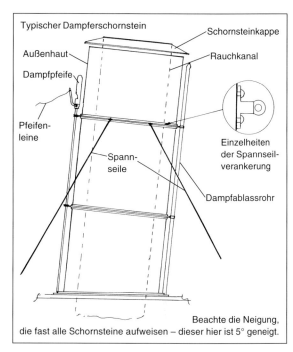

Schornstein des Lotsenkuttermodells „Britannia". Man beachte die Nietungen am Schornstein und den Aufbauten, ganz typisch auch für Heringslogger. In diesen Schornstein sind 50 mm unterhalb der Oberkante zwei Rauchgeneratoren eingebaut.

kistenartige Gebilde darzustellen. Bei einigen Schiffen findet man Seitenaufbauten mit kleinen Kammern, die für exotische Mannschaftsmitglieder wie Chinesen o.Ä. vorgesehen waren, die dort nach ihren gewohnten Sitten und Gebräuchen leben konnten. Besonders auf britischen Schiffen machte man solche Unterschiede. Gerade Rumpföffnungen an diesen Stellen im Deck sind manchmal recht vorteilhaft.

Veränderbare Brücken

Ein besonderer Schiffstyp muss noch behandelt werden. Er fährt zwischen dem Meer und an Flüssen oder Kanälen liegenden Häfen im Landesinneren und muss dabei manchmal niedrige unbewegliche Straßen- oder Eisenbahnbrücken passieren. Bei fast allen modernen Ausführungen kann die Schiffsbrücke von der Seeposition oftmals mehrere Meter abgesenkt werden, ebenso die Masten einschließlich eventueller Takelage und alle anderen hochragenden Seeausrüstungen. Eine niedrige fest eingebaute Brücke würde keine ausreichenden Sicht für den Seebetrieb erlauben.

Die Masten und andere Ausrüstungen sind leicht herunterzulassen, während die Brücke heute mit einer hydraulischen Hebevorrichtung versehen ist. Immer muss dabei gewährleistet sein, dass Schiffsruder, Antrieb und Navigationsanlagen bei jeder Brückenstellung beeinflussbar sind. Moderne Schiffe verwenden dafür eine elektronische Steuerung und Überwachung mit direkter Rückmeldung. Die Fotos der „Heron" zeigen ein solches absenkbares Ruderhaus.

Schornsteine

Das herausragende Merkmal aller Dampfschiffe ist der Schornstein. Bei Motorschiffen nennt man das Gebilde Abgasturm. Beide sind meistens auf den Hauptaufbauten zu finden. Wenige Schiffe wurden ganz ohne Schornstein gebaut, bei ihnen das Abgas mit hohem Druck unterhalb

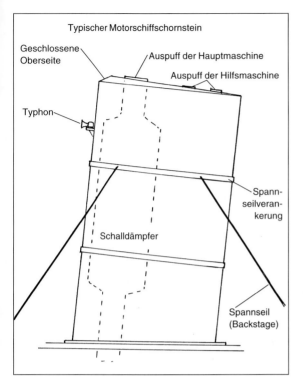

oder kurz über der Wasserlinie abgegeben. Diese kurz nach dem zweiten Weltkrieg eingeführte Bauweise hat sich nicht durchgesetzt.

Bei Neubauten werden die Abgastürme, heute sind es fast immer zwei, auch auf Aufbauten des Achterschiffs platziert. Sie stören dann weniger bei der Rundumsicht und das Abgas beeinträchtigt nicht die Gesundheit der Besatzung. Die modernen Antriebsanlagen ohne lange Wellen ermöglichen die Konzentration des Antriebs im Achterschiff.

Da Schornsteine oder Abgastürme das charakteristische Merkmal aller Schiffe sind, nutzen sie die meisten Eigner, um mit Reedereilogos, spezieller Bemalung und Anbringen von Zusatzzeichen die Eigentums- oder Charterrechte am Schiff anzuzeigen. So zeigen beispielsweise alle Schiffe der Cunardline leuchtend rote Schornsteine mit schwarzer Kappe, zusätzlich sind drei schwarze Ringe gleichmäßig auf dem Rot verteilt. Die Marken und Bemalungen der Schornsteine und Abgastürme sowie die zugehörigen Reedereiflaggen kann man aus Büchern oder offiziellen Verzeichnissen (Lloyd's) entnehmen. Um beim Modell die richtigen Farben und Embleme anzubringen, bedarf es also ebenfalls gründlicher Nachforschungen.

Zu Beginn der Dampfschifffahrt waren die Schornsteine sehr hoch, um einen guten Zug für eine effektive Verbrennung der Kohle oder des Öls zu gewährleisten. Die Entwicklung des dampfgetriebenen Zugventilators und die Luftzufuhr für die Feuerung über die Kesselfrontklappen ließen die Länge der Schornsteine schrumpfen.

Ein Dampfschiff benötigt Schornsteine zum Abführen der Feuerungsgase. Die Zuluft wird meistens über die so genannten Lüfter angesaugt. Es zog immer im Heizerbereich des Kesselhauses! Ein Motorschiff braucht den Abgasturm zur Aufnahme des Abgasrohres und zur Zuluftventilation. Denn Diesel- oder Schweröl kann nur als Gas-Luft-Gemisch im Zylinder explodieren.

Der sichtbare Teil eines Dampfschiffschornsteins ist immer die äußere Hülle für die Abgasleitung des Kessels. Zwischen beiden besteht ein Luftraum, der die Abgasleitung isoliert. Um den Niederschlag von Säuren, die bei der Kohle- oder Ölverbrennung entstehen, zu verhindern, müssen die Gase am Ende des Rohrs nämlich noch Temperaturen von mehr als 160°C aufweisen. Nur so werden die korrosionsfördernden Stoffe in die Atmosphäre abgegeben und ein Säureniederschlag ist fast unmöglich. Diese und andere Vorsichtsmaßnahmen diktieren den Bau eines Schornsteins.

Die Abgastürme von Motorschiffen beherbergen nicht nur das Abgasrohr, sondern meist auch noch einen nachgeschalteten Schalldämpfer, die Abgasrohre der Hilfsdiesel und anderer Abgas produzierender Einbauten wie Heizungen und Küchengeräte. Die Türme sind oben abgeschlossen, nur ein kleines Bündel schwarzer Rohrstummel, meist auch noch abgeknickt, ragt daraus hervor.

Manchmal ist der Abgasschalldämpfer gleichzeitig ein Dampfkessel. Hier wird der Dampf erzeugt, der das Schweröl vor der Zuführung zur Hauptmaschine aufheizt und so besser gebrauchsfähig macht. Es kommt auch vor, dass der Turm zur Abführung der verbrauchten Innenraumluft des ganzen Schiffes genutzt wird.

Der Schornstein wird bei allen Schiffen als Träger der Signalhörner, Pfeifen und Typhone verwendet. Sie sollen immer an einem möglichst hohen Standort an der Frontseite untergebracht werden. Oft laufen an der Rückseite der Schornsteine die Pressluft- oder Dampfdruckrohre für diese Signalmittel bis zum Aufstellplatz. Auch die eventuell aufkommenden Überdruckgase der Kesselsicherheitsventile werden über solche Rohre hoch am Schornstein ins Freie geführt. Um diese Anlagen warten zu können, haben die festen Schornsteine und Türme Steigleitern und manches Mal sogar einen Rundgang nahe dem oberen Ende.

Schiffe, die zwei oder mehr Schornsteine haben, benötigen diese, um zusätzliche Kesselräume zu bedienen. Diese Schiffe waren in früheren Zeiten große Frachter, Kriegsschiffe oder Passagierliner. Motorschiffe mit zwei und mehr Abgastürmen sind Passagierschiffe oder ganz große Frachter mit zwei Schrauben und zwei Antrieben.

In der modernen Schifffahrt wird der zweite oder dritte Abgasturm oft noch nicht einmal für die Abgasentsorgung, sondern für Sonderzwecke verwendet. So versorgt man beispielsweise die komplette Be- und Entlüftung eines Schiffes. Oder man führt die Abwärme der Klimaanlagen auf diesem Wege ins Freie.

Oft ist es nur der Wunsch eines Reeders oder des Schiffsdesigners für Besonderheiten, dem Schiff einen zweiten Schornstein, und dann meistens aus optischen Gründen, aufzusetzen. Dadurch ist ein Schiff schon auf große Entfernung genau zu erkennen.

Es gibt einen ganze Anzahl Möglichkeiten, einen Modellschornstein zu bauen. Aber

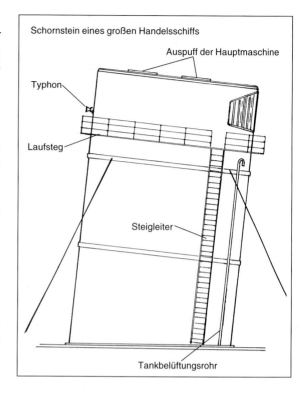

der Schornsteintyp bestimmt letztendlich die Herstellung. Wenn eine Dampfmaschine eingebaut ist, wird der Schornstein das Rohr zur Ableitung der Kesselabgase enthalten und muss daher hohl sein. Bei einem Elektroantrieb dagegen braucht der Schornstein keine Funktion zu haben und kann somit anders gebaut werden. Bei einem Dampfermodell sollte er aber wenigstens eine Schornsteinkappe tragen und darunter eine größere schwarz ausgemalte Öffnung aufweisen. Gehört er zu einem Motorschiff, kann er geschlossen, aber mit kurzen Rohrstummeln dargestellt werden.

Moderne Kreuzfahrtsegler mit bis zu fünf Masten haben mindestens einen dieser Masten, neben den Segelaufhängungen, als Abgaskanal ausgebildet. Auch hier müssen die Abgase der Klimaanlagen, der Hilfsdieselantriebe und der Nebenantriebe wie Stromgeneratoren etc. an die Umgebungsluft abgegeben werden, ohne die Passagiere zu belästigen.

Kapitel 14: Masten, Hebebäume und Takelage

Mit wenigen Ausnahmen haben alle Handelsschiffe Masten, sehr viele haben Hebebäume und alle sind auf die eine oder andere Art mit einer Takelage ausgestattet. Ein paar der alten Dampfer sind mit bis zu vier Masten bestückt und erinnern so an die Zeit der Segelschiffe mit ihren Rahsegeln. Später gebaute Schiffe weisen nur einen Mast auf, und der ist manches Mal nur schwer als solcher zu erkennen.

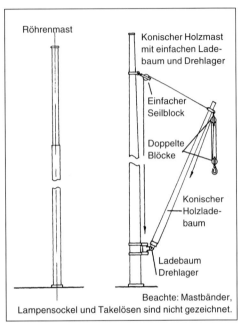

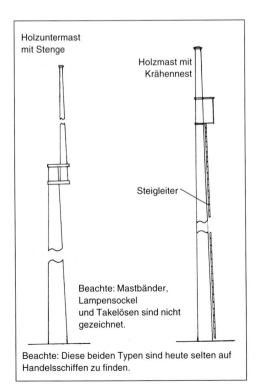

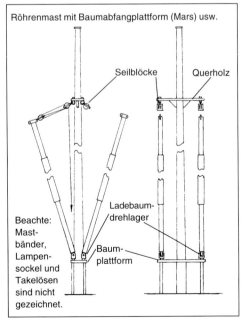

▲ Der Hauptmast des Kümos „Timrix" mit allen Lichtern und der Steigleiter. Beachte die elektrische Verkabelung unter den Sprossen am Mast.

Hauptmast des Modells der „Denebula" Messingrohr und -rundmaterial. Die Lichter sind funktionsfähig.

Heute werden die Masten als Träger für Navigationsmittel, Funkantennen, seltener für einen Ausguck benötigt. Holzmasten sind seit langem denen aus Stahlrohr gewichen und die Takelung trägt, wenn sie überhaupt zur Abspannung des Mastes benötigt wird, kein Leitersystem mehr, das die Mannschaft früher zur Rahen und Segeln gelangen ließ. Die moderneren Frachter sind generell mit einem einzigen Stahlmast (oder vielleicht zwei) ausgerüstet, und dieses System wollen wir hier diskutieren.

Masten eines Frachtschiffs dienen als Träger für Ladebäume und können die Lichter, Funk- und Radarausrüstung aufnehmen. Beispiele für verschiedene Masttypen zeigen die Fotos, Details sind in den Skizzen dargestellt.

Die Baumethode für einen Mast bleibt dem einzelnen Modellbauer überlassen. Einige arbeiten mit Holz, andere verwenden Metall und/oder Kunststoff in Form von Rohren oder Stäben.

Masten

Stahlmasten können mit Messing- oder Aluminiumrohren dargestellt werden. Aber auch Kunststoffrohre bringen befriedigende Ergebnisse, jedoch verformen sie sich leicht, z.B. durch Sonneneinstrahlung, und benötigen deshalb im Innern zur besseren Festigkeit ein passendes Metallrohr oder einen Holzkern. Beide, Kunststoff und Metall, bilden eine stahlähnliche Oberfläche für die Farbgebung. Plattformen für Radar und Lampen, Augplatten, Bänder usw. für die Takelage, die Tampenhalter etc. für die Hebezeuge müssen an einen Metallmast gelötet werden. Beim Kunststoffmast genügen ein paar Tropfen Flüssigklebstoff, um die Elemente aus demselben Material zu befestigen. Mit den modernen Zweikomponentenklebern kann man sogar Metallbauteile miteinander unlöslich verbinden. Voraussetzung ist, wie beim Löten auch, die gründliche Entfernung aller Schmutzpartikel, Fette und Korrosionserscheinungen.

Hauptmast des Modells der „Glenrose I" aus Messingrohr und Kunststoffplatten. Die Navigationslichter müssen noch angebracht werden.

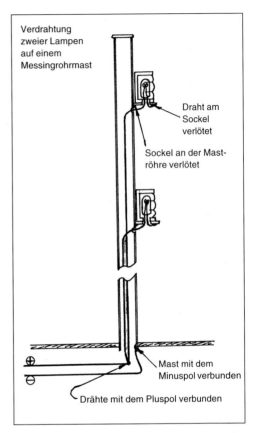

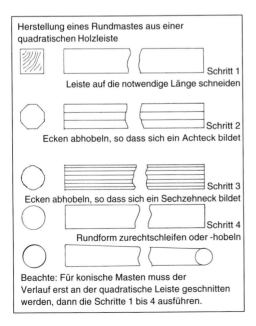

Wenn funktionsfähige Lichter vorgesehen sind, ist ein Metallmast vorteilhafter, denn er kann als gemeinsame Rückleitung der elektrischen Spannung dienen, wie es die Skizze zeigt.

Für einen Holzmast ist einiger Aufwand zu treiben. Die Holzart muss ganz sorgfältig ausgesucht werden. Gute Modellbaugeschäfte haben eine große Anzahl Rundhölzer verschiedener Arten und Durchmesser, aus denen die Masten geschnitten und in Form geschliffen werden können, vorrätig. Buche, Birke, Ramin, Walnuss oder andere Harthölzer sind für den Mastbau immer richtig. Wenn einmal kein Rundholz des gewünschten Typs zur Verfügung steht, kann man auch Rechteckleisten zu Masten zusammenleimen und dann in Form bringen. Das hat sogar den Vorteil, dass sich solche Masten später kaum verziehen, wenn man beim Zusammenbau die richtigen Faserverläufe des Holzes beachtet. Zwei nebeneinander liegende Hölzer müssen stets eine gegenläufige Faserstruktur haben. Daraus ergibt sich zwangsläufig eine bestimmte Leistenzahl für eine Grundform des Mastes. Die Dicke des (fertigen) Mastfußes und der Querschnitt der Rechteckleisten bestimmen die Leistenzahl. Als inneres Zentrum sollte zur Festigung (und als elektrischer Leiter) ein dünnes Messingrohr eingeklebt werden.

Man benötigt keine Drehbank, um einen Mast herzustellen. Die Skizze zeigt in Sequenzen, wie aus einer rechteckigen Leiste durch Hobeln und Schleifen ein runder, sich nach oben verjüngender Mast entsteht. Rahen oder Querbäume, Lampenhalter und Augbolzen für die Rollenblöcke können mit dem richtigen Kleber am Mast befestigt werden. Sekundenkleber eignen sich besonders zum Anbringen kleinster Metallteile an einem Holzmast. Größere Teile sollte man mit Epoxidkleber oder Zweikomponentenkleber (mit schneller Reaktionszeit) montieren und mit kleinen Nägeln oder Schrauben sichern.

Alle Modellmasten mit ihren Sonderausstattungen bemalt man vor dem Aufbau und den Abspannungen in den richtigen Farben, denn es ist sehr schwierig, einen schlanken zylindrischen Körper oder einen Gittermast nach dem Einbau zu streichen.

Ladebäume

Der Fußpunkt eines stählernen oder hölzernen Ladebaums wurde immer von einem direkt am Mast angeflanschten Lümmellager oder einem ähnlichen Fußlager, welches auf einen Masttisch am Mast montiert war, aufgenommen. Die

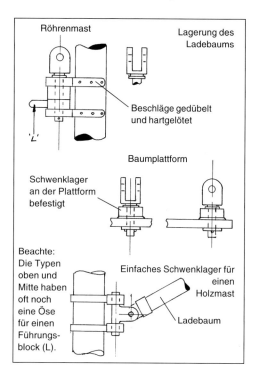

Holzhandlauf mit einfacher Ösenrelingstütze auf dem Modell eines Heringloggers, gebaut von David Deadman. Dieses Modell erhielt eine Goldmedaille bei einer Ausstellung in Großbritannien.

Skizze zeigt verschiedene Lümmel- oder Fußlager. Die Holzladebäume, die auf den frühen Frachtschiffen und Fischereifahrzeugen vorzufinden sind, können ganz einfach aus einem Rundstab hergestellt werden. Aus dünnen Kartonstreifen fertigt man die Bänder und Halterungen für die Befestigungsaugen der Blöcke etc. Oder man stellt sie aus dünnen Messingblechstreifen her und befestigt sie mit einem Zweikomponenten- oder Sekundenkleber am Ladebaum. Stahlrohrladebäume kann man aus Messing- oder Aluminiumrohr nachbauen. Messingrohre und Beschläge werden dann weich verlötet. Auch Aluminium kann man mit speziellem Lot und Flussmittel löten, es ist jedoch einfacher, die Beschläge mit Sekunden- oder Epoxidharzkleber anzubringen. Stahlladebäume werden oft aus Rohren verschiedenen Durchmessers in Teleskopbauweise gefertigt. Dabei passt das dünnere Rohr genau in das größere. Man kann die Rohre so leicht verschweißen.

Die Enden eines solchen Ladebaums werden immer von den dünneren Rohren gebildet.

Wenn die Ladebäume alle fertig sind, muss man sich entscheiden, wie sie auf dem Modell gezeigt werden. Ladebäume werden fast ausschließlich im Hafen verwendet, auf See nur in ganz seltenen Fällen und dann hauptsächlich bei Rettungseinsetzen. Auf See wurden die Beschläge und Blöcke abgebaut und verstaut, um bei schwerem Wetter keinen Verlust zu erleiden, und die Bäume sicher verzurrt oder oft im Piekstück (Decksbereich am Bug) hinter der Schanz verstaut. Wenn das Modell auf See dargestellt werden soll, sieht man also nicht viel von den Bäumen und deren Tauwerk. Läuft es dagegen gerade einen Hafen an, dann müssen alle Bäume und deren Takelage gezeigt werden.

Im Fall eines modernen Schiffs, das ohne Ladebäume, aber mit Kränen ausgerüstet ist, entfällt diese Umrüsterei. Sie sind immer aufgetakelt. Solche Kräne sind an verschiedenen Plätzen an Deck, meist jedoch nahe den Luken, aufgebaut und haben Ausleger, die zumindest bis über die halbe Lukenöffnung ausgefahren werden können. Diese Kräne wer-

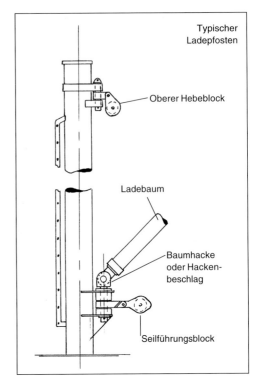

Typischer Ladepfosten
Oberer Hebeblock
Ladebaum
Baumhacke oder Hackenbeschlag
Seilführungsblock

den entweder elektrisch oder hydraulisch angetrieben, sie haben meistens eine Kabine, die den Kranführer aufnimmt.

Wenn mehrere Luken auf einem Schiff vorhanden sind, werden die Ladebäume an kurzen Masten, die extra für die Ladevorgänge gebaut wurden, angebracht. Sie werden Ladepfosten genannt (siehe Skizze). Einzelheiten zu den Ladewinschen werden in Kapitel 17 behandelt.

Ganz moderne Schiffe, besonders die großen Containerfrachter, sind mit einer fahrbaren Kranbrücke ausgestattet. Mit ihr kann die Ladung in Häfen ohne Groß- oder Spezialkräne gelöscht und neue an Bord genommen werden. Ein normaler Container nimmt eine maximale Last von 40 t auf, brutto müssen also Gewichte um die 45 t gehoben und bewegt werden. Außerdem gibt es noch die Schwerguttransporter. In früheren Zeiten wurden sie mit einem oder mehreren Stülcken-Masten ausgerüstet. Die Stülcken-Masten konnten je nach Bauart mit dem zwischen zwei schräg stehenden Stützmasten pendelnden Großbaum Ladungen bis zu 800 t an und von Bord bewegen. Der Baum wurde dann von bis zu acht Winschen gesteuert. Die Gesamthebelast, für beide Krananlagen gemeinsam, vergrößerte sich dann auf etwa 1.500 t. Die Besonderheit dieser Masten war das Lümmellager für den Baum. Es war eine hohlkugelförmige Wanne in der eine am unteren Ende des Baums sitzende Stahlkugel mit einem Durchmesser von 10 cm bewegt wurde. Heutige Schwergutfrachter haben mehrere Auslegerkräne, die (zusammenarbeitend) auch solche Lasten bewältigen können.

Zum Beladen eines modernen Roll-on-roll-off-Frachters werden heute nur noch große Rampen am Heck und/oder an einer der beiden vorderen Seiten ausgeklappt und zum Pier geschwenkt. Die Ladung, meistens (beladene) Fahrzeuge, bewegt sich dann selbstständig von und an Bord.

Takelage

Der Takelplan eines Schiffs zeigt die Größen und Typen aller Takelungen und Blöcke. Wenn kein Plan zur Verfügung steht, muss ersatzweise auf Fotos des Originals oder den Plan eines ähnlichen Schiffs zurückzugreifen. Frühe Frachter wurden mit verschieden starken Tauen aus Sisal oder Hanf getakelt. Die Stärke von Fasertauen wird immer mit dem Umfang angegeben, bei Stahl- und anderen Drahtseilen normalerweise mit dem Durchmesser.

Seile und Taue sind ein spezielles Gebiet, das wir hier aus Platzgründen nicht gründlich genug besprechen können. Hierzu findet man Ausführliches z.B. in Schiffsmodellzeitschrif-

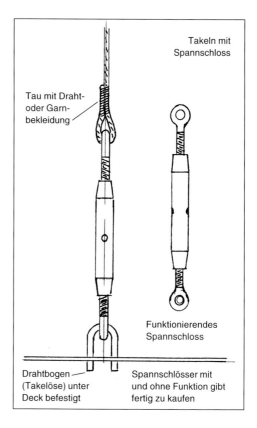

Takeln mit Spannschloss

Tau mit Draht- oder Garnbekleidung

Funktionierendes Spannschloss

Drahtbogen (Takelöse) unter Deck befestigt

Spannschlösser mit und ohne Funktion gibt fertig zu kaufen

Hauptmast und Baum des Heringsloggers „Formidable", Maßstab 1:24. Man beachte die Takelung der Jungfern.

Vorderer Mast des Modells „Chimaera" mit Baum und Gaffel. Man beachte die Spannschlösser und die Ösenringstützen auf dem hölzernen Handlauf, das Stahlseil ist mit Takelgarn nachgebildet.

ten und in Büchern über Knoten. Der sorgfältige Modellbauer setzt sich vielleicht sogar mit einer Seilerei in Verbindung, um detaillierte Auskünfte über deren Produkte zu erhalten.

Normalerweise sind die Taue des stehenden Guts (d.h. jene, die zum Abstützen der Masten dienen und immer fest sind, im Unterschied zum Tauwerk des laufenden Guts, das bewegt wird und durch die Blöcke läuft) aus Stahl und werden von Spannschlössern oder Taljen und Jungfern (Juffern) stramm gehalten (siehe Skizzen).

Taue, die für die Ladevorgänge benutzt werden, sind meistens aus Stahldrähten gedreht, aber solche, die zum Festmachen eines Fahrzeugs bestimmt sind, werden aus Hanf oder synthetischen Fasern wie Nylon o.Ä. hergestellt. Sie sind flexibler und dehnen sich besser, was ein Metalldraht nur in bestimmten Fällen tut. Auf den älteren Schiffen war alles Tauwerk, außer dem stehenden Gut, aus Hanf. Heute nutzt man immer mehr die synthetischen Fasern, die im Gegensatz zu den Hanf- oder Drahtseilen nicht verrotten bzw. rosten.

Wenn man das Takelgarn für sein Modell aussucht, sollte man klugerweise fein gesponnenes, dichtes Garnmaterial auswählen. Einige Sorten haben ein pelzartiges Aussehen, das an den fertigen Modellen schlecht aussieht. Diese feinen abstehenden Haare können mit einer Wachs- oder Klebstoffbehandlung zum Anliegen gebracht werden. Man zieht das Garn sanft durch das Wachs oder den Kleber und anschließend mehrmals durch die Finger. Außerdem gibt es aber eine ganze Menge anderer Garne, Fäden und Seile, die der Modellbauer nutzen kann. Gewickelte Edelstahlvorfächer, wie sie von Anglern verwendet werden und die man in Angelgeschäften als Meterware bekommt, sind ideale Stahlseile für das stehende Gut. Man muss nur bei der Verarbeitung der Seilenden mächtig aufpassen, die einzelnen Stahldrähte pieksen nämlich tief in die Finger. Dieses Vorfachmaterial ist in verschiedenen Durchmessern und Zugkräften zu haben. Ebenfalls im Angelgeschäft gibt es als Takel-

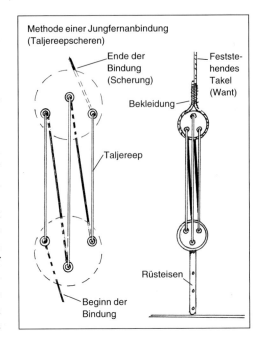

Methode einer Jungfernanbindung (Taljereepscheren)

material brauchbare Nylon-, Dracon- und andere synthetische gedrillte Angelschnüre. Sie alle zeigen keine der oben erwähnten abstehenden Fasern, aber sie müssen alle angestrichen werden, um korrekt zum Modellschiff zu passen. Färben lässt sich das Synthetikmaterial nur sehr schwer.

Das Takelgarn, das man in verschiedenen Stärken im Modellbaugeschäft erstehen kann, ist entweder beige oder schwarz, ganz selten auch einmal weiß. Ganz wichtig ist eine professionelle Verarbeitung der Garne, einfache Knoten sind oft nicht korrekt und werden daher nicht akzeptiert.

Fast alle Taue an Bord von Schiffen sind mit Augen o.Ä. versehen und die Enden werden immer mit feinem Draht oder Segelgarn gegen Aufspleißen gesichert. Das sollte man genau nachbilden und die Fadenenden anschließend mit einem Klebetropfen sichern.

Jeder Modellbauer sollte es sich angewöhnen, alle Taue und Seile, stehendes wie laufendes Gut, Festmacherleinen und viele mehr auf seinen Modellen nach Seemannsart zu verarbeiten. Dazu gehört ein wenig Kenntnis der

Knotengrundlagen. Wenn man es ganz richtig machen will, muss man die dicken Trossen wie beim Original spleißen, d.h., dass die einzelnen Fäden eines Takelgarns oder Stahlvorfachs in einer ganz bestimmten Methode miteinander verflochten werden. Hierüber gibt es ausreichend Lesestoff in guten Bibliotheken und im Buchhandel.

Wenn das stehende Gut für den Mast durch Spannschlösser, Jungfern und Taljen gespannt wird, muss man ganz genau auf die richtige Stellung des Mastes achten. Das stehende Gut wird nur so weit angezogen, dass es gerade eben stramm ist. Außerdem sollte man das Garn oder das Stahlseil vor dem Einbau recken. Dazu hängt man eine Länge davon an einem hohen Punkt auf, befestigt unten so viel Gewicht, wie das Garn gerade noch aushalten kann, und lässt das Ganze einige Tage hängen, bis es sich ganz ausgereckt hat. Man wird ganz schnell feststellen, dass sich die Materialien bis zu 20% ausdehnen. Synthetische Garne können sogar bis zu 45% gedehnt werden. Naturgarne oder gedrillte Stahldrähte haben den Vorteil gegenüber Kunststoffen, dass sie sich nach dem Ausrecken bei Wettereinwirkungen, wie Sonnenbestrahlung, Wärme, Kälte etc., kaum noch dehnen. Kunststoffseile tun dies und hängen dann unschön durch oder ziehen den Mast aus der eingerichteten Lage.

Man kann sich Drahtseile selbst aus den einzelnen Drähten von isolierten Elektrolitzen herstellen. Am besten eignen sich hierfür weiche, flexible elektronische Datenkabel mit bis zu 19 einzelnen Innendrähten. Man entfernt die Isolierung und nimmt so viele einzelne Drähte aus dem Bündel, wie man für den Durchmesser seines Seils benötigt. Dann bohrt man so viele kleine Löcher im Kreis in eine Sperrholzplatte, wie einzelne Drähte verarbeitet werden sollen, zieht sie hindurch und befestigt sie alle zusammen mit dem einen Ende an einem Haltepfosten. Danach klemmt man das andere Ende der Drähte in das Bohrfutter einer Handbohrmaschine, an diesem Ende befindet sich auch die Sperrholzplatte, sie hat die Aufgabe, die einzelnen Drähte daran zu hindern, sich selbst aufzudrehen und zur Spirale zu werden. Mit langsamen Touren werden dann alle Drähte miteinander verdrillt, das fertige Seil wird dabei bis zu 25% kürzer als die ursprünglichen Einzeldrähte. Zum Schluss muss man die Seilenden verlöten, damit sie nicht aufspleißen.

Danach kann man diese Seile sehr gut verarbeiten. Nur mit dem Streichen sollte man warten, bis sie fest eingebaut sind. Die Farbe könnte sonst durch Bewegungen und Verformungen abblättern.

Wie alle Arbeiten an einem Maßstabsmodell ist auch die Takelage mit großer Sorgfalt auszuführen, zumal sie ein herausstechender Blickfang ist. Schlechte Knoten und Bindungen fallen sofort ins Auge. Am besten probiert man die Knoten, Bindungen und das Spleißen zuerst an Übungsstücken, bis man so viel Können erworben hat, dass man sich an die Takelage des Modells selbst wagen kann. Wo immer man ein schlecht verarbeitetes Seil findet, muss man es wegschneiden und es nochmals versuchen. Am besten wird zuerst das stehende Gut fertig gestellt, bevor man mit dem laufenden Gut beginnt. Das stehende Gut unterstützt dann die weitere Arbeit an der Takelage. Mit Blöcken werden wir uns in einem späteren Kapitel befassen.

Kapitel 15: Decksausrüstung

Es ist eine gute Idee, bereits in einem frühen Stadium der Konstruktion des Modells eine Liste aller Teile des Deckszubehörs aufzustellen. Sie zeigt, was alles hergestellt oder gekauft werden muss und auch den Zeitpunkt des Einbaus. Dann passiert es nicht, dass Zubehörteile nicht mehr installiert werden können, weil andere Bauelemente ein Durchkommen zum Aufstellplatz unmöglich machen. Man kann die Aufstellung noch erweitern, so dass aus ihr zu ersehen ist, ob ein Teil schon angefertigt wurde, ob es bereits gestrichen ist oder ob das erst nach der Montage erfolgt und wann es montiert wurde. Auf diese Art und Weise wird nicht das kleinste Ausrüstungsstück beim Bau vergessen.

Reling

Alle Schiffe, bis auf ganz wenige Ausnahmen, haben Relings der einen oder anderen Art. Solche mit einem Stahl- oder Holzschanzkleid haben an der Oberkante meist eine hölzerne Relingleiste (Obergeländer, Monkeyreling, Handlauf), die einfach aus Furnier- oder Sperrholzstreifen herzustellen ist. Sie werden in Form geschliffen und gebogen, um den Kurven des Schanzkleids zu folgen, und später einfach mit Zweikomponentenkleber befestigt. Furnierleisten aus Teak oder Mahagoni sind sehr dekorativ. Mahagoni ist das beim Original bevorzugte Material für eine Relingleiste. Wenn ein Schanzkleid zu niedrig ist, wurden die Relingleisten

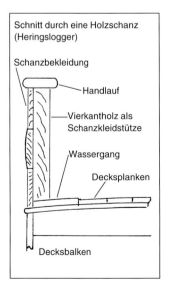

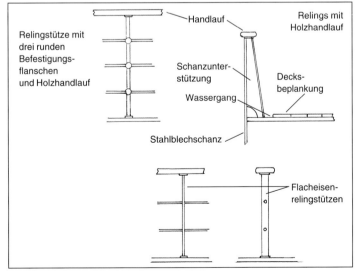

mit kurzen Relingstützen unterbaut, um die nötige Sicherheitshöhe zu erreichen. Die folgenden Skizzen zeigen verschiedene Bauarten.

Die meisten Relings bestehen aus einer Anzahl von Stangen oder Rohren, die durch Relingstützen gehalten werden, wie man es in diesem Buch auf vielen Fotos sehen kann. Die durchschnittliche Höhe einer Reling liegt bei 105 cm, auf manchen Passagierschiffen auch höher. Normalerweise hat eine Reling zwei, drei oder vier Züge, bei Passagierschiffen sind auch fünf oder mehr Züge nicht ungewöhnlich. Der oberste Zug hat aber immer einen größeren Durchmesser als die anderen, er kann auch aus gefirnisstem Holz bestehen. Wo in der Reling für das Anbordgehen oder aus anderen Grünen ein Durchlass nötig ist, wird ein loses Stück Reling eingesetzt. Es kann entweder herausgehoben oder zur Seite verschoben werden. Manchmal wird auch leichter Draht oder Kette als provisorische Sicherheitssperre für diesen Durchlass verwendet. Um die Lücke zwischen zwei Relingstützen, wo die Ein- und Ausstiegsleitern eingehängt werden, zu schließen, wird manchmal eine Kette benutzt. Ein Haken ermöglicht das schnelle Öffnen dieser Sperre.

Auf den modernen Schiffen sind die Stützen meistens aus Flacheisen, die entwe-

Blick auf das Mittelschiff des Modells „Chimaera". Es zeigt Ösen- und Durchzugrelingstützen. Im Bereich der Steigleiter ist die Reling durch eine Kette ersetzt.

▲
Auf diesem Bild des fast fertigen Shelterdecks erkennt man die flachen Relingstützen gut. Man beachte die dickeren oberen Handläufe gegenüber den dünneren Durchzügen und einige Abschnitte aus Stahlseilen.

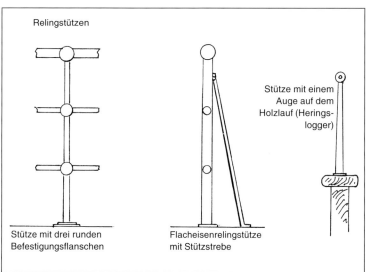

Relingstützen

Stütze mit drei runden Befestigungsflanschen

Flacheisenrelingstütze mit Stützstrebe

Stütze mit einem Auge auf dem Holzlauf (Heringslogger)

der für die Aufnahme der unteren Züge gebohrt sind oder an denen diese Züge festgeschweißt werden. Die obersten Züge sind immer auf den Stützen verschweißt. In einigen Fällen sind die Züge aus Standardstahlrohren, an die dann genormte Bögen und Verbinder geschraubt wurden.

Auf einem Modellschiff müssen die Relingstützen einen korrekten Abstand, ausgerichteten Verlauf und einen senkrechten Stand haben. Wo die Stützen ganz nahe der Deckskante angebracht werden müssen, ist es, um Beschädigungen an beiden Teilen zu vermeiden, vorteilhafter, die Reling mit allen Teilen erst an dem fast vollendeten Modell anzubringen. Es ist auch besser, Teile der Reling vor dem Einsetzen in die dafür nahe der Deckskante gebohrten Löcher mit der endgültigen Farbe anzustreichen.

Wenn die Stützen aus Flachmaterial wie bei der „Glenrose I" hergestellt sind, bohrt man keine großen Löcher vor, um sie dort hineinzustecken und zu verkleben. Man heizt besser die Stützen auf und drückt sie in ganz kleine Führungslöcher, die zuvor in das Kunststoffmaterial des Decks gebohrt wurden. Der Kunststoff schmilzt und hält nach dem Abkühlen die Stützen fest. Wenn man dann den Handlauf oder den obersten Zug auf die Stützen löten will, muss man einen Hitzeableiter, eine schwere Zange, dicke Pinzette oder Metallklammer, zwischen Lötstelle und Deck an die Stütze klemmen, damit die Lötwärme das Deck oder andere Kunststoffteile nicht erreichen kann. Natürlich können diese Relingteile nicht vor der Installation angestrichen werden. Außerdem ist diese Methode nur etwas für Modelle mit größerem Maßstab, wo

solche Bauelemente eine hervorstechende Rolle im Blick eines Betrachters spielen.

Eine Schiffsreling muss immer überaus genau gebaut und angebracht werden; sie fällt einem Betrachter sofort auf. Eine schlecht gefertigte Reling beeinträchtigt das Bild eines sonst gut gebauten Modells. Man sollte sich also die Zeit nehmen, zurückzutreten und den Relingaufbau aus verschiedenen Blickwinkeln zu betrachten, um Ausrichtung und senkrechten Stand zu überprüfen. Außerdem muss immer die Flucht mit der Deckskante gewährleistet sein.

An ganz kleinen Maßstabsmodellen kann man auch einen dünnen Faden (Nähzwirn) durch die Stützenlöcher ziehen, ein wenig straff spannen und mit etwas Sekundenkleber fixieren. Wenn das Gebilde einmal gestrichen ist, sieht es sehr echt aus. Falls die Reling doch einmal unglücklicherweise eingedrückt wird, kann man es recht schnell richten.

Leitern und Niedergänge

Leitern und Niedergänge, auch Kajütentreppen genannt, sind ein wesentlicher Bestandteil der Schiffsausrüstung. Verschiedene Hersteller bieten sie in Modellgröße aus Metall, Kunststoff und Holz an. Leider entsprechen diese Produkte oft nicht dem gewünschten Maßstab des Modells, also muss man seine eigene Produktion anwerfen. Aber das macht der peinlich

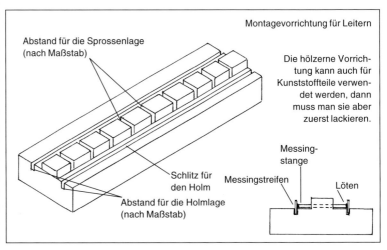

Abstand für die Sprossenlage (nach Maßstab)

Schlitz für den Holm

Abstand für die Holmlage (nach Maßstab)

Montagevorrichtung für Leitern

Die hölzerne Vorrichtung kann auch für Kunststoffteile verwendet werden, dann muss man sie aber zuerst lackieren.

Messingstange

Messingstreifen

Löten

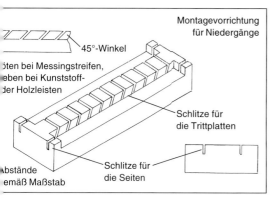

genaue Modellbauer ja sowieso. Einfache Leitern sind leicht zu bauen, man klebt sie einfach aus Kunststoffstangen oder lötet sie aus Messingprofilen. Aber immer braucht man eine Montagevorrichtung, damit die vielen benötigten Leitern alle gleich und auch ganz gerade werden (siehe Skizze). Einige der Fotos zeigen einfache Leitern in verschiedenen Bauweisen.

Gute fertige geätzte Leitern aus Messing findet man beim Eisenbahnmodellbau als Steigleitern für die Signalmasten und Tritte für Waggons und Lokomotiven.

Niedergänge oder Kajütentreppen sind nicht so einfach herzustellen. Es gibt sie aus Kunststoff, Holz oder Metall zu kaufen und für kleine Maßstäbe auch als Messingätzteile. Man muss sie nur noch für seinen Dampfer herrichten. Solche geätzten Treppen sind auf dem Heckfoto des Kümos „Jonrix" zu sehen. Die Handläufe sind aus Messingdraht und wurden mit Sekundenkleber angebracht. Vor dem Einbau sind die Teile bemalt worden.

Stellt man Niedergänge selbst her, sei es aus Messing, Holz oder Kunststoff, benötigt man ebenfalls eine Vorrichtung, wie sie in der Skizze gezeigt ist. Es gibt bestimmte Regeln zu beachten: So beträgt der Abstand der Standardleiterstufen 225 mm, beim Niedergang jedoch 175 mm. Niedergänge sind etwa 45° geneigt und haben meist einen Handlauf. Standardleitern stehen dagegen normalerweise fast oder ganz senkrecht und meist ohne Handlauf.

▲

Heckansicht des Modells der „Arran Mail" mit Niedergang. Jeder Tritt ist aus zwei Messingstangen. Die Handläufe sind ebenfalls aus Messingstangen und die Seiten aus Kunststoffplatten hergestellt.

Die Heckansicht der „Jonrix" zeigt zwei Niedergänge und andere wichtige Einzelheiten, Maßstab 1:75. ▼

Generalpläne zeigen in der Regel die Leiter- und Niedergangspositionen. Auf einigen Schiffen sind die Niedergänge gegen überkommende See und Schlechtwetter in kleinen Deckshäusern versteckt. Diese kleinen Aufbauten kann man leicht aus Sperrholz oder Kunststoffplatten herstellen. Auf den älteren Schiffen waren sie recht dekorativ getäfelt, gebeizt und gefirnisst. Die Täfelung kann man aus verschiedenen Furnieren zusammensetzen und mit Kontaktkleber aufbringen. Andere Kleber dringen durch dünne Furniere und hinterlassen unschöne Spuren. Die Türbeschläge werden aus Messingteilen, z.B. abgekniffenen Nagelköpfen, hergestellt, vielleicht passen auch Beschläge für die Puppenstube.

Poller

Ein Schiff trägt an Deck viele Ausrüstungsgegenstände und in einigen Fällen sind die Maße dieses Zubehörs durch genaue Regeln der zuständigen nationalen und internationalen Zulassungsämter festgelegt. Poller sind bekannte Ausrüstungsteile, generell werden sie dazu genutzt, das Schiff am Kai festzumachen oder zum Aufnehmen der Schleppleinen beim Bugsieren in Hafenbecken. Ihre Größe wird durch die Größe des Schiffs und den Verwendungszweck bestimmt. Im Generalplan sind die Positionen dieser Poller eingezeichnet. Meistens findet man am angegebenen Platz auch die genaue Typen- oder Größenbezeichnung des Pollers. Eine Abbildung gibt die Maße für verschiedene Doppelpoller in Zoll an. Abschnitte von dicken Kunststoff- oder Aluminiumstricknadeln geben eine gute Basis für die Pollerherstellung ab. Sie haben metrische Maße: Die Nadel Nr. 5 ist 5 mm dick, Nadel 6,5 ist 6,5 mm dick usw. Wenn man diese Nadeln in das Futter einer elektrischen Bohrmaschine spannt, kann man mit einer Feinsäge oder Feile ganz einfach die entsprechenden Längen für einen Pollerkörper abschneiden und sie dann mit Sekundenkleber auf die vorbereitete Pollerbasis kleben. Ein aufgeklebter kleiner, runder Teller aus einer Kunststoffplatte in Größe der Hut-

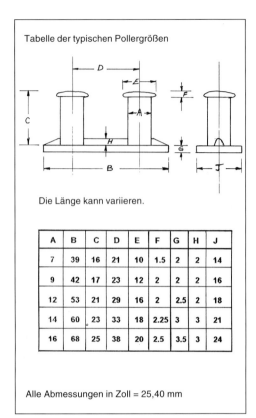

Tabelle der typischen Pollergrößen

Die Länge kann variieren.

A	B	C	D	E	F	G	H	J
7	39	16	21	10	1.5	2	2	14
9	42	17	23	12	2	2	2	16
12	53	21	29	16	2	2.5	2	18
14	60	23	33	18	2.25	3	3	21
16	68	25	38	20	2.5	3.5	3	24

Alle Abmessungen in Zoll = 25,40 mm

form vollendet den Pollerbau. Für schräg stehende Pollerkörper müssen die Stücke im richtigen Winkel von den Nadeln abgeschnitten werden.

Es gibt Poller mit einem, mit zwei und mit drei oder auch vier Körpern. Letztere werden meistens bei ganz großen Pötten wie Tankern und Kriegsschiffen verwendet. Die vier Körper eines Pollers können anstatt in Reihe auch im Karree aufgebaut sein. Stählerne Poller können, wie einige ihrer hölzernen Vorgänger, mit einem Querstab, der durch beide Körper geht, ausgerüstet sein. Es gibt einfache Festmacherpoller, Verholpoller und viele Arten mehr. Werften, Reedereien und Seefahrtsämter verfügen über die notwendigen Unterlagen. Bevor man Fehler macht, sollte man diese zurate ziehen. Verlage von Modellbauzeitschriften haben oft auch Pläne über die gebräuchlichsten Pollerarten im Sortiment.

Klampen

Klampen werden meistens dazu benutzt, die Trossen zu den Pollern, Winschen oder Gangspills zu leiten. Es gibt sie in vielen Arten und Größen, einige sind in der Skizze abgebildet. Man kann sie entweder fertig kaufen oder stellt sie mit feinen Feilen aus einem Stück Aluminium, Messing oder Kunststoff selbst her. Der Generalplan zeigt normalerweise auch die Positionen der Klampen. Sollte dies nicht der Fall sein, muss man sich mit den Fotos des Originals oder eines ähnlichen Schiffs begnügen. Oftmals reicht auch der gesunde Menschenverstand aus, um die Stellen für die Klampen auf dem Modell festzulegen. Einige Klampen sind einfache Gussstücke mit abgerundeten Kanten, andere komplizierte Gebilde mit Rollen zum Tauführen auf senkrechten oder waagerechten Achsen.

Lüfter, Lufthutzen und Ventilatoren

Auf den meisten älteren Schiffsdecks sind viele Entlüfter für tief im Rumpf liegende Tanks oder andere Einrichtungen zu finden, oft in einer der Formen, die wir in der Skizze zeigen; sie werden oft als Schwanenhalslüfter bezeichnet. Rohre mit klappbaren Deckeln, auch Pfeifendeckel genannt, ermöglichen das Einführen von langen Stangen, um in Tanks die Pegelstände von Öl, Wasser o.Ä. zu prüfen. Gleichzeitig dienen sie zur Tankentlüftung. Die Zeichnungen zeigen solche Lüfter meist nur andeutungsweise, Fotos sind aussagekräftiger. Aber dieses Zubehör gibt einem Modell ein authentischeres Aussehen. Das Foto vom Deck des Bohrinselrettungsschiffs „Scott Guardian" zeigt einige kleine Lüfter, die eine Ladeluke umgeben.

Der fast immer gebrauchte Lüfter ist der Haubenlüfter. Diese Form ist oftmals an Deck und auf den Aufbauten zu sehen. Die Aufgabe dieser Lüfter besteht darin, zum einen Frischluft ins Schiffsinnere zu führen und zum anderen die verbrauchte Luft wieder abzusaugen. Die Frischluftlüfter haben ihre große Öffnung immer in Bugrichtung des Schiffes und drücken durch den Fahrtwind die Frischluft unter Deck. Die Ablüfter zeigen mit ihrer Öffnung

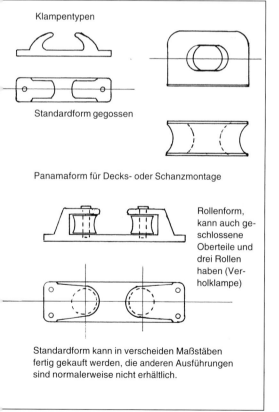

Klampentypen

Standardform gegossen

Panamaform für Decks- oder Schanzmontage

Rollenform, kann auch geschlossene Oberteile und drei Rollen haben (Verholklampe)

Standardform kann in verscheiden Maßstäben fertig gekauft werden, die anderen Ausführungen sind normalerweise nicht erhältlich.

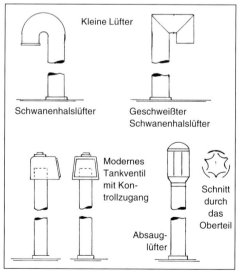

Kleine Lüfter

Schwanenhalslüfter

Geschweißter Schwanenhalslüfter

Modernes Tankventil mit Kontrollzugang

Absauglüfter

Schnitt durch das Oberteil

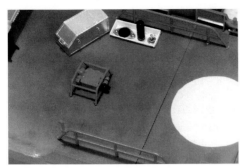

Kleine Lüfter um den Lukenzugang in der Mitte und die Festmacherrelings für Deckladungen auf dem hinteren Deck der „Scott Guardian".

immer zum Heck. Dadurch entsteht mit dem Fahrtwind ein Unterdruck, der die verbrauchte Luft absaugt. Ein bewährtes Prinzip, das keine Antriebe benötigt. Derartige Lüfter sind in einer Skizze und auf einigen der Fotos zu sehen. Wenn das Modell mit Dampf betrieben wird, sollte man die Lüfter funktionsfähig machen.

Alle Zubehörhersteller haben solche Lüfter in verschiedenen Größen im Lieferprogramm. Einige sind aus Kupfer oder Messing, andere aus Kunststoff oder Weißmetall. Man kann sie aber recht gut auch selbst aus Kunststoffplatten in einer Art Tiefziehverfahren herstellen (siehe Skizze). Zuerst macht man den Stempel, eine Holzform der gewünschten Haube, muss dabei aber die Stärke des verwendeten Plattenmaterials abziehen. Aus einer 3–4 mm dicken Sperrholzplatte sägt man einen Kreis im Durchmesser der späteren Haube aus, also etwas größer als der Stempeldurchmesser. Dann schneidet man ein Stück Kunststoffplatte zurecht, dessen Größe man durch Versuche herausfinden muss. Faustregel: Man hat genügend Material, wenn die Platte nach allen Seiten etwa 30% größer als das Formloch ist. Diese Platte wird dann am Rand mit Klebstreifen auf der Sperrholzplatte befestigt. Abdeckband ist dafür ideal. Mit einem Föhn oder einer Heißluftpistole (wird sehr heiß!) erwärmt man das Plattenmaterial vorsichtig so lange, bis es in der Lochmitte durchzuhängen beginnt, und drückt es nun zügig mit dem Formstempel bis zum Anschlag durch das Loch. Nach dem Abkühlen kann die so entstandene Halbkugel vorsichtig von der Platte abgeschnitten und in die endgültige Form gebracht werden. Der Stamm des Lüfters wird aus Rundholz, Kunststoffrohr oder einem anderen runden Materialstück hergestellt. Details wie z.B. die Handgriffe, die zum Drehen des Lüfters in oder aus dem Wind benötigt werden, und die Drehflansche am Bo-

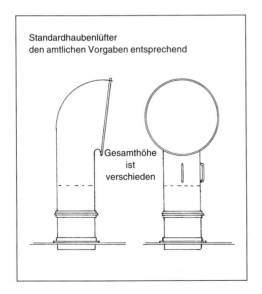

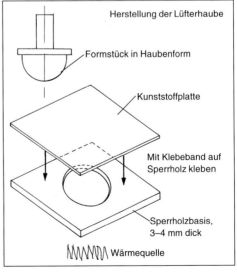

Die großen Haubenlüfter vor dem Schornstein wurden mit hier beschriebenen Methode hergestellt. Sie sind funktionsfähig und führen Luft für die Dampfmaschine in den Modellrumpf der „Kingston Peridot".

Maschinenraumaufbau und Ruderhaus des Tyne-Lotsenkutters „Britannia", Maßstab 1:24. Die Haubenlüfter auf diesem Schiff waren lang und dünn.

den des Stamms können aus Karton oder Kunststoffmaterial nachgeahmt werden.

Andere Ventilatoren, die für den Lufteinund -auslass genutzt werden, kann man auf vielen Schiffen sehen. Es sind dies die pilzförmigen Lüfter unterschiedlichster Größe mit Durchmessern von wenigen Zentimetern bis zu 2 m. Die Skizze zeigt solche Lüfter.

Andere Be- und Entlüftungsanlagen, die für spezielle Aufgaben im Schiff vorgesehen sind, werden durch große Elektromotoren angetrieben und leiten den Luftstrom auf dem Deck oder innerhalb der Aufbauten durch metallene, meist rechteckige Kanäle. Die Enden sind ungefähr so aufgebaut wie die Schwanenhalslüfter. Viele dieser Lüfter werden mit dem Namen ihrer Hersteller bezeichnet. Auch gibt

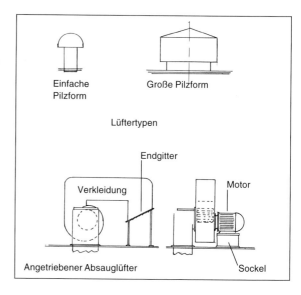

es auf einigen Schiffen regelrechte Belüftungsräume, die mit mehreren Lüftern bestückt sind. Diese Räume wird man immer dann einrichten, wenn ein konstanter, temperierter Luftstrom für Rechner oder andere empfindliche Mess- und Steuerelemente benötigt wird.

Bei den neuesten Schiffen wird die Frischluftzufuhr über große Gitterroste an den Seiten der Aufbauten oder der Abgastürme bewältigt. Hinter diesen Gittern sind immer Luftfilter eingebaut. Sie sorgen dafür, dass die eingesaugte Luft auf alle Fälle von den meisten Schmutzpartikeln gereinigt ist, bevor sie in die Innenräume des Schiffes gelangt. Die Abluft leitet man meistens durch die Abgastürme ab.

Bekohlungsluken

Bei kohlebefeuerten Dampfern befinden sich auf beiden Seiten des Kessel- und/oder Maschinenraums die Kohlebunker. Sie sind generell kreisrund und haben an Deck kreisförmigen Lukendeckel. Solche Deckel kann man aus Sperrholz- oder Kunststoffplatten bauen, sie müssen aber genau mit der Deckfläche abschließen. Die hölzerne Plankenumgebung dieser Luken ist immer vom Kohlenstaub verschmutzt und befleckt. Die Kohle hat sich in die Maserung eingearbeitet.

Zugangsluken

Zugangsluken zu Lagerräumen (Stores genannt), von Rettungsschächten und anderem mehr sind ebenfalls an Deck sichtbar. Einige sehen einfach wie flache Kistchen mit einem Deckel aus, der an Scharnieren hängt und kurze Überstände besitzt. Diese Zugänge sind einfach herzustellen. Andere, mit einem auf dem Deckel angebrachten Handradverschluss, sind etwas schwieriger zu fertigen. Das Foto von der „Scott Guardian" zeigt eine einfache Luke zwischen einigen niedrigen Lüftern. Diese Teile wurden aus Materialresten gebaut. Die Genauigkeit des Nachbaus solcher Decksausrüstungen wird immer vom Maßstab bestimmt. Kleine Decksluken sind oftmals mit Spannschrauben gesichert, während Luken über Fluchtwegen natürlich immer einen schnell von beiden Deckelseiten zu bedienenden Verschluss aufweisen, der normalerweise aus einem Handrad besteht.

Anker, Kettenstopper, Klampen usw.

Klampen, die meistens neben der Reling oder dem Schanzkleid zum Festmachen der Trossen auf das Deck montiert werden, kann man ganz leicht aus dickerem Messing- oder Kupferdraht fertigen. Der Draht wird in die gewünschte Form gebogen, die Spitzen zugeschliffen und die Mitte etwas abgeflacht. Da diese Klampen beim Original oft mit zwei Bolzen an Deck befestigt werden, bohrt man in das Flachstück und das darunter liegende Deck zwei Löcher, steckt Rundkopfnägel hindurch und klebt das Ganze mit Sekundenoder Zweikomponentenkleber fest.

Die Klüsenklappen und Kettenstopper sind bekannte Ausrüstungen auf jedem Vorschiff. Sie variieren stark in Form und Arbeitsweise.

Dieses Bild zeigt den Hallanker tief in der Ankerklüse der „Jonrix".

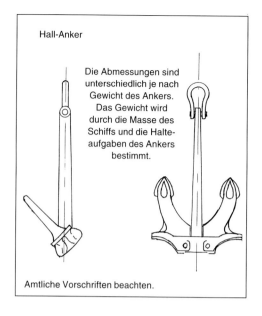

Hall-Anker

Die Abmessungen sind unterschiedlich je nach Gewicht des Ankers. Das Gewicht wird durch die Masse des Schiffs und die Halteaufgaben des Ankers bestimmt.

Amtliche Vorschriften beachten.

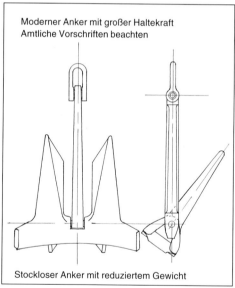

Moderner Anker mit großer Haltekraft
Amtliche Vorschriften beachten

Stockloser Anker mit reduziertem Gewicht

Auf einigen Fotos kann man verschiedene Typen ausmachen. Man sollte aber die offiziellen Normen einsehen!

Die Ankertypen der Schiffe sind vielfältig. Der Bekannteste ist der Patenanker, z.B. der Hall-Anker, wie ihn eine Skizze und das Foto der „Jonrix" zeigen. Ganz moderne Schiffe sind mit besonders leistungsfähigen Typen wie dem Danforth-Anker o.Ä. ausgerüstet (siehe Skizze und die Fotos der „Keila"). Anker gibt es in vielen Abmessungen und Gewichten, jedoch müssen sie immer zum Schiff passen und werden dementsprechend durch offizielle Normen bestimmt. Die Größe des passenden Ankers kann aus der Decksansicht des Generalplans entnommen werden, da oft der Ersatzanker, den jedes Schiff haben muss, eingezeichnet ist. Oder man nimmt wieder Fotos vom Original zu Hilfe. Wenn die Zeichnungen keinen Anker zeigen, kann man die Ankernormen nach dem richtigen Anker durchforsten. Die darin enthaltenen Tabellen geben die Maße der Anker an.

Die auf Schiffsmodellbau spezialisierten Händler haben viele Ankertypen im Lieferprogramm, manche aus Messing, andere aus Weißmetall. Man muss sich dann die richtige Größe aussuchen, wobei meist die Länge des Ankerschafts angegeben ist.

Eine Ankerkette besteht normalerweise aus Gliedern, die einen Steg in der Mitte haben. Solche Ketten sind in den Modellbaugeschäften nur sehr schwer zu finden. Ketten mit offenen Gliedern können bei allen guten Lieferanten als Meterware bezogen werden. Berechnet wird eine Kette nach der Gliederanzahl pro Meter. Fast immer werden diese Ketten in Messing oder Neusilber geliefert. Man kann aber

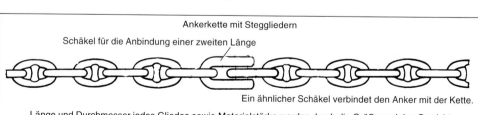

Ankerkette mit Stegggliedern
Schäkel für die Anbindung einer zweiten Länge
Ein ähnlicher Schäkel verbindet den Anker mit der Kette.
Länge und Durchmesser jedes Gliedes sowie Materialstärke werden durch die Größe und das Gewicht des Ankers und durch amtliche Vorschriften bestimmt.

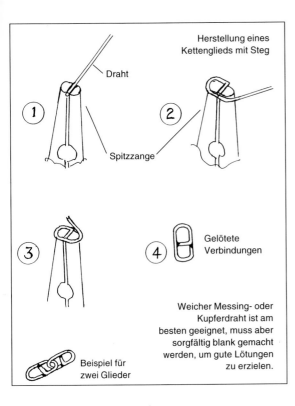

Herstellung eines Kettenglieds mit Steg
Draht
Spitzzange
Gelötete Verbindungen
Weicher Messing- oder Kupferdraht ist am besten geeignet, muss aber sorgfältig blank gemacht werden, um gute Lötungen zu erzielen.
Beispiel für zwei Glieder

auch geschwärzte Ketten beziehen. Auf einem Handelsschiff sieht man oft nur wenig von der Kette. Sie kommt vom Anker, der in der Klüse steckt, läuft durch den Kettenstopper über das Winschenrad und verschwindet sofort wieder im Kettenkasten unter Deck. Wo sie sichtbar ist, herrscht meistens Rostfarbe vor, selbst auf gut geführten Schiffen. Der Anker wird doch häufiger auf Reede, beim Warten auf eine Hafenpassage, gebraucht. Bei Kriegschiffen sind die Ankerketten oft weiß oder schwarz gepönt.

Ankerketten kann man aus dünnem Messing-, Kupfer- oder Neusilberdraht selbst herstellen. Doch muss jedes Glied, wenn es geformt ist, sofort gelötet werden. Das ist nicht so schwer, wie es sich anhört; man braucht nur etwas Übung, Geduld und Zeit dazu. Als Biegewerkzeug reicht eine Spitzzange, deren Klauen innen flach und außen abgerundet sind. Man beginnt mit dem Steg und biegt dann den Draht um die Rundungen der Zange. Dann schneidet man den Steg in die passende Länge und verlötet ihn innen mit der einen Außenrundung. Die gegenüberliegende Außenseite wird in Höhe des Stegs abgeschnitten und verlötet. Zum Löten sollte man einen kleinen elektrischen (30 Watt) Lötkolben und sehr gute Elektroniklötmittel ver-

Detailansicht eines Heringloggers von David Deadman. Sie zeigt ein dampfgetriebenes Gangspill, Netzschwimmer und Taljereeps. ▼

wenden. Bevor das nächste Glied endgültig verlötet wird, muss es in das zuerst gefertigte eingeklinkt werden. Die Lötvorgänge müssen sehr vorsichtig erfolgen, damit sich die Lötstellen des bereits fertigen Gliedes nicht wieder lösen. Wenn aber die ersten Glieder erfolgreich angefertigt und miteinander verbunden sind, werden die folgenden fast zum Kinderspiel. Übung macht den Meister. Da auf allen Schiffen, bis auf die großen Kriegsschiffe, nur kurze Enden Ankerkette an Deck zu sehen sind, braucht man auch nur kleine Längen herzustellen.

Das Kaliber einer Ankerkette muss immer zum Gewicht des Ankers passen. Da der Anker, laut technischer Verordnung der Schiffbauämter, gewichtsmäßig immer zum Schiff passen muss, geben Tabellen die richtigen Kaliber, Glied- und Kettenlängen verbindlich an. Bis auf England, wo eine Kettenlänge von 90 Fuß (27,43 m) vorgeschrieben ist, verwendet ganz Europa je Einzelkette Längen von 25 m. Beide Enden haben so genannte Kopfglieder (sie sind ohne Steg) mit zugehörigen Verbindungsgliedern (Schäkel) und Kettenwirbel. Ankerseitig wird immer ein stärkerer Ankerschäkel zwischen Wirbel und Endglied gebracht. Muss in größeren Tiefen geankert werden, werden die dafür zusätzlich notwendigen 25-m-Kettenlängen mit Schäkeln und Wirbeln eingebunden.

Ankerklüsen und Ankerbefestigungen ändern sich von Schiff zu Schiff. Auf einigen Schiffen ist ein einfacher Flansch an der Außenhaut in der Nähe des Bugs die einzige Ankerbefestigung, während bei den meisten Schiffen die Ankerklüse total unter der Außenhaut im Schiffsrumpf verschwindet und der Anker von dieser Klüse fast ganz aufgenommen wird. Die kleineren Schiffe haben oft nur einen Anker, der sofort für Noteinsätze fallen gelassen werden kann. Die größeren sind grundsätzlich mit mindestens zwei Ankern ausgerüstet. Die Ketten für diese Anker werden bereits aus den Kettenstaukästen über die Räder der zugehörigen Winden geführt. Bei den alten Schifftypen ist stets ein Ersatzanker ohne Kettengeschirr etc. an Deck verzurrt. Beim Funktionsmodell müssen die Ankerklüsen an Deck und an der Außenhaut so abgedichtet werden, dass kein Wasser ins Rumpfinnere einsickern kann. Kupfer- oder Messingbleche lassen sich für die Ankerklüsen am besten verformen und dann löten. Dabei müssen natürlich die Klüsenausgänge auf dem Deck und an der Außenhaut mit entsprechenden Kettenlaufbögen bestens angepasst werden. Ebenso muss der Innendurchmesser der Klüsen so groß sein, dass der Ankerschaft oder -stock und die Kette frei darin beweglich sind. Später, beim Einbau, lassen sich diese Blechformen mit einem Zweikomponentenkleber sehr gut abdichten. Der Generalplan zeigt normalerweise den Verlauf der Ankerklüsen genau auf. Es ist immer darauf zu achten, dass die eingebauten Ankerklüsen an beiden Enden, an Deck und besonders an der Außenhaut des Modells, einen ovalen Querschnitt aufweisen. Die Klüsen nehmen fast immer den ganzen Schaft des Ankers auf, wenn beim Aufholen die Fluken der modernen Anker eng an die Außenhaut herangezogen werden und die Kette dann in den Kettenstoppern einrastet.

Neben dem ganz bekannten Hall-Anker gibt es für die moderne Schifffahrt noch folgende Typen: Heuss-Spezial-, Byers-, Union-, Gruson-, Spek-, D'Hone-, AC14-, Danforth-, Pool-N-, Pool-Tw-, Baldt-, moderner Admiral-, Marrel-, Ansaldo- und den F.M.A.-Anker (ein Anker aus Mailänder Gießereien). Alle werden in den Materialgüten U1, U2, U3 oder ORQ hergestellt. Dazu gibt es die verschienen Kleinanker, einarmig, zweiarmig oder mehrarmig, mit beweglichen oder starren Fluken, für Yachten, Motorboote und andere Kleinschiffe. Der kleinere Anker wird immer noch, wie früher, mit einem Ankertau, das man auch Pferdeleine nennt, und einem Wurfankerstek (Draggenverlaschung), Ankertauknoten (Ankertauverlaschung) oder Pferdeleinenstek (Pferdeleinenverlaschung) mit dem Schiff verbunden.

Ganz selten findet man heute noch ein Schiff mit einem alten Stockankertyp. Manches Mal tragen Heringsfänger solche alten Anker, der mit einem senkrechten Spill oder einer neuzeitlichen Ankerwinde (Winsch) abgelassen oder gehoben wird. Als Zwischenträger verwendet man dann einen kleinen Davit (eine Jütte), ähnlich dem der Rettungsboote. Auch wurden die Spille vor der Trommelrundung mit einem Tauheber ausgestattet. Dieser bewirkte, dass beim Fallen oder Holen des Ankers das Tau immer waagerecht zur Trommel geführt wurde. Das Tau konnte sich nicht mehr mit der Winsch verklemmen.

Navigationslichter

Navigationslichter (-lampen), ob funktionsfähig oder nicht, sind Ausrüstungsteile, die unbedingt auf einem Modell vorhanden sein und auch dort den bestehenden Schiffsbauvorschriften entsprechen müssen. Ein Handelschiff, das nachts unterwegs ist, muss als Dampferlicht ein weißes Licht im Vormast führen, das einen Abstrahlwinkel von jeweils zehn Kompassstrichen nach jeder Seite hat, gemessen von der Schiffsmittellinie. Der Abstand zwischen zwei Kompassstrichen beträgt 10 von 360 Winkelgraden. Die Windrose ist seit Jahrhunderten in 36 Kompassstriche eingeteilt. Ein zweites Dampferlicht mit den gleichen Abstrahlverhältnissen ist 4,5 m höher als das erste, aber etwas weiter nach achtern installiert. Die meisten Schiffe tragen ein Hecklicht, das aus der Schiffsmitte um sechs Kompassstriche (60°) nach jeder Seite strahlt. An Steuerbord muss jedes Schiff ein ungehindertes grünes Licht zeigen, das von ganz gerade nach vorne über elf Kompassstriche nach rechts strahlt. Nach Backbord trägt jedes Schiff ein rotes Licht mit den gleichen, jedoch seitenverkehrten Winkelmaßen. Diese roten und grünen Lichter sind fast immer in speziellen, heute meist mattschwarz gestrichenen Halteborden untergebracht. Die Bords sind so aufgebaut, dass sie ein Überschreiten der Lichtabstrahlwinkel verhindern. Bis Mitte der 1970er-Jahre waren die Bords immer in den Farben des zugehörigen Positionslichts gestrichen, rechts grün und links rot. Alle Lichterführungen eines Schiffes sind international genau festgelegt. So kann man daraus sehen, ob eine Schiff schleppt oder geschleppt wird; ob es sich bewegt oder ohne Kommando ist etc. Wenn man einen Modellschlepper oder Fischfänger baut, muss man wissen, dass sie immer einen Weihnachtsbaum aus Lichtern am Hauptmast tragen. Und dann auch noch mit unterschiedlichen Farben. Und alle diese Lichter zeigen, wenn sie beleuchtet sind, eine ganz bestimmte Einsatzart. Diese Lampen müssen an einem Modell korrekt dargestellt werden. Und dabei muss man die für das Modell gültigen Vorschriften von Lloyd's oder den Schifffahrtsbehörden beachten. Die Vorschriften ändern sich von Zeit zu Zeit.

Die „Signaltafeln für die Berufs- und Sportschifffahrt" (Delius Klasing, ISBN 3-7688-0085-7) geben die genauen Winkel der Lichter folgendermaßen an: Toplicht 1 und 2 jeweils 225° total, also 112,5° nach jeder Seite. Hecklicht: 135° total, also 67,5° nach jeder Seite. Positionslampen, grün/rot: jeweils 112,5° von gerade voraus zu den Seiten. Aus diesem Buch kann man auch alle anderen Lichterführungen schnell und übersichtlich entnehmen.

Die meisten Generalplanzeichnungen enthalten die Informationen über die Mastlichter. In allen Modellbau- und Seefahrtszeitschriften erscheinen ab und zu Artikel, die ganz genau die Lichterführungen von allen möglichen Schiffen beschreiben oder deren gesetzliche Änderungen bekannt geben. Es ist ganz wichtig, dass sich der Modellbauer um die Quellen gerade für diese Ausrüstungen bemüht. Oft hat auch eine Anfrage bei einer Werft Erfolg.

Um eine diffuse Abstrahlung des Lichts und damit eine ungenügende Leuchtweite wegen Lichtverlust zu verhindern, sind alle Lichter eines Schiffes mit Fresnel-Linsen ausgerüstet. Diese konzentrieren durch bestimmte Linsen- und Prismenformen das in ihrem Mittelpunkt erzeugte Licht so, dass es nur in waagrechte Richtung gebündelt abgestrahlt wird.

Die ersten Schiffslampen wurden mit Öl betrieben. Die damaligen Regeln forderten auf jeder Lampenposition mindestens zwei separate Leuchtkörper. Später, als die elektrische

Beleuchtung die Norm wurde, mussten die Schiffe als Ersatz Öllampen mitführen, die immer über der elektrischen Beleuchtung angebracht wurden. Heute haben alle Schiffe neben der schiffseigenen elektrischen Standardausrüstung als Ersatz batteriebetriebene Beleuchtungskörper. Man kann es daran sehen, dass auf fast allen Schiffen zwei Lampenkörper, als Paar übereinander, installiert sind.

Modelllichter mit und ohne Funktion können in Messing oder Kunststoff in guter Qualität in allen Modellbaugeschäften erstanden werden. Die Liefermöglichkeiten erstrecken sich über eine ganze Anzahl von Größen und Typen, so dass der Modellbauer fast immer die zu seinem Modell passenden Lampen finden kann. Um sie selbst zu fertigen, benötigt man etwas Geduld, Vorsicht und eine regelbare elektrische Bohrmaschine. Ein glasklarer Kunststoffstab (Plexiglas o.Ä.) mit größerem Durchmesser als die gewünschte Lampe wird in das Bohrfutter gespannt und dann bei ganz geringen Drehzahlen mit feinen Feilen, Schleifleinen oder -papier genau in die Form der Lampe gebracht. Zum Schluss bohrt man ein Sackloch (eine Bohrung, die nicht ganz durch den Körper hindurchgeht) mit größerem Durchmesser als der der Glühlampe in das Material und steckt dort die mit entsprechender Spezialfarbe (Grün, Rot, Gelb) bestrichene Glühlampe ein. Der eigentliche Lampenkörper kann dann aus einem passenden Messing-, Aluminium- oder Kupferrohr hergestellt und über den Kunststoffkörper gestülpt werden. An der richtigen Stelle des Modells angebracht, hat man genau die Beleuchtung, die zum Schiff passt. Verdrahtungseinzelheiten werden später behandelt.

Gussteile aus Weißmetall oder Kunstharz

Auf jedem Schiff gibt es identische Teile in größerer Zahl. Um diese nicht alle einzeln zu fertigen, stellt man ein ganz genaues Muster her, das als Urmodell (auch Master genannt) für eine Gussform aus Silikongummi dient.

Die zwei Hälften einer Silikongummigießform für einen kleinen Deckslüfter mit einem abgegossenen Stück

Gussform für eine Schleppwindentrommel. Die Urform, die daneben liegt, wurde aus einem Stück Kunststoffstricknadel gedreht.

Aus dieser Form können dann recht viele Folgestücke abgegossen werden. Der Prozess des eigentlichen Gusses ist in Weißmetall oder Kunstharz recht einfach, aber die Formen und die Master benötigen bei der Herstellung recht viel Sorgfalt und Präzision. Die zwei gebräuchlichsten Vorgänge werden im Anschluss ausführlich beschrieben.

Weißmetall wird als Gussmaterial in verschieden zusammengesetzten Legierungen geliefert. Die gebräuchlichsten sind entweder aus Blei und Zinn oder Blei und Wismut, bessere Zusammensetzungen enthalten neben Blei, Zinn noch Antimon und die allerbesten Gemenge zusätzlich etwas Kupfer.

Achtung: Alle Weißmetalle enthalten ein wenig giftiges Cadmium. Für Teile, die viel berührt werden oder Nahrungsmittel aufnehmen sollen, sind Weißmetalle nicht zugelassen. Man muss deshalb auch recht intensiv nach Lieferanten suchen.

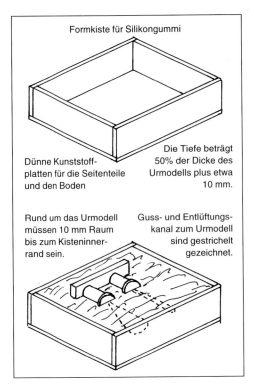

Formkiste für Silikongummi

Dünne Kunststoffplatten für die Seitenteile und den Boden

Die Tiefe beträgt 50% der Dicke des Urmodells plus etwa 10 mm.

Rund um das Urmodell müssen 10 mm Raum bis zum Kisteninnenrand sein.

Guss- und Entlüftungskanal zum Urmodell sind gestrichelt gezeichnet.

Alle diese Legierungen haben einen unterschiedlichen Schmelzpunkt zwischen 68 und 185°C. Sie sind also gut mit einem großen elektrischen Lötkolben in einem Porzellantiegel oder -becher zu schmelzen.

Weißmetall eignet sich, wenn man die Arbeitsweisen begriffen und Anfangsschwierigkeiten des Schmelz- und Gussvorganges überwunden hat, vorzüglich für die Herstellung vieler gleicher Kleinteile im Schiffsmodellbau.

Wie gesagt muss zuerst ein sehr gut ausgeführtes Urmodell hergestellt werden. Die Oberflächen dürfen keine Kratzer oder Unebenheiten aufweisen, denn diese würden sich im späteren Abguss selbstverständlich mit abbilden. Außerdem darf das Urmodell keine hintergreifenden Ecken oder Kanten haben, es lässt sich sonst nicht oder nur sehr schwer aus der späteren Form lösen. Als Material für das Original kommt Holz, Metall, Kunststoff oder auch spezielle Knetmasse (für den Formenbau), selbst Lehm oder Ton infrage. Wichtig ist nur, dass das Endprodukt eine glatte Oberfläche hat. Als Nächstes werden zwei kleine, gleiche Kisten (die untere mit Boden, die obere ohne) aus Sperrholz oder Kunststoffplatten angefertigt. Sie müssen so groß und tief sein, dass das Muster mit genügend Raum (8–10 mm) nach allen Seiten, auch nach unten, in sie hineinpasst (siehe Skizze).

Das Silikongummi-Formenmaterial wird als rötliche, dickflüssige Masse geliefert. Sie muss in ganz genauem Verhältnis mit dem Katalysator vermischt werden. Es ist deshalb notwendig, die Portionen mit einer guten Waage (z.B. Küchenwaage) abzumessen. Um die Menge für die Form zu bestimmen, muss man diese bis zum Überlaufen mit Wasser füllen. Dann gießt man das Wasser in einen Plastikbecher und markiert den Wasserstand. Nach dem Ausgießen wird der Becher sorgfältig ausgetrocknet und kann dann das Gummimaterial bis zur Marke einfüllen. Die eingefüllte Menge muss man genau abwiegen. Das ermittelte Gewicht bestimmt die Tropfenanzahl der Katalysatorflüssigkeit, die dem Gummi laut Anweisung zum Aushärten beizumengen ist. Das Gemisch muss sehr gut durchgerührt und dann für mindestens 30 Minuten an einen recht warmen Platz gestellt werden. Während dieser Zeit sollte der größte Teil der beim Mischen eingedrungenen Luft aus der Masse entwichen sein. Dies ist ein langwieriger Prozess. Um auszuhärten benötigt die Gummimasse selbst bei sehr warmer Umgebung wenigstens zwölf Stunden.

Das abzuformende Original wird mit dünnen Drähten so in der unteren Kiste platziert, dass seine untere Hälfte (bis zur Mittellinie) genau mit der Oberkante der Kiste abschließt. Dann gießt man die Gummimasse vorsichtig bis zum Überlauf in die Kiste und achtet dabei sorgfältig darauf, dass keine Gummimasse auf die obere Hälfte des Masters gelangt.

Die gefüllte Form wird dann für mindestens zwölf Stunden an einen warmen Platz (mehr als 25°C) zum Aushärten gestellt. Silikongummi härtet bei Temperaturen unter 25°C sehr schlecht und unter 20°C gar nicht aus. Im Winter ist der beste Platz der Heizungskeller oder ein heißer Heizkörper, im Sommer reicht die sonnenbestrahlte Fensterbank eines Südfensters aus.

Am nächsten Tag wird die gefüllte Kiste an den Rändern von überstehenden Gummiresten gereinigt, die Oberfläche mit einem Silikonpolierspray dünn eingesprüht und dann der obere Kistenrahmen auf die erste Kiste aufgesetzt, abgedichtet und fixiert. Nun rührt man die zweite Portion Gießmasse an, lässt sie entgasen und gießt sie dann vorsichtig in die Form. Nach dem Guss wieder alles an einen warmen Ort zum Aushärten abstellen. Man darf auf keinen Fall versuchen, die Kisten abzunehmen, bevor die Masse nicht vollkommen ausgehärtet ist. Am besten lässt man alles mindestens 24 Stunden an dem warmen Platz. Dann ist sicher, wenn man das richtige Mischungsverhältnis eingehalten hat, dass die Form stabil ist.

Man teilt dann sehr vorsichtig die Gussform in die zwei Hälften. Wenn sie vor dem Guss richtig mit Trennmittel behandelt wurden, dürfte das kein Problem darstellen. Das Original wird vorsichtig entnommen und man untersucht die Formhälften ganz genau auf Schäden. Sind sie in Ordnung, kann man nun mit einem sehr scharfen Messer ganz vorsichtig Entlüftungs- und Gusskanäle in den Gummiblock schneiden, wie es in der Skizze angedeutet ist. Außerdem ist es sinnvoll, die Formhälfen mit irgendwelchen Führungsstiften zu versehen, damit sie immer genau gleich aufeinander sitzen. Nun schneidet man für Boden und Deckel der Form zwei Sperrholzbrettchen passend zu, stäubt die Formen gut mit Talkumpuder ein, setzt sie zusammen, legt die Sperrholzbrettchen auf und hält alles mit starken Gummiringen oder Klammern fest zusammen.

Genügend große Weißmetallstücke werden in einem kleinen Porzellantiegel mit einem großen (100 Watt) elektrischen Lötkolben oder einer Gaslötlampe geschmolzen. Die richtige Fließtemperatur ist dann erreicht, wenn ein eingetauchtes Holzstäbchen (Streichholz o.Ä.) verkohlt. Das flüssige Metall gießt man dann langsam in die Eingussöffnung der Gummiform,

bis sie voll ist. Die Seitenwände der Form werden vorsichtig beklopft, um eingeschlossene Luftbläschen zu entfernen.

Nach dem Guss lässt man die Form zum Abkühlen einige Zeit ruhen, öffnet sie dann und überprüft das Gussstück. Es kommt nicht selten vor, dass die ersten ein oder zwei Versuche misslingen. Das ist jedoch nicht weiter schlimm, da man das Metall ja erneut einschmelzen und verwenden kann.

Werden vom Metallfluss einige Teile der Form nicht erreicht, ist meistens gefangene Luft der Grund. Kleine Schnitte in der Gummiform reichen oft aus, diese Luft beim nächsten Guss ausströmen zu lassen. Die dann am Gussstück zurückbleibenden Unregelmäßigkeiten und Grate lassen sich leicht mit einem scharfen Messer und kleinen Feilen entfernen. Vor dem Bemalen müssen die Gussteile mit einer kleinen Drahtbürste, wie man sie zur Reinigung von Wildleder nimmt, gesäubert werden.

Gießen mit Kunstharz ist fast genauso durchzuführen. Nur muss der Formengummi aus einer anderen Zusammensetzung bestehen. Verschiedene Firmen liefern alle notwendigen Stoffe zusammen mit den genauen Anleitungen. Wir gehen daher hier nicht weiter darauf ein. Zu beachten ist, das Kunstharz nicht in feine, kleine Hohlräume der Form läuft, wie es Weißmetall macht. Man sollte also nur größere Teile ohne Unterschneidungen aus Kunstharz gießen.

Für Kunstharzgüsse muss als Erstes wieder eine Kiste wie beim Metallguss gebaut werden, nur sollten hier die Wandabstände zum Original mehr als 10 mm in allen Richtungen betragen. Das Masterstück wird genau wie zuvor bis zur Hälfte seiner Kontur in der Kiste eingebracht und gesichert. Das Formenmaterial wird in der richtigen Menge gemischt und in die Form eingebracht, dann lässt man die Form mindestens zwölf Stunden zum Abbinden ruhen. Nun die obere Kiste aufsetzen, alles mit Trennmittel behandeln und die zweite Portion Formenmaterial einfüllen. Nach der Aushärtezeit wird die Form auseinander genommen, das Original entfernt und die Formhälften auf

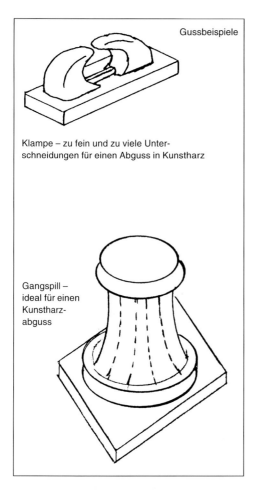

Gussbeispiele

Klampe – zu fein und zu viele Unterschneidungen für einen Abguss in Kunstharz

Gangspill – ideal für einen Kunstharzabguss

Fehler untersucht. Die meisten Hersteller der Formmaterialien liefern auch geeignete Pasten zur Reparatur beschädigter Formen.

Die Formhälften werden wieder mit Guss- und Abzugskanälen versehen, zusammengesetzt und gesichert. Dann kann man das spezielle Gießharz anmischen. Normales Polyesterharz, wie es für den Rumpfbau genutzt wird, ist zum Gießen nicht geeignet. Gießharz ist fast immer klar und durchsichtig, so dass ein Pulver beigemischt werden muss, um undurchsichtige Abgüsse zu erhalten. Man bekommt es von gleichen Hersteller. Das für den Guss benötigte Harz wird nach der Gebrauchsanweisung abgewogen, mit dem (farbigen) Pulver und dem erforderlichen Katalysator vermischt. Nun bleiben nur ganz wenige Minuten, um die eingeschlossene Luft entweichen zu lassen und die Form mit dem Harz zu füllen. Während des Aushärtevorgangs wird die Masse aufgrund der chemischen Reaktion sehr warm, ja eventuell sogar heiß. Die Form sollte für mindestens eine, besser sogar zwei Stunden ruhen und auskühlen, bevor sie geöffnet und das Gussstück entnommen wird. Gussteile lagert man für eine gewisse Zeit an einem warmen Ort zur weiteren Festigung, auch härtet die in der Form noch klebrig gebliebene Oberfläche dabei ganz aus. Klaren Gießharzen kann man ein metallisches Pulver beimischen. Die spätere Oberfläche sieht dann so aus, als ob das ganze Teil aus Metall gefertigt wurde. So gibt eine Messingbeimischung dem ganzen Guss das Aussehen eines kompakten Messingstücks.

Die im Handel erhältlichen fertigen Weißmetall- und Gießharzabgüsse werden meistens unter strikten Schmelztemperaturkontrollen im Schleudergussverfahren hergestellt. Diese Methode ist für wenige 100 Stücke leider zu aufwendig und zu teuer. Sollten jedoch mehrere Klubmitglieder das gleiche Modell bauen, ist es eine Alternative, schnell und kostengünstig an viele gleiche Bauteile zu kommen; die Mitglieder würden sich die Gesamtkosten für die besser detaillierten Gussstücke teilen.

Weißmetalle, Gießharze, Silikongummi und die zugehörigen Trenn- und Verarbeitungsmittel sind alles Stoffe, bei denen man gewisse Sicherheitsregeln beachten muss. Man lese also die beigefügten Anleitungen genau durch und halte sich daran. Ein gut belüfteter Arbeitsplatz ist eine der Voraussetzungen für die Arbeit mit diesen Chemikalien.

Kapitel 16: Rettungsboote und Davits

Alle Schiffe müssen Rettungsboote und Rettungsmittel, wie automatisch aufblasbare, überdachte Inseln (in weißen Behältern) oder feste schwimmende Flösse, mitführen. Rettungsboote werden meistens auf den oberen Decks untergebracht und durch Systeme von Davits bewegt. Davits sind kleine, speziell zum Hieven und Senken von Rettungsbooten oder -inseln entwickelte Kräne. Moderne Schiffe sind mit völlig geschlossenen Rettungsbooten bestückt, die über eine Rutsche, meistens am Heck, zu Wasser gelassen werden. Sie rutschen im Notfall, Bug voran, aus recht großen Höhen direkt ins Wasser. Kleinere Schiffe haben meistens ein aufblasbares Beiboot auf dem Achterdeck, das mit einem Handkran zu Wasser gelassen wird und groß genug ist, die gesamte Mannschaft sicher aufzunehmen. Diese Boote sind häufig mit Außenbordmotoren ausgerüstet. Auf dem Foto der „Timrix" ist so ein Beiboot dargestellt.

Am Heck der „Timrix" ist das Schlauchboot mit zugehörigem handgetriebenem Deckskran zu sehen (Maßstab 1:75). Bei einer Besatzung von nur sieben Mann ist dies ein ausreichendes Rettungsmittel.

Rettungsboote

Die ersten Rettungsboote wurden in Klinkerbauweise aus Holz hergestellt und gerudert. Sie hatten keine Auftriebshilfen und waren meistens nichts weiter als große Dingis, ähnlich den Ruderbooten auf Binnenseen. Fortschritt und Sicherheitsvorschriften forderten später, dass Rettungsboote unsinkbare Einheiten sein müssten, deshalb wurden Schwimmtanks in Bug, Heck und auch in die Seitenteile eingebaut. Nach dem Desaster der „Titanic"

Die Davits beim Dampftrawler „Kingston Peridot" (Maßstab 1:48) sind im Bau. Das Rettungsboot ist industriell hergestellt.

mussten alle Schiffe so viele Rettungsboote mitführen, dass ein Platz für jeden Passagier und jedes Besatzungsmitglied und dazu noch ein gewisser Prozentsatz Reserveplätze zur Verfügung stand. Neue Rettungsboote kamen auf, die hölzernen nach wie vor in Klinkerbauweise, einige erhielten Schraubenantriebe mit kleinen Motoren, andere ein manuell betriebenes Hebelsystem für den Propellerantrieb. Weiteren Fortschritt brachte Rettungsboote aus Stahl, Aluminium und glasfaserverstärktem Kunststoff. Letztere, besonders die mit abgeschlossener Rettungskabine, sind immer mehr im Kommen. Und sie sind knallorange!

Rettungsboote sind ein wichtiger Teil eines Modellschiffs und beinträchtigen, wenn sie nicht richtig und ziemlich perfekt gebaut sind, den Gesamteindruck erheblich. Aus Sicht der meisten Modellbauer ist es ein Segen, dass fast alle Rettungsboote mit einer Plane, die das Innere abdeckt, versehen sind. Diese Abdeckungen werden bei den Booten oft durch eine Holzkonstruktion gestützt, die dem Ganzen ein zeltähnliches Aussehen verpasst. So kann Regen oder überkommendes Seewasser leichter ablaufen. Manchmal ist es auch nur ein Seil, das zwischen Bug und Heck gespannt wird, welches die Abdeckung unterstützt. In beiden Fällen hängt die Plane durch und ist nicht sehr stramm gespannt. Um eine natürliche Gestaltung der Rettungsboote mit ihren Abdeckungen zu erreichen, sollte man vorher immer mehrere Originale in Augenschein nehmen. Ein Modellrettungsboot mit einer Plane auszustatten, spart eine Menge Zeit. Die Boote müssen nicht in langen Stunden mit Rippen, Sitzbänken, Ruderhaltern, Kielen etc. ausgerüstet werden. Außerdem entfällt die gesamte lose Inneneinrichtung dieser Boote. Die Planen kann man ganz leicht aus dünnem Seidenstoff herstellen und mit etwas Sekundenkleber an den Bootskörpern befestigen. Imprägniert und gleichzeitig gestrafft wird der Stoff mit Spannlack aus dem Flugmodellbau. Bei größeren Maßstäben nimmt man anstatt der Seide den gröberen Leinenstoff. Auch wenn ein Modell-

rettungsboot mit einer Plane abgedeckt wird, müssen vorbildgetreue Handseile an den Außenkanten angebracht werden.

Rettungsboote werden immer nach den offiziellen Bauvorschriften der einzelnen Länder gebaut und ausgerüstet. Diese Vorschriften enthalten Tabellen, in denen die Größen, Bauarten und Ausrüstungen der Boote für die jeweilige Größe des Schiffs aufgelistet sind. Die Nummern und Standplätze der für ein bestimmtes Schiff vorgesehenen Bootstypen sind in dessen Generalplan angegeben.

Wenn das Modellschiff mehr als ein oder zwei Rettungsboote trägt, ist es ratsam, eine Form herzustellen, aus der dann die benötigte Stückzahl gezogen wird. Man kann dies auf die gleiche Weise machen, wie der große Rumpf hergestellt wurde. Es ist nicht notwendig, für den Aufbau dieses Bootsrumpfes eine Doppelform herzustellen, es reicht die einfache Form. Die Herstellungsweise unterscheidet sich nicht von der in Kapitel 8 beschriebenen, es wird nur weniger Material benötigt. Statt der dicken Glasmatten im großen Rumpf, verwendet man hier ganz zarte Glasseide zum Stabilisieren des Kunstharzes. So entsteht eine sehr leichtgewichtige, aber stabile Konstruktion.

In der gleichen Form können solche kleinen Rümpfe auch aus Pappmaché gemacht werden. Man taucht kleine, gut saugende Zeitungspapierschnitzel in Tapetenkleister und legt sie dann in Schichten in die zuvor gut ausgewachste Form ein. So wird Lage um Lage in die Form geklebt, bis die ausreichende Stärke erreicht ist. Nach einer recht langen Trocknungszeit nimmt man die Bootsschale aus der Form und streicht sie mit Schnellschleifgrund. Nach dem erneuten Trocknen wird der Bootskörper geschliffen und bemalt. Solche Bootsschalen sind sehr leicht und können, wenn es erforderlich ist, mit Rippen, Bänken, Rudern etc. ausgerüstet werden.

Der Autor wendet eine andere Bauweise für die Herstellung eines Formmasters an. Aus Sperrholz, das so dick wie der maßstäbliche Kiel breit ist, wird die Form des Bootes vom

Kiel einschließlich der beiden Steven an Bug und Heck bis zur Oberkante des Rumpfes ausgesägt, also praktisch ein Längsschnitt. Dann wird je ein Balsablock zugeschnitten und grob in die Form der Bootshälfte schnitzt. Beide Blöcke klebt man dann an den Kiel, lässt das Gebilde gut trocknen und kann dann die endgültige Form schnitzen und schleifen. Als Hilfe dienen dabei Konturschablonen der verschiedenen Rumpfabschnitte. Nachdem der Rohling fertig ist, wird er mit Porenfüller versiegelt, wieder geschliffen und sehr sauber lackiert. Wenn die echten Rettungsboote aus Holzplanken geklinkert gebaut waren, muss man diese Klinkeroberfläche vor dem Lackieren auf dieser Form mit Kartonstreifen nachbilden. Anschließend wird die Oberfläche gewachst und die Form wie zuvor beschrieben angefertigt.

Braucht man nur ein oder zwei Rettungsboote, kann man sie auf verschiedene Weise herstellen. Es kommt immer darauf an, wie die Boote später auf dem Modell präsentiert werden. Für Boote mit einer Abdeckung sind die geschilderten Methoden bestens geeignet. Wenn jedoch voll detaillierte Boote gefordert sind, müssen Schalen hergestellt, ausgearbeitet und ausgerüstet werden. Man stellt einen Formklotz des Bootes her und nimmt diesen als Grundlage für die Beplankung mit dünnen Sperrholz-, Furnier- oder Kunststoffstreifen. Der Kiel muss, da er später ein Bestandteil der Schale wird, in eine Rille im Formklotz eingepasst werden. Die Streifen werden dann an diesem Kiel und aneinander verklebt. So hergestellte Schalen sind sehr schön, aber auch empfindlich. Sie benötigen zur Versteifung Rippen und Bänke.

Bei gedeckten Klinkerbooten sind die Planken nur an der Außenseite zu sehen. Wenn aber das Boot ohne Abdeckung gezeigt werden soll, müssen diese Planken auch im Innenbereich sichtbar sein. Wie solche Boote hergestellt werden, wurde bereits in vielen Veröffentlichungen behandelt. Es gibt auf alle Fälle mehrere Versionen.

Auch nach folgender Methode lassen sich kleine geklinkerte Bootsschalen herstellen: Zuerst wird wie zuvor beschrieben ein glatter Formkörper des Bootes angefertigt und die Oberfläche sehr sauber bearbeitet. Eine Schablone des oberen Bootsrandes wird aus Sperrholz ausgeschnitten. Genau an den Stellen, an denen Spanten im Bootsrumpf sind, schneidet man entsprechende rechteckige (1×1 mm) Aussparungen in die Schablone. Der Kiel mit Bug- und Hecksteven wird aus entsprechendem Sperrholz ausgeschnitten und ebenfalls im gleichen Abstand mit gleich großen (1×1 mm) Kerben für die Spanten versehen. Dann nimmt man viereckige 1×1-mm-Buchen-Biegeleisten, feuchtet sie an, legt sie auf die Form und klemmt sie auf beiden Seiten unter die Schablone. Später setzt man den Kiel auf alle Spanten und verklebt ihn. Dann werden Holzstreifen in Form gebracht und in Klinkerbauweise immer beidseitig auf die Spanten geklebt. Nach dem Trocknen ist ein kompletter geklinkerter Holzrumpf entstanden. Die Schale wird anschließend mit Bänken, Versteifungen, Bodenbrettern etc. ausgestattet. Innen- und Außenlackierungen schließen die Arbeiten ab.

Davits

Die Rettungsbootsdavits haben in Form und Funktion über die Jahre viele Veränderungen erfahren. In der Anfangszeit der Motorschifffahrt waren es einfache drehbare, handbetriebene Kräne (Drehdavits), die in Paaren an den Seiten der Schiffe montiert waren. Zwischen ihnen war das Rettungsboot aufgehängt und schleuderte hin und her. Spätere Entwicklungen brachte die Quadrant-, Crescent- und Lum-Davits. Diese wurden wiederum von den Schwerkraftdavits abgelöst. Einige Fotos und die Skizze zeigen mehrere Davittypen.

Unterhalb der Rettungsbootposition muss die Schiffsbordwand frei allen Hindernissen sein, die das schnelle Wassern der Boote beeinträchtigen könnten. So kann beispielsweise eine Außenleiter oder Gangway niemals unter Rettungsbootstationen platziert werden.

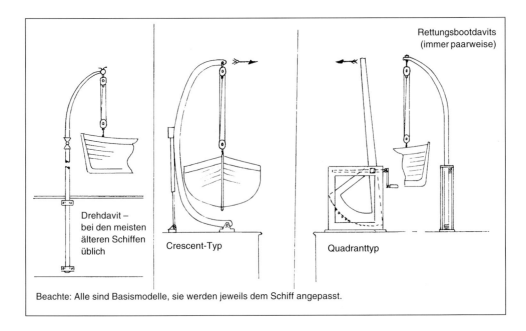

Den meist gebrauchten und am frühesten eingesetzten Drehdavit kann man aus Messing- oder Kupferrohren oder -stäben herstellen. Die Basis und unteren Teile bis zum Drehgelenk baut man aus ineinander passenden Rohrstücken, den gebogenen Oberteil aus einem massiven Stab, der mit einer Feile oder auf einer Drehmaschine konisch gearbeitet wird. Die oben angebrachte Kugel kann man mit anformen oder aus einer passenden Metallperle herstellen. Die Skizzen zeigen, wie die verschiedenen Davittypen aufgetakelt werden. Davits des Cresent- und Lum-Typs muss man Kunststoffplatten, Messing- oder Kupferblech herstellen. Das Material bestimmt die Fertigungsweise. Diese Davits sind auf Grund ihrer Funktionen schwieriger zu bauen, deshalb ist größte Sorgfalt bei der Herstellung anzuwenden.

Werden mehrere Davitsätze (ein Satz sind immer zwei Stück) benötigt, sollte man überlegen, ob nicht ein sehr genaues zerlegbares Muster gebaut werden soll, nach dem man die restlichen Sätze in Weißmetall abgießen kann.

Der Standardtyp des Schwerkraftdavits wird immer auf dem offenen Bootsdeck eines Schiffes montiert. Wie man in den Abbildungen sieht, gleitet das Rettungsboot auf seinem Ablaufgerüst in den vier fest montierten, speziell gebogenen Davitschienen so weit herunter, bis es an seinem Kranbügel weit über und außerhalb der Bordwand hängt. Dann wird es an den Flaschenzügen zu Wasser gelassen.

Alte Drehdavits und das mit einer Persenning (Ölplane) abgedeckte Rettungsboot auf dem Modell des Dampfers „Duchess of Fife". Zu sehen sind auch kleine Haubenlüfter auf dem Dach der Mittelkabine.

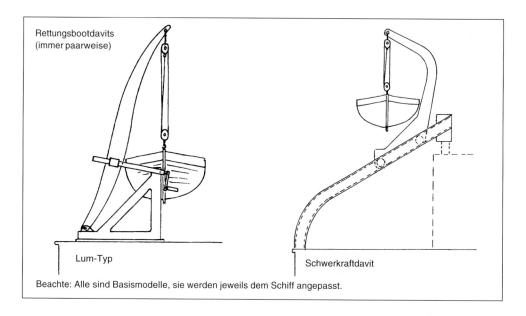

Rettungsbootdavits (immer paarweise)

Lum-Typ

Schwerkraftdavit

Beachte: Alle sind Basismodelle, sie werden jeweils dem Schiff angepasst.

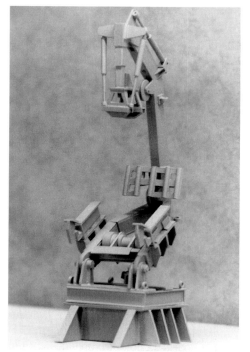

Rohbau des einarmigen Caley-Davits für die „Scott Guardian", Maßstab 1:50

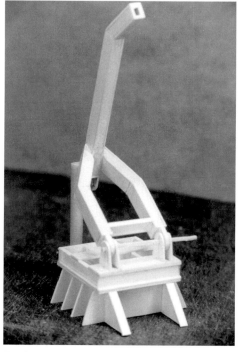

Fertiger Caley-Davit mit Grundierungsanstrich. Dieser Typ ist so konstruiert, dass er ein Rettungsboot auch bei schwerer See sicher zu Wasser lassen kann. Das Modell entstand komplett aus Kunststoffprofilen.

Schwerkraftdavits sind eine besondere handwerkliche Herausforderung für den Modellbauer. Jede Seite des Davits hat zwei parallel laufende Schienen, deren Rollbahnen etwas zueinander zeigen. Der Schlitten wird auf seinen Rolllagern in diesen Schienen geführt. Beide Schienen werden im Abstand und in der Kurvenform ganz genau durch ein Untergestell parallel gehalten. Diese Gestelle sind dann wieder mit den Aufbauten, meistens über dem Promenadendeck des Dampfers, fest verbunden. Den oberen und unteren Anschluss dieser Verbindung bilden stets große Flanschwinkel. Bei großen Rettungsbooten wird dieses Gestell mit starken Stützpfeilern über zwei Decks geführt. Der Schlitten selbst besteht meistens aus einem kistenförmigen Unterbau mit weichen Bootslagern, dessen Rollen in den Schienen geführt werden. Zum Fallen oder Holen der Boote sind auf dem Unterbau kranartige Bügel zur Aufnahme des Falls angebracht. Brauchbare Profile in jeder Größe können von Speziallieferanten bezogen werden. Um Profile zu biegen, muss man Sorgfalt walten lassen. Wärme hilft dabei! Metalle erwärmt man beim Biegen mit einer Lötflamme, Kunststoffprofile in heißem Wasser. Für die kleinen Rollen verwendet man am besten kleine passende Kugellager.

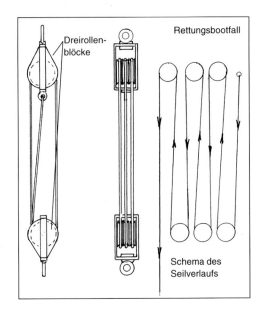

Beschläge für Rettungsboote und Davits

Das Fall (Blöcke und Taue), welches das Rettungsboot zu Wasser (fallen) lässt und wenn nötig wieder (hoch)holt, besteht normalerweise aus einem dreifachen Flaschenzug, d.h., die verwendeten Blöcke haben in einem Stahlrahmen (früher gegossener Eisenrahmen) drei eiserne Seilrollen mit Bronzelagern auf einer Stahlachse. Die benutzten Taue sind entweder aus Hanf oder Kunststoff, meistens Nylonfasern. Die Flaschenzüge wurden fast immer per Hand betrieben, die modernen Davits haben eingebaute Winden, welche die Zugarbeit bewältigen. Sie können aber im Notfall auch von Hand bewegt werden. Die Seeleute, die die Davits bedienen, müssen sehr erfahren sein, damit der Zug auf beiden Winden gleichmäßig ist. Die Skizze zeigt den Seillauf in einem Fall.

Blöcke werden an Modellen sehr häufig falsch dargestellt. In früheren Zeiten waren sie aus Holz und mit Hanfseilen getakelt. Später wurden sie aus Eisen oder Stahl gegossen. Jeder Block hat aber seine Eigenheiten. Die Seilrollen in den Holzblöcken waren zuerst aus Hartholz, dann aus Bronze und später aus rostfreiem Stahl. Über die Seilrollen im Block wird das Tauwerk geführt, sie drehen sich mit der Seilzugbewegung. Verschiedene Blockarten kann man in einer Zeichnung sehen.

Die Modellbaufachgeschäfte führen immer eine ganze Anzahl unterschiedlicher Holzblöcke. Es sind mehr oder weniger nur kleine Hartholzstücke mit einer oder mehreren Rillen, um die Rollen anzudeuten, sowie entsprechend gebohrten Löchern für das Tauwerk und weiteren Rillen für den Stropp, mit dem der Block aufgehängt wird. Nachgebildete moderne Stahl- oder Eisenblöcke sind sehr selten in den Geschäften zu finden und es gibt auch recht wenig Hersteller für derartige Blöcke.

In der Zeichnung zeige ich meine Methode der Blockherstellung. Die Rollen werden aus kurzen Abschnitten von Kunststoff- oder Aluminiumstricknadeln gemacht, die ich vor dem Abschneiden in die Bohrmaschine einspanne und mit einer rundumlaufenden Kerbe versehe. Die Blockwangen und Stropps werden aus Messingblech oder Kunststoffplatten ausgeschnitten und mit Zweikomponentenkleber sauber zusammengeklebt (oder gelötet). Ein kleines Stück Messing- oder Stahldraht dient als Achse eingesetzt und der Block ist für die Bemalung fertig. Natürlich muss man aufpassen, dass die Rollen im Block auch ihrer vorgesehenen Aufgabe nachkommen und nicht klemmen. Entsprechend der Blockbreite werden die Aufhängeringe angebracht. Blöcke können als Aufhänger drehbare Haken oder Augen haben oder auch nur mit Tauwerk aufgehängt werden. Jedenfalls müssen sie in ihrer Aufhängung immer beweglich sein, damit sich das Tauwerk des Flaschenzuges nicht verheddert. Wenn es auch kompliziert aussieht, Blöcke

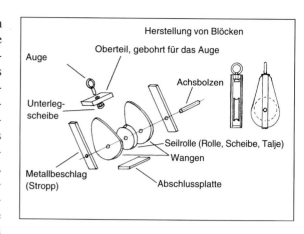

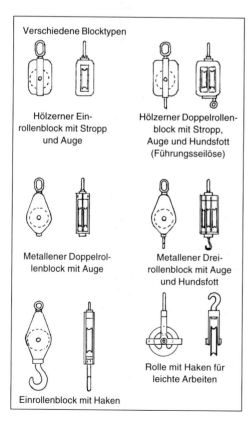

oder ganze Falls selbst herzustellen, gehören doch nur ein wenig Geduld und etwas erlernbare Fingerfertigkeit dazu. Man kann so ein schönes Ausrüstungsteil für sein Modell herstellen. Unbedingt ist zu beachten, dass die Klebestellen sehr gründlich trocknen durften, bevor der Block in Gebrauch genommen wird, vor allem wenn er tatsächlich ein bewegliches Teil der Takelage darstellt.

Wie schon erwähnt, sind bei einem Handelsschiff auf See die meisten Blöcke weggestaut, außer denen für die Rettungseinrichtungen natürlich. Für ein derartig dargestelltes Schiff muss man viel weniger Blöcke anfertigen als für eines, das sich dem Hafen nähert.

In diesem Kapitel konnten nicht alle Ausrüstungsteile eines Schiffes behandelt werden. Manches kommt nur auf einen ganz bestimmten Fahrzeug vor und Spezialschiffe haben sowieso ihre besonderen Ausrüstungen. Worum es sich auch handelt, sehr wahrscheinlich lässt sich das Teil mit einer der hier beschriebenen Methoden herstellen oder aus etwas Vorhandenem bauen – Schiffsmodellbauer halten ja immer die Augen offen nach verwertbaren Gegenständen. Ein Beispiel für derartige Sonderteile sind die auf den Fotos gezeigten speziellen Davits für die „Scott Guardian". Wenn man die Bilder genau betrachtet, stellt man fest, dass diese Davits aus Kunststoff-Standardprofilen hergestellt wurden, die es im Fachhandel gibt.

Kapitel 17:
Winden, Spills und Schlepphaken

Winden (Winschen), Brat- und Gangspills sind Einrichtungen, die, mit verschiedenen Methoden arbeitend, zum Heben und Bewegen von (schweren) Lasten auf den Schiffen angebracht wurden. Die Winde hat eine Trommel, auf die das Tau aufgewickelt ist, das Bratspill bewegt über eine entsprechend geformte waagerechte Wickeltrommel Tauwerk oder Ketten für Anker oder Krane und das Gangspill macht die gleiche Arbeit wie das Bratspill, nur mit einer senkrecht stehenden Wickeltrommel. Außerdem gibt es noch die Kettenzieher. Dies sind veränderte Gangspills mit einem speziell geformten Rad, das genau die Glieder einer Kette aufnehmen kann, entwickelt zum Handhaben der Ankerketten. Solche Kettenziehvorrichtungen sind auch an Bratspills oder Winden in waagerechter Anordnung zu finden.

Eine Winde auf dem Vorderdeck der Nordseefähre „Norsea" mit Gangspill im Vordergrund. Der angelegte Messstab hat farblich markierte 100-mm-Abstände, um im Foto die Abmessungen der Details feststellen zu können.

Steuerbordwinde mit Seiltrommel auf dem Vorderdeck der Fähre. Man beachte die Ankerkette und das Festmachertau aus Kunstfasern.

Ein anderer Blick auf die gleiche Winde. Diese Winden sind hydraulisch angetrieben. Die Öffnungen am Aufbau sind Lufteinlässe für die Passagierräume.

Winden

Die Winden der frühesten dampfgetriebenen Schiffe waren einfache Seiltrommeln, die von Hand gekurbelt wurden, aber man wird ihnen als Modellbauer von Zivilschiffen selten begegnen. Dampfgetriebene Winden gibt es in vielerlei Größen, abhängig von der zu bewegenden Last. Die kleinsten findet man auf den Küstenfrachtern, auf denen sie die Fracht mithilfe eines Ladebaums ein- und entladen. Alle Ladebäume und Kräne müssen getestet und für die verschiedenen Aufgaben zugelassen werden. Auf einem Schwerlastschiff ist so eine dampfgetriebene Winde recht groß. Die meisten Winden haben eine oder mehrere konvex geformte Trommeln an den Enden der Hauptachse, die für das Seilwinden verwendet werden. Wenn zwei oder drei Seilwindungen um die Trommel, die auch als Wickeltrommel bekannt ist, gelegt sind, nimmt die drehende Trommel das Seil mit. Alle Winden haben eine Bremse. Gebräuchlich sind Stahlbänder, die um einen speziellen Abschnitt der Seiltrommel gelegt sind und mit einem Schneckentrieb mit Handkurbel festgezogen werden können. Diese Bremssysteme sind so berechnet, dass sie die Winde einschließlich des Mehrfachen der maximalen Last ohne Schwierigkeiten festhalten können.

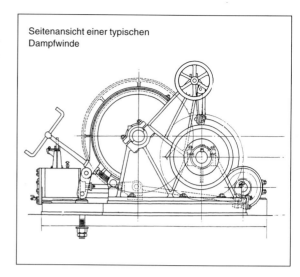

Seitenansicht einer typischen Dampfwinde

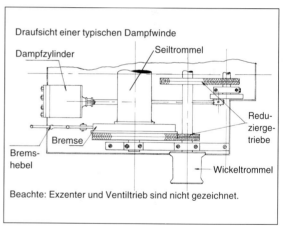

Draufsicht einer typischen Dampfwinde

Beachte: Exzenter und Ventiltrieb sind nicht gezeichnet.

Die zwei Winden bedienen auf der „Arran Mail" nur einen Ladebaum. Mit den Hebeln werden Drehgeschwindigkeit und Magnetbremse beeinflusst.

Anfangs waren die Dampfschiffe mit Dynamos ausgerüstet, die 110 V Gleichspannung erzeugten, zuerst nur für Beleuchtungszwecke. Mit der Weiterentwicklung wurden die Lichtmaschinen größer und leistungsfähiger und konnten nun auch Strom für kleinere Gleichspannungsmotoren liefern, die Decksmaschinerie (Winschen etc.) antrieben. Die gefährliche Handarbeit wurde erleichtert und die viel verwendeten Kleindampfmaschinen konnten wegfallen.

Bis vor nicht allzu langer Zeit hatten viele Handelsschiffe, Schlepper und Fischereifahrzeuge 220-V-Wechselstromgeneratoren. Mit diesem Wechselstrom konnten nun auch alle Hilfs-

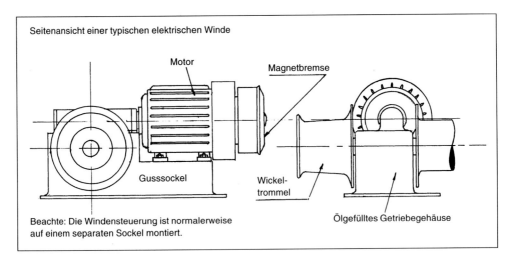

Seitenansicht einer typischen elektrischen Winde
Motor
Magnetbremse
Gusssockel
Wickeltrommel
Ölgefülltes Getriebegehäuse
Beachte: Die Windensteuerung ist normalerweise auf einem separaten Sockel montiert.

aggregate und Winden an Deck betrieben werden. Die Entwicklung der Turbinen- und nachfolgend der Dieselwechselstromgeneratoren revolutionierte die Schiffstechnik. Diese Wechselstromgeneratoren liefern heute Drehstrom mit 440 V und 60 Hertz. Der Unterschied zum an Land gebrauchten Drehstrom mit 50 Hertz liegt in der höheren Drehgeschwindigkeit der angetriebenen Motoren. Zum Beispiel dreht ein Dreiphasenmotor bei 50-Hertz-Versorgung unter Last mit 3.000 U/min, bei 60 Hertz dagegen mit 3.600 U/min. Die Drehzahl eines Elektromotors wird immer durch die Anordnung und Zahl der im Kollektor vorhandenen Pole bestimmt.

Winden werden heute hauptsächlich von Elektromotoren angetrieben, die genau auf die Arbeitsanforderungen und die Getriebe der Winden abgestimmt sind. Als Alternative zu den (auf Grund der Feuchtigkeit etwas gefährlicheren) elektrischen Winden setzen heute viele Eigner die Hydraulik für Winden und andere Hilfsaggregate ein. Die erforderlichen Hydraulikpumpen werden entweder per Anzapfung direkt vom Schiffsantrieb oder durch elektrische Motoren, die ihre Energie vom Generator beziehen, angetrieben und sind in einem speziellen Pumpenraum unter Deck untergebracht.

Hydraulikflüssigkeit ist meistens sehr aggressiv und gegenüber der Umwelt schädlich. Hydraulikanlagen unterliegen deshalb einer behördlichen Überwachung. Sie entwickeln aber in einem kleineren Bauvolumen viel größere Kräfte als herkömmliche elektrische Antriebe. Hydraulischer Druck wird in einem entsprechenden System aus Rohren und Tanks bevorratet und steht so schneller als jede andere Kraft zur Verfügung. Man braucht nur ein kleines Steuerventil zu öffnen. Es gibt bereits modellgerechte Hydraulikanlagen, sie werden hauptsächlich bei Baumaschinenmodellen eingesetzt.

Einige Fotos und Zeichnungen zeigen elektrisch und hydraulisch angetriebene Winden.

Um es nicht zu vergessen: Auf allen Schiffen sind noch mehrere kleinere Winden für besondere Aufgaben installiert. Sie werden zum

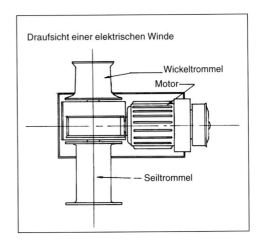

Draufsicht einer elektrischen Winde
Wickeltrommel
Motor
Seiltrommel

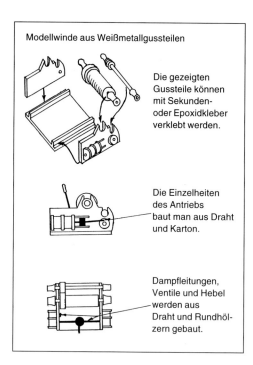

Modellwinde aus Weißmetallgussteilen

Die gezeigten Gussteile können mit Sekunden- oder Epoxidkleber verklebt werden.

Die Einzelheiten des Antriebs baut man aus Draht und Karton.

Dampfleitungen, Ventile und Hebel werden aus Draht und Rundhölzern gebaut.

Laden von Vorräten und Gepäck, zum Öffnen von Luken, zum Heben und Senken des Fallreeps oder der Rettungs- oder Beiboote verwendet. Alle diese Winden müssen erforscht und dann nachgebildet werden.

Keine der Winden ist wirklich kompliziert, selbst die dampfgetriebenen nicht, und man kann oft passende Bausätze oder fertige Winden im Fachgeschäft finden. Eine Drehmaschine erleichtert den Eigenbau der Winden nach Plan, aber sie ist nicht unbedingt erforderlich. Wickel- und Seiltrommeln kann man auch fertigen, indem man das Material, sei es Messing, Holz, Aluminium oder Kunststoff, in eine regelbare elektrische Bohrmaschine spannt und es mit Feilen, Schleifpapier usw. in die gewollte Form bringt. Die Winden, die man auf den Fotos der „Arran Mail" sieht, sind auf diese Art aus Holz gefertigt worden. Sie bestehen aus vier Hauptteilen. Auch wenn an Bord nur ein Ladebaum ist, werden doch zwei Winden benötigt: eine für das Heben und Senken der Last und die andere, um den Baum für den Ladevorgang in die richtige Position zu bringen bzw. dort zu halten.

Beim Selbstbau einer Winde muss man aus dem Plan herausfinden, wie sie zusammengesetzt ist, und genauso bauen. Die Seitenrahmen und die Basis können aus passenden Sperrholzresten mit den entsprechend gebohrten Löchern zu Aufnahme der Trommeln und Achsen hergestellt werden. Für Dampfzylinder lassen sich kurze Stücke Rundholz oder der zuvor erwähnten dicken Stricknadeln verwenden. Pleuelstangen und Bedienungseinrichtungen entstehen aus Kupfer- oder Messingdraht und den Rest, wie Bremsbänder, Instrumententafeln etc., macht man aus dünnen Karton. Größere Druckknöpfe dienen als Handräder. Anschließend wird das Ganze gestrichen oder gespritzt, mit farblich hervorgehobenen Details Bedienknöpfe usw. Wenn bei dem Bau der Winsch die nötige Geduld und Sorgfalt bei den Einzelheiten aufgebracht wurde, ist unter Garantie ein Schmuckstück für das Modell entstanden.

Schlepphaken

Ich habe wohl schon erwähnt, dass amerikanischen Schlepper mithilfe sehr starker Poller auf dem Bug oder dem Heck schleppen (meistens schieben sie mit sehr großen Fenderpaketen oder Schubvorrichtungen, auch im Bugsierbetrieb im Hafen), während die Schlepper der restlichen Welt dazu Schleppwinden oder spezielle Haken benutzen. Es gibt wenig Abweichungen bei den Schlepphaken. Alle haben einen Verschluss- und Kippmechanismus, der es ermöglicht, die Schlepptrosse ganz einfach und schnell abzuwerfen. Die zwei gebräuchlichsten Systeme sind in der Skizze dargestellt. Alle Schlepphaken haben ferner einen Stoßdämpfung, normalerweise eine starke und schwere Spiralfeder, die plötzlich auftretende Druck- bzw. Zugkräfte abfängt. Die meisten Schlepphaken sind auf dem Achterdeck des Schleppers untergebracht, dessen Unterbau für diesen Zweck ziemlich verstärkt wurde. Außerdem gleitet der Haken zur weiteren Unterstützung auf einer halbkreisförmigen Stützschiene. In den meisten Fällen werden sogar zwei Haken montiert, einer ist etwas kleiner

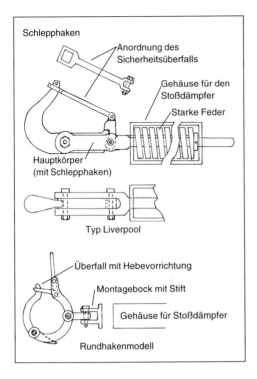

und jeder für einen anderen Einsatzfall. Schlepphaken sind die normalen Einrichtungen auf den meisten Schleppern, außer den ganz großen wie Hochseeschlepper und Bergeschlepper sowie den neuen Ankerziehschleppern für die Bohrinseln, die eine oder mehrere Schleppwinden auf dem Achter- oder Vordeck haben. Schlepphaken müssen sehr sorgfältig hergestellt und eingebaut werden. Einige Lieferanten bieten in ihrem Sortiment auch Schlepphaken aus Kunststoff oder Weißmetall an. Soll ein Schleppermodell aber in Aktion vorgeführt werden, muss der Haken das zu schleppende Gewicht verkraften können und sollte am besten aus Messing gebaut sein.

Messingrundmaterial, aus dem der Schlepphaken gebaut werden soll, muss weichgeglüht werden. Man erhitzt es auf Kirschröte und lässt es an der Luft abkühlen. Das Material kann nun recht einfach gebogen werden. Ist dies nicht der Fall oder das Messing verhärtet sich während der Biegearbeit, wird der Ausglühvorgang wiederholt.

Wenn die gewünschte Form gebogen ist, plattet man das eine Ende ab und bohrt es für die Aufnahme des Befestigungs- und Drehlagerbolzens. Das andere Ende erhält die gebogenen Spitze. Anschließend wird das Ganze wieder bis zur Rotglut gebracht und in Öl abgeschreckt. Das Messing ist danach wieder recht zäh.

Den Sicherungsverschluss kann man aus dünnem Messingblech und -draht herstellen, den Dämpferkasten ebenfalls aus Messingblech. Wenn mit dem Haken gearbeitet wird, muss man den Unterbau verstärken, dass er das zu schleppende Gewicht aushält. Die Stoßdämpfung braucht aber nicht zu funktionieren.

Bratspills

Das Bratspill ist normalerweise nur auf dem Vorderdeck eines Schiffs zu finden. Sein Bau ist einfacher als der einer Seilwinde. Außer dem Kettenzieher benötigt man nur die maßstäbliche Wickeltrommel, die Seiltrommel fällt weg. Einige große Schiffe haben zwei (und mehr) Bratspills, eines auf jeder Bugseite für jeden Anker. Oft baut man auch zwei Kettenzieher in ein Bratspill, um beide Anker zu bedienen. Viele der kleinen Trawler oder Schlepper sind nur mit einem Anker ausgerüstet und benötigen dafür nur ein kleines Spill. Wie bei den Winden wurden bei den Dampfern die Spills mit Dampf angetrieben. Man-

**Spill mit Kettenzieher auf dem Hecktrawler „Glenrose I". Man beachte die Hydraulikleitungen und das Motorengehäuse.
Die ganze Decksmaschinerie wird hydraulisch angetrieben.**

Die Schleppwinde auf dem Shelterdeck der „Glenrose I" mit deutlich sichtbaren Hydraulikmotor rechts.

Spill mit Kettenzieher auf dem Vorderdeck der „Scott Guardian". Deutlich zu erkennen sind die Kettenstopper und die Kunststoffbeläge auf den Wickeltrommeln.

Spill auf dem Vorderdeck der „Jonrix". Das Größenverhältnis kann an der 2-Pence-Münze (etwa 2-Pfennig-Stück) abgeschätzt werden. Holzkonstruktion mit Handgriffen aus Messingdraht.

che Schiffe hatten sogar eine kleine Dampfmaschine unter dem Vordeck mit einer Antriebswelle zum Bratspill. Die neueren Bratspills sind elektrisch oder hydraulisch angetrieben.

Die ersten Bratspills wurden wie die Gangspills mit Spaken, die man in die Trommel einsteckte, von Hand gedreht.

Heute haben spezielle Schiffe wie Ankerziehschlepper, Vermessungsfahrzeuge oder Bohrschiffe (auch Offshorespielhöllen), also alle die Fahrzeuge, welche im Offshorebereich eingesetzt werden, auch auf dem Achterdeck Bratspills. Sie sind zusätzlich mit Heckankern ausgerüstet, um so im Zusammenspiel mit den Bugankern einen festen Liegeplatz einhalten zu können.

Um ein Modellbratspill zu bauen, muss man die gleiche Sorgfalt walten lassen und die gleichen Werkzeuge und Werkstoffe wie beim Windenbau einsetzen. Das Bratspill auf den Bildern der „Jonrix" wurde mithilfe der elektrischen Bohrmaschine aus Holz gefertigt, die Einzelheiten aus Messingdraht und Karton. Die Fotos der „Norsea", einer großen Nordseefähre, und der „Scott Guardian", eines Bohrinselrettungsschiffs, zeigen unterschiedliche Spills. Man kann sehen, dass ihre Aufgaben unterschiedlich sind. Die Größe des Bratspills wird durch die Kettenglieder und das Gewicht des zu handhabenden Ankers bestimmt. Die eingebaute Bremse eines Spills arbeitet auf die gleiche Weise wie die einer Winde. Sie ist dazu ausgelegt, die Kette mit Anker so lange zu halten, bis der Kettenstopper diese Arbeit übernommen hat. Lassen die Zugkräfte auf das Spill nach, kann man die Bremse wieder lösen. Kettenstopper befreien das stehende Spill von jeglicher Zuglast. Wenn man ein Modellbratspill baut, muss man darauf achten, dass alle Zubehörteile wie Getriebe, Vorlegewellen, Elektromotoren oder Dampfaggregate sehr sorgfältig angepasst werden.

Gangspills

Wie Winden und Bratspills werden auch die Gangspills in verschiedenen Größen und für unterschiedliche Aufgaben eingesetzt. Die frü-

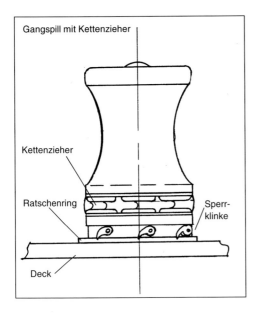

mit senkrechten, der Trommelform angepassten Balken (Rippen genannt). Einige dieser Gangspills waren am unteren Ende mit einem Kettenzieher versehen. Aber Achtung: Nicht alle Gangspills waren damit ausgerüstet. Bei manchen alten Schiffen kann man Gangspills mit einem aufgesetzten Getriebe und zugehöriger Handkurbel antreffen. Sie konnten von einem Mann bedient werden.

Gangspills wurden zuerst mit Dampf, später elektrisch oder hydraulisch angetrieben. Immer befindet sich aber der Antrieb unter Deck, über Deck sieht man nur die Wickeltrommel, den Kettenzieher (wenn vorhanden) und die zugehörigen Kontrollinstrumente. Meistens sind diese auf einem kleinen Podest platziert. Ein Modellgangspill ist viel einfacher als eine Winde oder ein Bratspill zu bauen. Man braucht aus passen-

hesten Gangspills wurden mit langen Stangen, Spillspaken genannt, über den Spakenkranz, ein hüfthoch liegendes Rad mit rechteckigen Löchern, durch menschliche Kraft bewegt. Mehrere Matrosen drehten mit den Spaken das Spill und zogen damit den Anker oder die Last an Bord. Sperrklinken (Pallen) am Fuß des Gangspills verhinderten, dass es unter Last rückwärts gedreht wurde. Der mittlere Teil des Gangspills war eine größere Wickeltrommel

Gangspill und Poller an Deck der „Timrix". Der Antrieb des Spill liegt unter Deck.

Vorderdeck des Modells der „Chimaera" mit Gangspill, Ankerdavit und Sicherheitsreling. Ein Stockanker liegt an Deck. Das Gangspill wird manuell betrieben.

Gangspill an Deck der „Scott Guardian", montiert auf dem Motor- und Steuerungsgehäuse

dem Material nur die Form einer Wickeltrommel auszuarbeiten, die Rippen anzubringen und falls erforderlich einen Kettenzieher unten an die Trommel zu kleben (siehe Skizze). Auf dem der „Chimaera" ist ein handbetätigtes Gangspill zu sehen. Auf einigen neuen Schiffen sind Gangspills nur als Wickeltrommeln (mit einem gekapselten Getriebe) für das Festmachertauwerk vorgesehen, wie es Fotos der „Scott Guardian" zeigen.

Anders dagegen waren die dampfgetriebenen Gangspills bei den Heringsfängern. Da unter Deck wenig Platz war, setzte man die kleine Dampfmaschine in einen Blechkasten oben auf das Gangspill und führte die Dampfleitungen durch die Spillachse. Es drehte sich nur die Trommel, die Maschine und Sockel standen still. Oft trieb die Dampfmaschine noch eine seitlich an ihr angebrachte waagerechte kleine Wickeltrommel. Das Gangspill wies am Sockel einen Zahnkreis mit Sperrklinken (Pallen) auf, deren Einrasten während der Arbeit gut zu hören war.

Rohrverbindungen

Wenn man auf einem Modell Winden und Spills aufbaut, müssen zwangsläufig die zugehörigen elektrischen Anschlussleitungen, Druck- und Rücklaufrohre (vom Dampf oder der Hydrau-

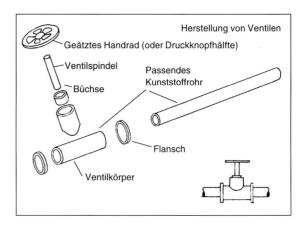

lik) angebracht werden, denn sie sind ein hervorstechendes Bauelement dieser Anlagen. Die nachgebildeten Dampfrohre können aus Metallrohren, Drähten oder Holzstäben mit entsprechendem Durchmesser hergestellt werden. Elektrokabel laufen bis an die Winsch immer in Rohren. Auch Kunststoffrohre und Stäbe bekommt man mit vielen Durchmessern in guten Fachgeschäften. Ventile können sehr leicht aus diesem Material und geätzten Handrädern gefertigt werden, wie es in der Skizze dargestellt ist. Bemalt sind solche Rohrverbindungen dann ausgesprochen attraktiv anzusehen, wie man an den Löschwasserrohren im Foto der „Scott Guardian" erkennen kann.

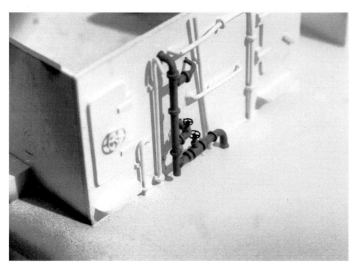

Nach der beschriebenen Methode gefertigte Miniaturarmaturen und -rohre auf der „Scott Guardian". Beim Original sind sie Teil der Feuerlöscheinrichtung.

In den Fachgeschäften gibt es auch fertige Ventile aus Kunststoff in verschiedenen Maßstäben, ebenso geätzte Handräder aus Messing- oder Neusilber. Als Handrad kann man auch die dünnere Hälfte eines Druckknopfes gut verwenden,

Fertig gekaufte oder selbst hergestellte Ventile werden meist Geradsitzventilen entsprechen, während Absperrschieber mit ihren längeren Spindeln und tieferen Gehäusen seltener zu sehen sind. Bei kleinen Maßstäben sind solche Unterschiede praktisch nicht sichtbar, bei größeren sollte man Absperrschieber aber durch eine längere Spindel unter dem Handrad und ein mit Spachtelmasse vergrößertes Gehäuse darstellen.

Wenn man am Modell Rohrleitungen zeigt, muss man darauf achten, dass alle Teile mit den richtigen Halterungen im richtigen Abstand an Deck oder den Aufbauten angebracht sind. Außerdem muss Isoliermaterial und Schutzummantelungen gegen Hitze oder Kälte an den richtigen Stellen um die Rohre gewickelt sein. Häufig wurden an Deck Heißdampfleitungen mit Asbest isoliert, mit bitumen- oder teergetränktem Segeltuch wasserdicht umhüllt und mit Drahtgeflecht gesichert. In vielen Fällen wurden aber solche Isolierungen durch Verschleiß zerstört und das blanke Rohr kam zum Vorschein. Solche Einzelheiten können ein Modell sehr lebendig machen.

Verlegt man Rohrsysteme an Deck, muss man deren Verwendung beachten. Gasrohre werden anders als Frischwasserläufe befestigt. Die Verlegung von Dampfdruckrohren unterscheidet sich sehr von der für die Löschdruckrohre. Rohre für Elektrokabel haben wieder andere Montagerichtlinien. Es muss unbedingt darauf geachtet werden, dass die Rohre durch die von den Aufsichtsbehörden angeordneten Farben für die Verwendung gekennzeichnet werden.

Kapitel 18:
Fernsteuerungskomponenten

Ein wichtiger Hinweis vorweg: Ohne gezeichneten Schaltplan und geschriebene Stromlaufliste darf man keine elektrischen und elektronischen Bauelemente in einen Modellrumpf einbauen. Fehler werden so vermieden und später eine eventuelle Störungssuche erleichtert.

Seit vielen Jahren gehören Funkfernsteuerungen zur alltäglichen Ausrüstung für Modellschiffe. Zum Glück werden sie immer vielfältiger nutzbar, aber leider auch immer teurer. Sie werden, wie die Computer, ständig weiterentwickelt. Die einfachste und wohl am meisten angewendete Anlage ist das Zweikanalsystem, das die Kontrolle über zwei (manchmal auch vier) Funktionen ermöglicht: die Fahrgeschwindigkeit mit Vor- und Rückwärtsfahrtregelung und die Kontrolle des Ruderausschlags. Es gibt komplexere Formen von Funkfernsteuerungssystemen, aber diese werden später behandelt.

Funkfernsteuerungen

Funkfernsteuerungen arbeiten im europäischen Raum in mehreren Frequenzbändern, die in einzelne, nummerierte Frequenzkanäle unterteilt sind. Die für den vorgesehenen Einsatzbereich zugelassenen Frequenzbänder (Flug oder Auto bzw. Schiff) und deren Frequenzkanäle mit den zugehörigen Nummern kann man jedem guten Modellbaukatalog entnehmen. Die Benutzung anderer Frequenzbänder, z.B. die der Flugmodellbauer, ist illegal und kann mit Geldstrafen und Einzug der Anlage geahndet werden.

In anderen Teilen der Welt werden andere Frequenzbänder für den Modellbetrieb genutzt (USA = 72-MHz-Band) und man muss sich den jeweiligen Gegebenheiten anpassen oder beispielsweise für einmalige Wettbewerbe bei den dortigen Zulassungsbehörden Sondergenehmigungen zum Betreiben der eigenen Anlage beantragen.

Innerhalb eines ausgewiesenen Frequenzbandes ist eine Anzahl von Frequenzkanälen freigeschaltet. Alle diese Frequenzkanäle sind international (als Ergebnis der Stockholmer Frequenzkonferenz in Jahr 1962) nummeriert und die einzelnen Bänder mit Farben gekennzeichnet worden. Da jedem Frequenzkanal eine feste Frequenz zugewiesen wurde, konnte jeder Hersteller von Fernsteuerungen seine eigenen Sender- und Empfängerquarze für diese Frequenz entwickeln und bei der Aufsichtsbehörde registrieren lassen.

In jedem Frequenzband können aber aufgrund der Frequenzkanalaufteilung mehrere Modelle gleichzeitig und voneinander störungsfrei betrieben werden. So stört der Sender mit einem Frequenzkanal im 40-MHz-Band das Modell seines Kollegen mit dem Nachbarkanal des gleichen Bandes nicht. Sollten aber beide auf demselben Frequenzkanal operieren, geht die Sache schief. Deshalb ist es immer wichtig, sich beim Eintreffen am Modellteich nach den besetzten Frequenzkanälen zu erkundigen. Eventuell kann man die eigene Steuerung auf einen freien Frequenzkanal wechseln oder man wartet, bis der gewünschte Frequenzkanal frei wird. Viele Modellbauclubs haben eine Tafel, auf der alle Kanäle verzeichnet und mit Kontrollelementen (Fähnchen, Klipps o.Ä.) bestückt sind. Das zum eigenen Frequenzkanal passende Kontrollelement nimmt man von der Tafel und befestigt es an der Antenne des eigenen Senders. Jeder Neuankömmling kann so an der Tafel sofort feststellen, welche Frequenzkanäle gerade genutzt werden. Ist sein Frequenzkanal darunter, muss er warten, bis das Kontrollelement zurückgebracht wird.

Zurück zum einfachen Zweikanalsteuersystem. Es beinhaltet einen Sender, einen Empfänger, zwei Servoeinheiten, eine Empfängerbatteriehalterung, ein Schalterkabel und das Quarzpaar. Zu den Servos gibt verschiedene Steuerhörner und -scheiben, man muss auswählen, was am besten zum Ruder des Modells passt. Der Sender benötigt als Spannungsversorgung etwa sieben bis acht Primärbatterien, Größe AA. Diese passen in ein dafür vorgesehenes Fach im Sendergehäuse. Primärbatterien, auch Trockenbatterien genannt, können nicht aufgeladen werden. Deshalb wird allgemein empfohlen, die Spannungsversorgung des Senders mit der gleichen Anzahl Sekundärbatterien (Sammlern oder Akkumulatoren) durchzuführen, die bei richtiger Pflege bis zu zweitausend Mal aufgeladen werden können.

Auf dem Gehäuse des Zweikanalsenders sind normalerweise zwei Steuerhebel oder Steuerknüppel. Der linke bewegt sich von unten nach oben und der rechte von links nach rechts. Beide Knüppel zentrieren sich (in ihrem normalen Nullpunkt) selbsttätig, können aber über eine eingebaute Ratsche an dieser Bewegung gehindert und dann in jeder gewünschten Position festgestellt werden. Logischerweise kontrolliert der linke Hebel die Voraus-/Achterausfahrt und die Geschwindigkeit, während der rechte die Kontrolle über das Steuerruder übernimmt.

Außerdem findet man auf der Frontplatte des Senders den Ein-Aus-Schalter, eine Anzeige der vorhandenen Batteriekapazität (also der noch zu verwendenden Energiemenge in den Batterien) und seitlich der Steuerknüppel je einen Schieber für die Mitten- oder Nullstellung des Hebelweges. Der Steckplatz für den Senderquarz ist an einer leicht zugänglichen, jedoch abgedeckten Stelle im Sendergehäuse, meistens in der Nähe der Ladebuchse für die Akkumulatoren. Man muss immer beachten, dass der Senderquarz nicht im Empfänger und der Empfängerquarz nicht im Sender funktioniert. Nur beide an die richtige Position gesteckt, arbeiten als Paar im System miteinander. Sie müssen immer als Paar gewechselt werden. Welcher Frequenzkanal im System geschaltet ist, wird mit Frequenzwimpeln an der Antenne der Allgemeinheit am Gewässer bekannt gegeben.

Der Empfänger des Zweikanalsystems hat drei Stecker an einer Seite: einer für den Anschluss des Batteriekabels, die anderen zwei für die Kabel der Servos. Meistens kommt auf der anderen Seite des Gehäuses ein einzelner Draht heraus: die Antenne. Einige Empfänger haben Antennen mit einer Länge von 1 m, die meisten jedoch einen etwa 50 cm langen Antennendraht.

Es ist möglich, einen Takelagedraht oder ein Stück der Metallreling als Teil der Antenne zu benutzen (siehe Skizze), um so die Antenne

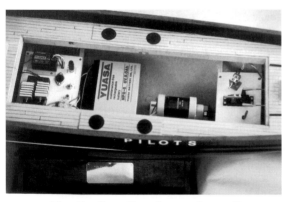

Eine Zweikanalfernsteueranlage mit elektronischem Fahrtregler im Modell der „Britannia". Man beachte den liegenden Bleiakku in seinem Halterahmen und den Antriebsmotor. Die Buchsen auf dem Empfängerbrettchen sind für den Anschluss des Ladegerätes bestimmt.

zu verbergen. Die abgestrahlte Energie des Senders reicht meistens auch aus, den Empfänger über eine Antenne, die direkt unterhalb des Decks rundum an die Rumpfschale geklebt wurde, zu erreichen. Lässt jedoch die Zellenspannung des Senderakkus nach, kann dies wegen der Verminderung der abgestrahlten Senderenergie zu Störungen führen. Man sollte es aber unter allen Umständen vermeiden, die Empfangsantenne unterhalb des Wasserspiegels in den Rumpf zu packen.

Der Empfänger muss immer vor Wasser oder großer Feuchtigkeit geschützt werden. Im Fall eines dampfgetriebenen Modells baut man ihn am besten in eine Kunststoffbox oder einen anderen dampfdichten Behälter ein und führt die Anschlusskabel durch schützende Gummitüllen heraus. Der Batteriepack besteht meist aus vier Trockenbatterien, Größe AA, die jedoch durch wieder aufladbare Akkumulatoren (Sekundärzellen) gleicher Größe ersetzt werden können. Der Empfänger ist für eine Betriebsspannung von 4,8 bis 6,0 V Gleichstrom ausgelegt. Der Akkupack wird durch einen kleinen Kabelbaum mit eingebautem Ein-Aus-Schalter an den Empfänger angeschlossen. Man sollte darauf achten, dass dieses Kabel auch gleich eine Buchse für den Anschluss der Ladeeinrichtung hat.

In Kapitel 10 haben wir uns mit den Elektromotoren befasst, deren Drehzahl und -richtung gesteuert werden muss. Die dafür entwickelten Fahrtregler werden anstatt eines Servos an den Empfänger angeschlossen. Dabei muss darauf geachtet werden, dass der Fahrtregler mit einem zum Empfänger passenden Stecker ausgerüstet ist. Die Spannung für den Motor wird extra über vier dickere Drähte zum und vom Regler geführt.

Jedes Servo besitzt eine Steuerelektronik, die auf Grund der Signale vom Empfänger den kleinen Servomotor in die eine oder andere Richtung laufen lässt. Außerdem legt sie fest, wo dieser Motor auf Anweisung vom Sender zu stoppen hat. Der Motor treibt über ein Reduktionsgetriebe den Steuerarm oder die Steuerscheibe an. Alle Servos werden proportional,

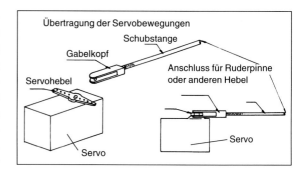

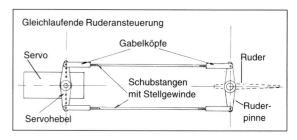

also verhältnisgleich zum Sendersignal, vom Empfänger punktgenau gesteuert. Das Getriebe des Servos erlaubt die komplette Steuerung des Modellschiffsruders von einer Seite zur anderen und zurück, ebenso die Geschwindigkeitsregelung einer Dampfmaschine oder eine ähnliche Funktion. Die Steuerbewegung wird entweder über Schubstangen mit Gewinden und Gabel- oder anderen Gestängeanschlüssen oder über Bowdenzüge auf die zu steuernden Geräte übertragen (siehe Skizze).

Bei einem Schiffsruder mit großer Fläche ist es ratsam, eine Ansteuerung mit zwei starren Gestängen gemäß der Skizze vorzusehen. So ist das System immer in der Balance und die Hebel ziehen und schieben gleichlaufend.

Funkfernsteuerungen werden in viele Varianten angeboten und sind oft japanischen Ursprungs. Wenn in den Bedienungsanleitungen von Seiten und Höhenruder oder Landeklappen die Rede ist, liegt das daran, dass ein großer Teil der Funkfernsteuerungen für den Modellflug konzipiert wurde – man darf sich davon nicht verwirren lassen und kommt mit ein wenig Überlegen dazu, das Prinzip auf Schiffsmodelle umzusetzen.

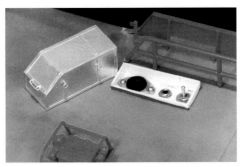

Heckpartie der „Scott Guardian". Unter dem Müllcontainer verstecken sich der Hauptschalter des Modells und Ladebuchsen. So brauchen für alltägliche Arbeiten nicht die ganzen Aufbauten abgenommen werden.

Im großen Angebot gibt es auch ausgefeilte Funkfernsteuerungen, die genau auf die Belange des einzelnen Modellbauers ausgelegt und abgestimmt werden können. Aufwendige Anlagen mit bis zu 24 Kanälen, die computergesteuert jeden Steuerwunsch des Modellkapitäns verwirklichen, sind im Programm, genauso wie die einfachen handkontrollierten Vierkanalsteuerungen für den kleinen Geldbeutel. Anlagen mit Synthesizerkanaleinstellung werden ebenso wie die einfachen Kanalkontrollen mit Quarzen angeboten.

Beim Kauf einer Funkfernsteuerung sollte man unbedingt auf die Anschlussmöglichkeit von verschiedenen Steuerbausteinen der vielen Hersteller an den ausgesuchten Empfänger achten. Manche Fabrikate haben nämlich spezielle Steckverbindungen zwischen Empfänger und Kontrollmodulen, so dass man ohne große Umrüstaktionen besser einsetzbare und oft auch preiswertere Steuermodule anderer Fabrikanten nicht verwenden kann. Glücklicherweise gibt es Adapterkabel neutraler Hersteller, die diese Steckerunterschiede ausgleichen. Dann muss man nur noch auf die Signallage (positive oder negative Steuersignale) achten. Vorteilhaft sind immer Anlagen, die positive Steuersignale abgeben, sie sind am besten untereinander kombinierbar.

Wenn ein Modell zwei Propeller hat, muss man schon besser ausgestattete Fernsteueranlagen einsetzen. Wenn dann auch noch Bugstrahlruder hinzukommen, erhöht sich die zu verwendende Kanalzahl weiter. In diesem Fall käme man mit einer Vierkanalanlage zurecht. Je nach Lieferant und Preis wird sie schon mit drei oder vier Servos geliefert. Der Aufwand für einen Vierkanalsender ist nicht allzu groß: Die Steuerknüppel arbeiten mit einer kardanischen Aufhängung und können so in alle Richtungen bewegt werden. Es liegen also immer

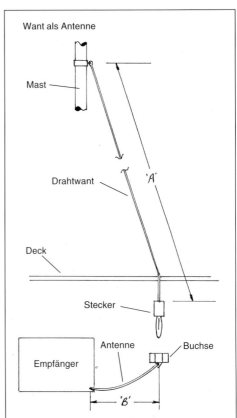

Beachte: Länge B ist der am Empfänger angebrachte Antennendraht, der aufgeschossen, aber niemals abgeschnitten werden darf. Er ist auf die Empfänger-Mittenfrequenz abgestimmt. Bei unseren Funkentfernungen und den heutigen Anlagen spielt eine Überlänge (A) und damit eine schlechtere elektronische Anpassung der Empfangsantenne keine große Rolle. Nur kürzer als der aus dem Empfänger hängende Draht sollte sie nie sein.

zwei Kanäle auf jedem Knüppel. Er kann zwei Bewegungen des Modells gleichzeitig kontrollieren. Wird der Knüppel einer Seite nach vorne oder hinten genommen, steuert er die Fahrtrichtung und Geschwindigkeit. Drückt man ihn nach rechts oder links, steuert er die Kurvenfahrt des Modells. Drückt man ihn in die Diagonale, z.B. vor und nach rechts, so geht die Fahrtgeschwindigkeit etwas zurück und das Ruder wird nicht ganz nach rechts gelegt. Mit dem zweiten Knüppel kann man dann den zweiten Propeller steuern.

Manchmal muss man die Fernsteuerausrüstung in einer Abteilung des Modell unterbringen, die mit einem wasserdichten Deckel verschlossen sein muss. In solchen Fällen ist es ratsam, den Ein-Aus-Schalter oder einen Hebel für die Bedienung dieses Schalters so anzubringen, dass ein Öffnen des wasserdichten Zugangs nicht notwendig ist. Es kann auch sein, dass die Aufbauten des Modells so empfindlich und kompliziert sind, dass ihnen ein ständiges Abbauen sehr schaden würde. Dann ist es besser, den Schalter und die Ladebuchsen so an Deck einzubauen, dass eine größere Montagearbeit an den Aufbauten nicht notwendig ist. Kleine Ladeluken z.B. bieten sich dafür besonders an. Das Foto der Bugpartie des „Scott Guardian" zeigt einen Müllcontainer, unter dem diese Elemente eingebaut wurden. Der Container wurde maßstabsgetreu ganz aus Kunststoffplatten gebaut und passt sehr knapp über den erhöhten Sockel für den Schalter und die beiden Ladebuchsen der Empfänger-Spannungsversorgung und den Fahrakku. Der Rumpf selbst wird an einer höheren Stelle der verwinkelten Aufbauten sehr gut entlüftet, so dass eventuell beim Ladevorgang aus den Akkumulatoren austretende Gase ohne Gefahr sofort abgeführt werden. Die Aufbauten können also an Ort und Stelle bleiben und Beschädigungen bleiben dadurch aus.

Bei der inzwischen zur Verfügung stehenden Akkumulatorentechnik (gasdichte, lagenunabhängige Bleiakkus mit großer Kapazität für den Antrieb und schnellladefähige gasdichte Akkuzellen für den Empfänger und andere Aufgaben) und der ständig durchzuführenden richtigen Pflege dieser Spannungsquellen ist es heute nicht mehr nicht nötig, beim Ladevorgang dieser Akkus auf eine spezielle Belüftung des Modellrumpfes zu achten.

Tipp: Man kann als Ein-Aus-Schalter (gleichzeitig Not-Aus-Schalter) immer gut sichtbar gemachte (schwarz-gelb gestreifte oder rote) Steckbrücken einsetzen. Diese Brücken sitzen während des Betriebs in den Ladebuchsen aller im Modell befindlichen Akkus. Schwarz-gelbe Streifen weisen auf eine Gefahrenstelle hin, rote Schlauchadapter immer auf einen Löschwasseranschluss. So kann man sie gut tarnen.

In der gleichen Art der Tarnung kann auch eine externe Empfängerantenne angeschlossen werden. Nur sollte man dazu nicht die fest am Empfänger hängende Drahtantenne abschneiden. Bei anderen Vorhaben wird die echte Länge dann später gebraucht und ist nicht mehr da. Man faltet sie auf bestimmte Art zusammen, isoliert die Litze an der Spitze etwas ab und schraubt eine Steckbuchse an. An diese Buchse kann man dann die Außenantenne stecken. Als Außenantennen können Metallteile der Takelage, der Reling oder der metallene Mast selbst, ja sogar die eventuell in Metall ausgeführten Aufbauten dienen. Wie schon zuvor ausgeführt, spielt die Antennenlängenanpassung bei den Entfernungen auf den Gewässern zwischen Modellempfänger und Steuersender kaum eine spürbare Rolle. Nur sollte die ganze Antenne nicht unterhalb der Wasserlinie eingebaut werden.

Wie wir später noch erläutern, können viele andere Funktionen auf einem Modellschiff mit einer Funkfernsteuerung kontrolliert werden, z.B. kann man die Anker fallen lassen und wieder hochholen, einen Kran drehen und arbeiten lassen und ein Boot heben oder senken. All dies sind Hilfsfunktionen, die über den Sender-Empfänger-Weg ausgelöst und gesteuert werden. Dazu muss das Steuersystem jedoch vier oder mehr Schaltkanäle zur Verfügung haben. Dies verteuert die Anschaffung der Anlage und erfordert mehr Platz im Boot für die Relais, Schalt- und Steuermodule. Außerdem muss man in den meisten Fällen noch zusätzliche Spannungsquellen (Akkus) für alle Sonderfunktionen unterbringen. Als Anfänger sollte man immer einen Modellbauer mit längerer Funkfernsteuererfahrung konsultieren, um sicherzustellen, dass alle Verdrahtungen und die Zusammenschaltungen im Modell auch richtig gemacht wurden. Erstens spart man dadurch Platz im Modell und zweitens wird es seltener zu Fehlschaltungen kommen. Funkfernsteuerungen, ihre komplexen Probleme und deren Lösungen sind in zahllosen, oft recht umfangreichen Abhandlungen nachzulesen.

Verdrahtung

Die Verdrahtungen und Verkabelungen der Steuerelemente, Antriebsmotoren und ihrer Spannungsquellen in einem Schiffsmodell müssen sehr sorgfältig ausgeführt werden. Am besten sieht man zwei Verdrahtungen vor, einmal die vom Fahrakku über den Fahrtregler zum Motor, sie transportiert die Kraftenergie; zum anderen die vom Empfängerakku zum Empfänger und zu den Steuereinheiten, sie transportiert die Steuersignale. Es ist sehr wichtig, sicherzustellen, dass kein elektrisch betriebenes Ausrüstungsteil störende Funksignale ausstrahlt. Fast alle Motoren erzeugen durch die Abreißfunken am Kolektor einen Störpegel, der die Steuersignale vom Empfänger empfindlich beeinflusst, wenn keine Vorsorge zum Schutze der Signale getroffen wird. Deshalb muss man beim Einbau die Antriebseite und die Steuerseite eines Schiffsmodells sehr genau voneinander trennen. Durch viele Tests stellt man deren einwandfreie, gemeinsame Funktion sicher. Für fast alle Motoren, die im Schiffsmodellbau verwendet werden, kann man Kondensatoren- und Spulensätze zur Störsignalunterdrückung (Entstörung) erwerben. Die Erfahrung hat gezeigt, dass man, wenn man qualitativ gute Motoren einsetzt, sich um diese Störfälle am wenigsten kümmern muss.

Merke: Die beiden Spannungskreise für die Signalgebung und den Antrieb muss man immer so weit wie möglich voneinander getrennt im Rumpf unterbringen. Man verlegt die Drähte, die von der Batterie über den Fahrtregler zum Motor laufen, auf eine Seite des Rumpfes und die Signalkabel der Funkfernsteuerung einschließlich deren Spannungsversorgung auf die andere. Der Antriebsmotor mit seinen Steuerelementen sollte wirklich so weit wie möglich von den anderen Schaltmodulen und dem Empfänger entfernt werden.

Selbst die beiden unterschiedlichen Spannungsquellen baut man nicht direkt nebeneinander im Rumpf ein. So trennt man beide Spannungskreise recht effektiv. Sollte es immer noch zu Störungen kommen, helfen Abschirmungen (z.B. Umwicklungen mit ganz einfacher Alufolie aus der Küche), Trennwände aus Metall oder kaschierten Leiterplatten und, um die Steuerimpulse freizuhalten, gut ausgewählte elektrische Filter.

Die Strom führenden Verbindungen zwischen Fahrakku und Fahrtregler sowie zwischen Fahrtregler und dem Antriebsmotor müssen im Querschnitt für die zu erwartenden Stromstärken (gemessen bei total gestoppten Motor = Kurzschlussstrom) ausgelegt werden. Ströme über 15 Ampere sind dabei keine Seltenheit, es kommt immer auf den ausgewählten Motor an. Um durch diesen hohen Stromfluss eine Erwärmung oder gar ein Durch-

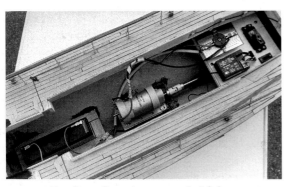

Zweikanalfernsteuerung, Antriebsmotor und Fahrakku im Modell des Zollkutters „Badger"

schmoren der Drähte zu vermeiden, muss man Querschnitte von 4 mm², besser mehr, wählen. (Das normale Haushaltskabel hat maximal 2,5 mm² Querschnitt pro Ader.) Außerdem sollten die Verbindungen aus hochflexibler Litze (die Kupferseele besteht dann aus vielen feinen Drähten, die miteinander versponnen sind) und nicht aus Drähten mit massiver Seele hergestellt werden. Durch die Wahl dieser großen Querschnitte wird der Spannungsabfall im Draht auf dem Weg zum drehenden Motor verringert. Ganz besonders sind die dicken Lautsprecherlitzen (Querschnitt 6 mm² und mehr) für Hi-Fi-Anlagen geeignet. Alle Verbindungskabel müssen aus den gleichen Gründen so kurz wie möglich gehalten werden.

Diese dicken Drähte sollte man jedoch nicht mit den Anschlüssen verlöten. Das Lötzinn wird bei der für die großen Querschnitte notwendigen langen Lötzeit und der so entwickelten großen Hitze in die Seele des Kabels gezogen und macht diese brüchig. Außerdem erhöht sich bei jeder zweiten Lötung, entgegen weitläufiger Annahme, der Widerstandswert, da man nicht weiß, wie gut die Lötung gelungen ist.

Solche Anschlüsse müssen daher geklemmt werden. Dazu benötigt man den für den Querschnitt passenden Anschlusskörper. Man schiebt die Seele des Drahtes in die passende Hülse des Anschlusssteckers (der Buchse oder des Kabelschuhs) und drückt diese mit einer Spezial- oder Kombizange fest zusammen. Man klemmt so die Seele des Kabels fest. Jeder erfahrene Modellbauer wird bei dieser Prozedur helfen. Außerdem kann man die meisten Elektriker für solche Sonderaufgaben (oft kostenlos) zurate ziehen.

Alle zusammengehörigen Kabel, besonders aber die, die hohe Ströme führen können, müssen ganz eng aneinander im Modell geführt werden. Dazu bindet man sie mit Klipps, Kabelbindern oder Bindegarn zusammen.

Alle Kabel müssen, auch beim Basteln, als Leitung für die positiven und negativen Spannungen mit unterschiedlichen Farben gekennzeichnet sein. So verwendet man Rot für

Das Funkfernsteuerbord der „Keila" zeigt im Uhrzeigersinn von oben rechts: Ein-Aus-Schalter, Fernsteuerempfänger, NiCd-Empfängerakku, Ruderservo, Klemme, Platinenwiderstandsfahrtregler für Bugstrahlruder, elektronischer Fahrtregler für Hauptmaschine. Der lose Draht mit Stecker ist die Verbindung zum Ladegerät.

alle Plusleitungen und Schwarz für alle Minusleitungen von der Batterie zum Fahrtregler. Vom Fahrtregler zum Motor sollten die Farben Grün und Blau gelegt werden, da sich hier die Polaritäten der Spannungen, durch Vor- oder Rückwärtsfahrt, öfter umkehren.

Die Verbindungen mit Steuersignalen (oder alles, was am Empfänger hängt) sind bereits vom Hersteller gekennzeichnet. Bei eventuell notwendigen Verlängerungen der Signalkabel sollte man grundsätzlich den gleichen Farbkode wie den des Empfängerherstellers benutzen. Nur so verhindert man Verwechslungen. Viele Lieferanten haben bereits fertig konfektionierte Verlängerungskabel im Programm, die in jedem guten Modellbauladen gekauft werden können. Kein Modellbauer, der nicht mit Lötverfahren für Elektrogeräte umzugehen weiß, sollte sich an den Eigenbau von Verlängerungskabel oder das Verlängern von Servokabeln machen. Man benötigt nicht nur das richtige Kabel, sondern auch die genauen Steckverbinder und gutes Isoliermaterial. Außerdem ist ein Multimeter zum Durchmessen der gefertigten Kabel unabdingbar.

Wie die Antriebsversorgungskabel, so sollten auch die Signalkabel eng zu einem Kabelbaum gebunden und mit Klammern am Rumpf befestigt werden.

Ein Bild der „Keila" zeigt das Beispiel eines Funkfernsteuerbords. Hier wurde fast die komplette Funkfernsteuereinrichtung auf einem Sperrholzbrettchen, das genau über der Antriebswelle im Rumpf liegt, installiert und so bestens vom Antriebszweig getrennt. Die Einrichtung umfasst den Empfänger, die Batteriehalterung, den Ein-Aus-Schalter, das Servo für das Schiffsruder, den mechanischen Widerstandsfahrtregler für das Bugstrahlruder und den elektronischen Fahrtregler für den Hauptantrieb. Auch die Ladebuchse ist gerade noch zu erkennen. Beim Test im und außerhalb des Wassers arbeitete diese Einrichtung perfekt ohne spezielle Maßnahmen zur Störimpulsunterdrückung an den beiden Hauptmotoren.

Überprüfung der Einbauten

Von allen Stadien des Baues eines Funktionsmodells verlangt wahrscheinlich die Installation der elektronischen und elektrischen Einbauten die größte Sorgfalt. Es ist allzu einfach, eine Leitung falsch anzuschließen oder eine so genannte kalte Lötstelle zu fabrizieren und dann beim ersten Einschalten festzustellen, dass das System nicht oder nur teilweise funktioniert.

Daher: Fertige alle Lötstellen mit äußerster Sorgfalt, überprüfe sie anschließend mehrmals auf guten Kontakt! Überprüfe alle Steckverbindungen vor dem ersten Einschalten mehrmals! Bevor man zum ersten Mal zum Weiher fährt, sollte man sein Modell im Freien elektrisch und elektronisch komplett testen. Dazu schaltet man zuerst den Sender, dann den Empfänger und schließlich die restlichen Stromkreise ein. Achtung: Der Sender muss immer zuerst eingeschaltet werden. Man verhindert dadurch unkontrollierte Servobewegungen im Modell. Mit eingeschaltetem Sender entfernt man sich mindestens 100 m vom Modell. Auf dem Weg überprüft man immer wieder alle durch den Sender kontrollierbaren Funktionen der Modellelektronik. Ist die Elektronik im Modell richtig ausgeführt worden, wird es zu keinem Servozittern oder -oszillieren kommen. Auch werden sich die einzelnen Systeme nicht gegenseitig stören oder beeinflussen. Sollten solche Symptome auftreten, müssen zuerst alle Spannungsquellen, vom Sender und im Modell, auf volle Ladung überprüft werden. Als Nächstes wird die Empfängerantenne auf richtigen Sitz und Kontakt geprüft. Auch sollte sie dem Sendersignal von allen Seiten frei zugänglich sein, also keine Abdeckungen aufweisen. Überprüfe auch die volle Länge der Senderantenne und natürlich das System auf das richtige Frequenzkanal-Quarzpaar und den festen Sitz aller Steckverbindungen. Als Letztes sucht man die Umgebung auf arbeitende andere Funkanlagen (Fernsteuerungen, Garagentoröffner oder CB-Funkgeräte) ab.

Treten immer noch Störungen auf, sollte man sich den Rat eines erfahrenen Modellbauers für die Behebung einholen. Oftmals sind die kürzlich gekauften Geräteteile der Grund für die Fehlfunktionen. Diese wird man durch Messungen lokalisieren, ausbauen und dem Händler gegen einwandfreien Ersatz zurückgeben. Die gesetzliche Garantiezeit dauert in der Europäischen Gemeinschaft zwei Jahre. Man braucht als Laie nur eine grobe Fehlerbeschreibung zu liefern und sich vom Verkäufer nicht mit Versprechungen hinhalten zu lassen!

Bei einem dampfgetriebenen Modell treten solche Störungen selten auf. Es sei denn, man hat batteriebetriebene Zusatzeinrichtungen im Modell untergebracht. Aber auch hier kann eine gründliche Überprüfung der Ruderfunktion, des Dampfhahns und des Umsteuerventils vor dem ersten Auftauchen am Modellteich unliebsame (sehr zur Gaudi der anwesenden Freunde beitragende) Überraschungen verhindern. Denn wenn diese Funktionen zu Hause einmal als richtig befunden wurden, kann am Teich eigentlich nichts mehr schief gehen. Dabei sollte man aber auch prüfen, ob der Empfänger oder andere elektronische Module nicht durch Dampf oder Kon-

Vierkanalfernsteuerung im dampfgetriebenen Modell der „Chimaera". Das Ruderservo ist auf einem höheren Niveau postiert, um den Ruderarm mit zwei Seilzügen anzulenken. Im Heck war zu wenig Platz für eine Anlenkung mit Schubstangen.

denswasser geflutet werden. Wenn das der Fall ist, hat wohl oder übel eine geschlossene Box für die Elektronik Abhilfe zu bringen. Bevor das Modell ins Wasser gesetzt wird, muss die Dampfanlage natürlich mit den Betriebsmitteln aufgefüllt und geölt worden sein.

Erst wenn das Modell in allen Funktionen genau überprüft worden ist, steht einem ersten Besuch am Modellteich nichts mehr im Wege.

Es ist immer ein sehr aufregendes Ereignis, wenn ein fertiges Modellschiff zum ersten Mal unter den Augen der Öffentlichkeit in das Wasser gesetzt wird. Auf alle Fälle sollte der Moment der Wahrheit mit einer Kamera festgehalten werden. Der Tag wird immer in der Erinnerung bleiben!

Verschiedene Fotos zeigen, wie einige Fernsteuerelemente, Dampfausrüstungen und Antriebsmotoren in verschiedenen Modellen eingebaut sind. Jedes Modell hat sein maßgeschneidertes Steuersystem. Alle Modellbauer rüsten ihre Schiffe so aus, wie sie es wünschen und passabel finden, daher gleicht kein Modell dem anderen. Ein Anfänger sollte auch mit der Ausrüstung seines Modells den Empfehlungen des Plankonstrukteurs so weit wie möglich folgen. Es ist der beste Weg, ohne Komplikationen zum ersten Erfolg zu kommen.

Wenn jemand zum allerersten Mal ein funktionierendes Schiffsmodell baut, sollte er besser die Finger von einer komplizierten Mehrkanalfunkfernsteuerung lassen und stattdessen eine Zwei- oder Vierkanalanlage wählen, um auf diese Art und Weise die besten Einbauarten auszuprobieren und die Bedienung des Senders und die Auswirkungen auf das Modell kennen zu lernen. Man darf nicht vergessen, die Akkus nach einem langen Fahrtag auf dem Klubgewässer nachzuladen, und man darf dabei auch nicht vergessen, dass man alle NiCd-Akkumulatoren wegen des so genannten Memory-Effekts erst total entladen muss, bevor sie wieder geladen werden. Ein Ladegerät für Autobatterien ist für Modellakkus, selbst für die gasdichten Bleiakkus, nicht geeignet, sondern man braucht ein spezielles Ladegerät aus dem Modellbaufachgeschäft.

Jeder Anfänger sollte sich zuerst die einfachen Regeln beim Bau und Betrieb eines Schiffsmodells halten. Wenn die Erfahrung mit der Praxis wächst, steigt auch die Freude am Hobby. Einige Modellbauer haben die meiste Freude bei der Konstruktion und dem Bau der Modelle, weniger beim Fahrbetrieb. Andere wiederum fahren am liebsten und tun am Bau nur das Nötigste. Die meisten gewinnen ihre Befriedigung aber aus beidem. Es gibt in der Modellbauwelt immer wieder etwas zu lernen und auszuprobieren. Der Schiffsmodellbau bildet da keine Ausnahme.

Kapitel 19: Sonderfunktionen

Ein detailliertes, gut gebautes und funktionsfähiges Modellschiff ist sowohl am wie auf dem Wasser ein sehr schöner Anblick. Was jedoch oft die meiste Aufmerksamkeit auf sich lenkt, ist das mit Sonderfunktionen ausgestattete Modell. Sonderfunktionen kann man in zwei große Gruppen aufteilen: solche, die noch an Land, bevor das Modell ins Wasser gesetzt wird, eingeschaltet werden, und diejenigen, die während der Fahrt durch Kommandos der Funkfernsteuerung bedient werden.

Zur ersten Gruppe gehören meistens die Schiffsbeleuchtung, die elektronischen Generatoren für Motorengeräusche und Warnsignale, die rotierenden Radarantennen etc., zur zweiten sind Kräne, Feuerlöschmonitore, Scheinwerfer etc. zu rechnen.

Beleuchtung

Die beliebteste Sonderfunktion eines Modellschiffs ist die Beleuchtung. Die Steuerbord-, Backbord- und Mastlichter wurden bereits im Kapitel 15 beschrieben, sie werden normalerweise dann eingeschaltet, wenn mit dem Modell ein Törn bei einfallender Dämmerung oder gar Dunkelheit gefahren werden soll. Sie können, wenn es gewünscht wird, auch ferngesteuert bedient werden. Die Decksflutlichter und die Illumination des Schiffsinneren, z.B. der Kabinen, werden meist ebenfalls im Hafen eingeschaltet.

Alle für diese Zwecke einsetzbaren Beleuchtungskörper gibt es mit den zugehörigen funktionierenden Glühlampen von vielen Zubehörherstellern anschlussfertig im Fachhandel zu kaufen. Man muss bei diesen käuflichen Bauteilen nur auf die Maßstäblichkeit und eine einheitliche Betriebsspannung achten. Leuchten europäischer Hersteller können mit 3-, 6- oder 12-V-Lampen ausgestattet sein. Auch 16-V-Lampen sind zu finden, diese stammen aus der Produktion für Modellbahnen. Man darf keine Lampen mit unterschiedlicher Spannung zusammenschalten. Sie brennen leicht durch. Man kann auch geeignete Lampen erstehen und die Leuchten bauen, die genau auf das Modell passen.

Miniaturlampen mit Glühfäden in kleinen Glaskolben gibt es in jedem Modellbauladen, sie finden nicht nur im Schiffsmodellbau, sondern auch in allen anderen Modellsparten Verwendung. Sie haben verschiedene Größen und meistens eine Betriebsspannung von 6 V. Je kleiner die Lampe ist, umso mehr kostet sie. Man kann sie neben den klaren Glaskolben auch mit roten, blauen, gelben oder grünen kaufen. Das einzig wirkliche Problem mit diesen Glaslampen besteht darin, wenn sie an einer sehr schwer zu erreichenden Stelle im Modell eingebaut werden muss und man sie nicht auswechseln kann, ohne eine ganze Baugruppe zu demontieren. Da man den Lampenwechsel kaum ganze Modellteile wegschneiden will, bleibt die defekte Lampe also, wo sie ist. Um die Lebensdauer einer Glühlampe zu verlängern, kann man sie mit niedrigerer Spannung betreiben als vom Hersteller angegeben, z.B. eine 6-V-Lampe mit

4,8 V – dabei lässt die Leuchtkraft nur ganz wenig nach, aber das Durchbrennen des Leuchtfadens wird weit hinausgeschoben.

Viele Modellbauer lösen das Problem der kurzen Lebensdauer einer Glühlampe durch die Verwendung von Leuchtdioden (light emitting diode = LED), die man in jedem Elektronikladen nach Größe und Leuchtstärke aussuchen kann. Neben roten, grünen, gelben, blauen und umschaltbaren mehrfarbigen gibt es jetzt auch klare LEDs mit großer Leuchtkraft. Beim Anschluss von LEDs muss auf die Polarisation der Spannungszuführung geachtet werden. Plusspannung darf nur an den Pluspol der Diode gelegt werden. Die Dioden arbeiten nicht, wenn die Spannung verkehrt angeschlossen wird. Die Aufgabe der Dioden ist es, Spannungen in einer Richtung zu blockieren; dies wird in vielen Schaltungen ausgenutzt. Leuchtdioden werden in vielen Größen und Formen hergestellt. Es sind, bei richtiger Behandlung und exaktem Anschluss, robuste und langlebige Bauelemente, die unbedenklich an schwierig zu erreichenden Stellen im Modell eingebaut werden können. Einige LEDs haben eine so intensive Leuchtkraft, dass sie als Suchscheinwerfer oder Flutlichtstrahler zu gebrauchen sind.

Alle Leuchtdioden arbeiten mit Gleichspannungen von 1,2 bis 3,0 V, Spezialdioden werden mit bis zu 15 V. Aufgrund ihrer Bauform strahlen sie ihre Leuchtkraft in zuvor festgelegten Winkeln ab. Man kann also vom Rundstrahler bis zum engwinkligen Punktstrahler das für das Modell richtige Licht aus der großen Lieferpalette aussuchen. Je nach Farbe haben die Dioden eine unterschiedliche Durchlassspannung. So hat eine rote Diode eine Durchlassspannung von 1,65 V, eine gelbe etwa 2,1 V und eine grüne um die 2,7 V. Dioden haben einen Arbeitsstrom, der sich meistens zwischen 16 und 20 mA bewegt. Niederstromdioden benötigen weniger als 2 mA. Um den Durchlassstrom zu begrenzen, müssen alle Leuchtdioden mit einem Vorwiderstand betrieben werden. Dieser Widerstand wird aufgrund der angelegten Betriebsspannung errechnet. Die Formel lautet:

(Betriebsspannung des Bordnetzes – Durchlassspannung) : Betriebsstromstärke = Vorwiderstand

Ein Beispiel: Betriebsspannung 12 V, rote Leuchtdiode (d.h. Durchlassspannung 1,65 V), Strom 15 mA = 0,015 A (12 – 1,65) : 0,015 = 690 Ohm

Verwendet wird dann ein Widerstand mit dem nächsthöheren Wert aus der Serie. In diesem Beispiel 820 Ohm. In fast allen Fällen reicht ein Widerstand mit einer Leistungsaufnahme von 0,25 Watt. Man kann auf diese Weise sicher sein, dass die Diode sehr lange funktioniert.

Bei Spezialdioden sollte man immer den Rat eines Fachmanns einholen!

Alle Lampen der Schiffsmodellbeleuchtung sollten zu Funktionsgruppen und in diesen Gruppen parallel geschaltet werden (siehe Skizze). Eine Funktionsgruppe wären z.B. alle Positionslampen, eine zweite das Flutlicht auf dem Oberdeck, eine dritte die Innenbeleuchtung und die vierte die Schlepplichter. Dabei sollte man immer den Verbrauch der Gruppe in Watt oder Ampere berechnen, um sicherzustellen, dass der verwendete Akkumulator (oder die Trockenbatterie) genügend Kapazität aufbringt, um die vorgesehene Betriebszeit der Lampengruppe durchzuhalten. Ein Beispiel: Zwölf Lampen, wovon jede einzelne 0,5 Watt/Stunde verbraucht, benötigen zusammen eine Leistung von 6 Watt/Stunde. Bei einer Bordspannung von 6 V muss der Beleuchtungsakku jede Stunde 1 Ampere liefern (Anwendung des ohmschen Gesetzes: Spannung (U) = Strom

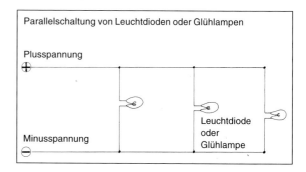

(A) × Widerstand (R)). Wenn der Akkumulator eine angegebene Kapazität von 3 Amperestunden hat, kann man die Beleuchtung idealerweise drei Stunden eingeschaltet lassen. Dann ist der Akku leer und muss wieder aufgeladen werden. Idealerweise deshalb, weil kleinere Widerstände in den Zuleitungen, im Akku selbst etc. etwas von der Leistung abzweigen und vernichten. Außerdem werden die Lampen zum Ende der Zeitspanne auf Grund der niedriger werdenden Spannung ihre Lichtintensität zurücksetzen und damit für eine Beleuchtung zu dunkel.

Die Skizze zeigt eine genaue Definierung des Plus- und Minuspols des Anschlusses der Lampengruppe. Dies wurde für den Einsatz von LEDs mit Vorwiderständen (anstatt der gezeigten Lampen) eingezeichnet, da bei diesen die beiden Spannungspotenziale nicht verwechselt werden dürfen. Sonst leuchten sie nicht.

Raucherzeuger

Ein Rauchgenerator ist eine weitere sichtbare Sonderfunktionen. Alle Dampfschiffe und auch die meisten Motorschiffe lassen an irgendeiner Stelle der Aufbauten Dampf austreten. Rauchgeneratoren kann man recht billig in den meisten Modellbauläden kaufen, ein Selbstbau lohnt sich bei den geringen Kosten eigentlich nicht. Es gibt zwei Arten von Rauchgeneratoren: Einer besteht aus einer dünnen, oben offenen Röhre mit Anschlussdrähten am unteren Ende. Diese Drähte werden über einen Schalter an eine 6- oder 9-V-Gleichspannungsquelle angeschlossen. Die Röhre wird bis zur Markierung mit Rauchöl gefüllt. Nach dem Einschalten des Stroms erhitzt sich der in der Röhre befindliche Glühdraht und verdampft das Öl, es entsteht dabei ein gut sichtbarer weißer Rauch. Der zweite Typ besteht aus einem Heizelement mit zwei Anschlussdrähten in einer dünnen Glasröhre. Diese muss in einen selbst gebauten Ölbehälter eingebaut werden, und zwar so, dass sie immer in das Rauchöl hineinragt, aber nicht überflutet wird. Dieser Raucherzeuger benötigt 9–16 V Gleichstrom zum Betrieb.

Die Raucherzeugungsanlage für das Modell der „Duchess of Fife". Das Heizelement ist im Öltank eingebaut. Am Schornsteinrohr sind unten kleine Löcher angebracht, damit ein kleiner Ventilator den Rauch durch den Schornstein blasen kann.

Rauchgeneratorsteuerung auf der „Britannia". Der Hebel am Ruderservo schaltet bei Vollausschlag den Tastschalter ein und beim nächsten Mal wieder aus.

Aufgrund des größeren Ölvorrats muss man die Dauer der Rauchabgabe durch Ausprobieren ermitteln und für jeden späteren Einsatz den einzufüllenden Ölvorrat berechnen.

Wenn man diese Raucherzeuger für den Schornstein eines Dampfermodells mit Elektroantrieb verwendet, sollte man in den gleichen Stromkreis einen kleinen Ventilator einfügen, der den erzeugten Rauch dann wirklichkeitsnah aus dem Schornstein strömen lässt. Der Rauchgenerator kann selbstverständlich am Beginn einer Modellfahrt am Ufer eingeschaltet werden. Da aber kein Schiffe dauernd Dampf ausstößt, ist es ratsam, eine Schaltung einzubauen, die die Raucherzeugung während der Fahrt steuert. Diese Schaltung kann man mit den Signalen des Empfängers, die vom Gashebel des Funkfernsteuersenders kommen, koppeln. Sie schaltet dann ein, wenn die Signale zum Fahrtregler eine längere Dauer einnehmen, also mehr Gas geben. Oder man lässt sie frei laufen, nur kontrolliert durch eine Ein-Aus-Funktion z.B. einer Zeitschaltuhr. Dampfer benötigten bei Kurvenfahrten immer mehr Kraft auf dem Antrieb. Also kann man die Funktion des Rauchgenerators mit dem Seitenruder steuern, indem man bei jedem Servoausschlag den Strom zum Glühfaden einschaltet und ihn wieder abschaltet, wenn das Modell geradeaus fährt. Das Foto vom Innenleben der „Britannia" zeigt eine solche Ruderschaltung, die zwei kleine Rauchgeneratoren in den beiden Schornsteinen des Modells bedient. Ein anderes Foto zeigt die Rauchölkammer mit Raucherzeuger des Raddampfers „Duchess of Fife" unter dessen Schornstein.

Radarantennen

Mit am nahe liegendsten für eine Automatisierung beim Modell sind die Radarantennen, die mit sechs Umdrehungen pro Minute kontinuierlich drehen, auch wenn das Schiff an der Pier festgemacht ist. Als bewegliche Teile erregen sie Aufmerksamkeit und wirken sehr realistisch. Unglücklicherweise sind viele Radarantennen auf kleinen vom Mast herausragenden Plattformen positioniert, was den Antrieb durch einen im Modell versteckten Motor erschwert und manchmal sogar unmöglich macht. Ein flexibler Kardanantrieb kann dann verwendet werden, wenn die Biegungen nicht sehr stark sind, aber manchmal ist es nötig, einen kleinen Zahnradantrieb zu benutzen (siehe Skizze). Ist die Radarantenne auf einer Konsole über dem Ruderhaus, gestaltet sich der direkte Antrieb natürlich einfach.

Einen Scanner, wie Radarantennen auch genannt werden, kann man mit einem kleinen Motor und entsprechenden Zahnrädern zur Drehzahlreduzierung maßstabsgerecht antreiben. 3- oder 4-V-Motoren sowie einfache Nylonzahnräder gibt es in fast allen guten Modellbaufachgeschäften und von -versendern. Da ein Radargerät während der ganzen Zeit am Teich arbeiten kann, ist es nicht notwendig, dieses Zubehör ferngesteuert zu betreiben. Auf alle Fälle muss der Antriebsmotor für die Antennen im Aufbau oder unter Deck versteckt werden. Eine gute Antriebseinheit für diese oder ähnliche Zwecke ist die Mechanik eines elektrisch nicht mehr arbeitenden Servos. Man entfernt die Platine und verbindet den Motor mit einer kleinen Spannungsquelle (2–3 V). Über die verlängerte Hebelarmachse wird dann die Antenne betrieben.

Die Modellbauindustrie bietet inzwischen nur 15 mm lange Motoren mit 6 mm Durchmesser mit und ohne Getriebe an. Da alle Radarantennen einen Getriebesockel mit Gehäuse besitzen und damit auf der zugewiesenen Plattform arbeiten, kann man je nach Maßstab diese Minimotoren im Sockel unterbringen. Große Antennen, besonders die Rundsuchantennen von Kriegsschiffen, sind mit einer Stabilisierungs-

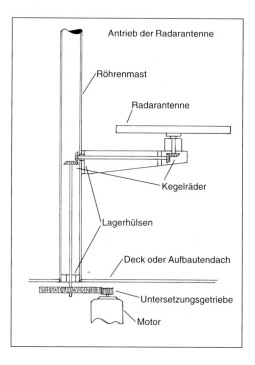

anlage gegen den Seegang ausgestattet. Diese Stabilisierung hat immer einen großen Getriebekasten. Maße von Originalantennensystemen für zivile Schiffe erhält man bei Yachtausstattern oder aus den Katalogen der Radarhersteller.

Zum Einsatz von Radaranlagen: Jeder Schiffsführer ist verpflichtet, vor dem Ablegen die Radaranlage auf Betriebstemperatur zu bringen und dann auf richtigen Betrieb zu überprüfen. Da die Senderöhre bis zur vollen Funktion mindestens fünf Minuten Anheizzeit benötigt, kann man sich ausrechnen, wie lange vorher die Anlage aktiviert wird. Bei Kriegschiffen ist diese Vorwärmzeit noch viel länger. Meist wird die Ortung und ihre Rechner schon Stunden vor dem Auslaufen eingeschaltet, überprüft und dann laufen gelassen. Devise: Ein Schiff ohne funktionierende elektronische Augen ist total blind.

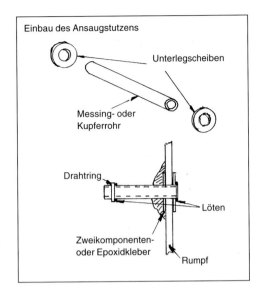

Feuerlöschmonitore

Feuerlöschkanonen, die Wasser über eine große Entfernung spritzen können, sind Blickfänge auf modernen Hafen- und Bergungsschleppern, Bohrinselversorgern und Feuerlöschbooten. Es gibt einige Hersteller, die funktionierende Feuerlöschmonitore und die dazu erforderlichen Pumpen fertigen. Leider sind sie meistens für Maßstäbe 1:35 und größer ausgelegt. Die notwendigen Pumpen sind nicht der Maßstäblichkeit unterworfen. Sie werden im Rumpf untergebracht. Um einen arbeitenden Monitor einbauen zu können, muss man erst aus Kupfer- oder Messingrohr einen Ansaugstutzen für das Wasser formen und diesen unterhalb der Wasserlinie wasserdicht in den Rumpf einbauen (siehe Skizze). Man beachte, dass das Ansaugrohr auf der Anschlussseite des flexiblen Schlauches mit einem Ring versehen ist, der das unbeabsichtigte Abrutschen der Schlauches und somit Wassereinbrüche in den Rumpf verhindert. Die Wasserpumpe muss unterhalb der Wasserlinie im Rumpf eingebaut werden. So ist ein ständiger Wasserstand am Ansaugstutzen der Pumpe garantiert, denn diese kleinen Pumpen haben gewöhnlich nicht die Kraft, Wasser gleichzeitig anzusaugen und dann noch mit dem Druck für eine größere Spritzweite zu versorgen. Flexible Silikonschläuche haben sich als Verbindung zwischen den einzelnen Bauteilen der Feuerlöscheinrichtung bewährt. Man muss dabei nur beachten, dass diese Schläuche, um Lecks zu vermeiden, sehr dicht und fest auf den Stutzen der Einzelgeräte sitzen.

Tipp: Als Schläuche für diese Anlagenteile eignen sich am besten die medizinischen Infusionsschläuche. Sie haben die nötige Festigkeit, Elastizität und werden auch nach längerem Gebrauch im Modell nicht mürbe und brüchig. Auch die Anschluss- und Abzweigverbinder mit ihren Schlauchklemmen aus diesem Programm kann man bestens gebrauchen. In jedem Krankenhaus werden sie nach jeder Infusion entsorgt.

Die Monitore müssen, wenn sie natürlich erscheinen sollen, im Seiten- und Höhenrichtung ferngesteuert zu beweglich sein. Beide Bewegungen sollten zügig, aber nicht schnell ausgeführt werden. Die Seitenrichtung lässt sich am besten mit einem Schneckengetriebe realisieren, es bringt die größte Kraft gegen das ausspritzende Wasser auf, das wie ein Stabilisationskreisel jede Bewegung des Monitors unterdrücken will. Die Höhenrichtung kann mit dem Hebel eines mitgedrehten Servos betätigt werden.

Anker

Wenn man an einem Modell den Anker fallen und holen lassen will, muss man dafür sorgen, dass dieser genügend Gewicht hat, um die Ankerkette stramm zu halten. Außerdem müssen die Klüsenein- und -ausgänge sehr abgerundet sein, damit die Ankerkette frei hindurchlaufen kann. Es ist viel einfacher, die Ankerkette auf eine Trommel unterhalb des Decks aufzuwickeln, als ein funktionierendes Ankerspill zu bauen. Die dann funktionslose eigentliche Winde kann dazu genutzt werden, das Loch für die Kettendurchführung durch das Deck zur Wickeltrommel abzudecken. Um diese Ankerkettentrommel anzutreiben, braucht man einen kleinen Motor mit einem Getriebe, die zusammen kräftig genug sind, Anker und Kette zu bewegen. Wenn der Modellbauer es nicht vorzieht, das Ankermanöver mit der Fernsteuerung zu kontrollieren, werden zusätzlich zwei Endschalter für die Stoppvorgänge beim Hieven (Holen) und beim Fallenlassen des Ankers, wenn dieser seine jeweilige Endposition erreicht hat, benötigt. Fernsteuerseitig wird das ganze Manöver nur mit einer einfachen Schalteroperation gesteuert. Das Heben und Fallenlassen des Ankers soll nur die Wirklichkeitsnähe einer Funktion am Modell darstellen. Den Versuch zu unternehmen, mit dem Anker den Grund des Modellteiches zu erreichen und dann das Modell gegen Strömung und Winddrift mit dem Anker zu halten, kann als illusorisch verworfen werden. Der Anker ist niemals so schwer, um wie ein echter in den Grund einzudringen.

Bewegliche Rampen

Die Mechanik zum Heben und Senken von Fahrrampen an einem Fährenmodell ist einfacher als die für die Ankerfunktionen. Die Skizze zeigt die Methode. Es wird nur ein kleiner Motor mit einem Schneckengetriebe benötigt. Dieses Getriebe treibt über eine Achse beide Wickeltrommeln. Mit zwei Seilen, die durch Augenöffnungen im Modellaufbau oder

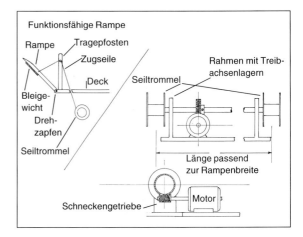

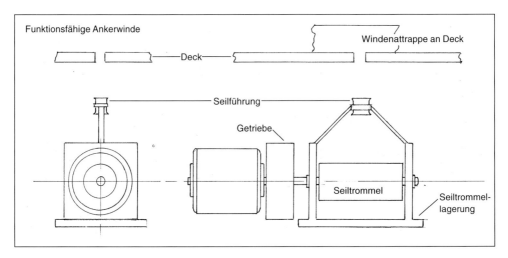

bei offenem Deck in Leitpfosten geführt werden, wird dann die Rampe gehoben oder gesenkt. Die Rampe muss natürlich so schwer sein, dass beide Seile stramm gehalten werden. Auch diese Funktion kann man gut mithilfe eines Doppelschalters der Funkfernsteuerung ausführen.

Kräne

Kräne und Greifer auf Frachtschiffen, Fischereifahrzeugen mit Schleppnetzen oder Baggern bieten viele Gelegenheiten, ferngesteuerte Betriebs- bzw. Arbeitsvorgänge zu verwirklichen. Wenn die Krankabine sorgfältig mit einer guten Lagerung, möglichst mit Kugellager, drehbar auf eine Basis gebaut wurde, kann man den ganzen Kran mithilfe eines Servos drehen bewegen (siehe Skizze). Das verwendete Servo sollte von einem Anschlag zum anderen einen Drehwinkel von 240° haben, um den Kranarm von einer Schiffsseite zur anderen zu bewegen. Beim Heben und Senken des Kranarms verfährt man ebenso, wie es bereits bei der Fahrrampe beschrieben wurde. Die Haken- oder Greiferbewegung kann man so wie die Ankermechanik gestalten. Nur sind dann beide Antriebe in der Kabine des Krans untergebracht und die Zuleitungsdrähte werden elegant durch die Achse der Kabine geführt. Falls der Maßstab so klein ist, dass die Antriebe unter Deck eingebaut werden müssen, kann man die Ziehleinen durch die Kabinenachse führen. Auch hier kann das System der Ankerbewegung eingesetzt werden.

Wenn zum Drehen des Krans ein starkes Servo verwendet wird, kann man den Drehbereich über den Vollkreis hinaus ausdehnen. Man muss nur die richtige Übersetzung an den Riemenscheiben einhalten. Da sich die normale Kabelisolierung bei den engen Verhältnissen in der Kabinenachse schnell aufreiben könnte, sollte man hier nur Kabel mit Teflonisolierung verwenden. Diese Isolierung ist sehr glatt und strapazierfähig. Man bekommt solche Kabel in guten Elektronikläden.

Zur Lagerung einer Krankabine (oder einer Kranbasis bei neueren Schiffen) sollte man als Drehhilfe zwei normale Rillenkugellager, eins für den oberen, das zweite für den unteren Sitz, einsetzen. Ein etwas größeres, flaches Drucklager zwischen Deck und Kabinenboden hat den gleichen Effekt. Diese Maßnahmen helfen beim Drehen und schwere Lasten zu bewegen.

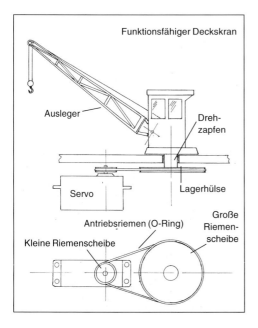

Funktionsfähiger Deckskran

Wasserabflüsse

Die großen Vorbilder weisen eine ganze Anzahl von Wasserableitungen nach Außenbord auf. Man findet solche ganz besonders im Bereich des Motorenraums. Hier wird über diese Rohre das Kühlwasser für die Maschine fortgeschafft. Heute ist dies allerdings kaum noch nötig, da die Schiffe aus Umweltschutzgründen über geschlossene Kühlkreisläufe verfügen und die Kühlung meistens über Wärmetauscher am Schiffsboden durchgeführt wird. Bei Dampfern wurde hier immer das Kondenswasser abgeleitet. Auch ein Modell kann mit dieser Einrichtung ausgestattet werden. Eine kleine elektrische Pumpe, wie sie in der Scheibenwaschanlage eines Autos ge-

Heckpartie der „Scott Guardian" mit Kühlwasserabläufen, zwei für die Hauptmotoren und zwei für die Hilfsmaschinen (eine davon ist in Betrieb).

braucht wird und auf jedem Schrottplatz zu haben ist, kann einen solchen Wasserkreislauf bedienen. Dafür sind zwei Rumpfdurchbrüche notwendig, einer unter der Wasserlinie für das Ansaugen, der andere an der Stelle, wo das Abwasser austreten soll. Die Pumpe sollte wie die Pumpe für die Feuerlöscheinrichtungen unter der Wasserlinie platziert werden. Alle Schlauchverbindungen führt man ebenfalls mit Silikongummischläuchen aus.

Wenn diese 13,6-V-Pumpe jetzt mit einer Spannung von 9 bis 10 V betrieben wird, fördert sie die richtige Menge für einen realistischen Kühlwasseraustritt. Das Modell der „Scott Guardian", die in diesem Buch oft abgebildet ist, ist mit vier Abwasseröffnungen (Speigatts) im Heck ausgestattet, wovon zwei funktionieren. Um zwei Speigatts mit einer Pumpe zu versorgen, benötigt man nur einen T-förmigen Verteilerstutzen im Schlauchsystem. Man muss immer wieder sicherstellen, dass im Schlauch- und Pumpsystem keine Leckstelle aufgetreten ist und Wasser in den Rumpf pumpt, das dann die nicht ganz billige Fernsteueranlage oder andere Einrichtungen beschädigt. Der Wasserdruck, der für die Feuerlöscheinrichtung benötigt wird, ist für ein einfaches Abwassersystem zu hoch.

Geräusche

Eine weitere Möglichkeit, um Modellschiffe sehr attraktiv zu machen, ist die Darstellung von Betriebsgeräuschen. Die dazu notwenigen elektronischen Komponenten gibt es von vielen Herstellern in verschiedenen Formen. Der Tongenerator für Dieselgeräusche ist sehr beliebt. Man kann die Tonfolgen von Einzylinderdieseln für kleine Fischerboote bis zu großen Mehrzylindern erzeugen. In beiden Fällen kann die Tonfolge über die Geschwindigkeitskontrolle des Modells gesteuert werden. Wenn das Schiff am Ufer liegt, lässt man den Motor langsam drehen, bei der Fahrtaufnahme erhöht sich dann auch die Tonfolge des Geräuschgenerators. Diese Geräuschmodule kommen als eine kompakte Einheit, die man nur noch an die Spannungsversorgung und an den Lautsprecher anschließen muss. Der Lautsprecher hat meistens eine Impedanz, d.h. einen Scheinwiderstand, von 8 Ohm. Diesen Wert hat auch der Ausgang des Tongenerators. Ein einfacher Ein-Aus-Schalter für die Spannungsversorgung in die Ein-Position gesetzt, die Anschlüsse mit dem Fahrtregler verbunden – schon arbeitet der Tongenerator. Bausteine, die Geräusche von Schiffstyphonen oder Sirenen, Dampfmaschinen und Dieselmotoren erzeugen, sind im Handel erhält-

Ein elektrisch angetriebenes Modell von David Deadman im Maßstab 1:24 mit Rauchgenerator.

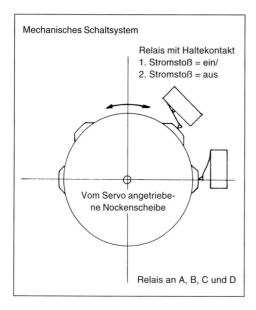

lich. Um Störungen zu vermeiden, sollte man für diese Schaltungen eine vom Antrieb unabhängige Spannungsversorgung einbauen.

Der ausgewählte Lautsprecher muss sehr hoch in den Aufbauten eingebaut werden. Um den Schall nach außen dringen zu lassen, lässt man ein paar Fenster unverglast. Ein feiner Gazestoff simuliert den Teppich, wenn der Lautsprecher als Fußboden in die Kabine eingebaut wurde. Die Modellbauzeitschriften veröffentlichen oft solche Anwendungs- und Selbstbaubeispiele für die Beschallung aller möglichen Modelle und einige Module gibt es auch als Bausatz.

Tipp: Jeder Lautsprecher sollte immer mit seinem Schallsystem, also der Rückseite, in eine kleine Holzkiste eingebaut werden. Es darf nur die Schallöffnung frei bleiben. Für die Kisteninnenmaße nimmt man jeweils die doppelte Breite und Länge der Lautsprecheröffnung und die doppelte Tiefe des Lautsprechers. Grund: Jeder Lautsprecher gibt seine Töne aufgrund der schwingenden Membran fast genauso stark nach hinten wie nach vorne ab. Um diesen rückwärtigen Schalldruck nicht zu vergeuden – der Schall würde sich im Modell verlaufen –, baut man die Kiste. Der Schall vereinigt sich mit der anderen Hälfte und geht nach Außenbords zur Freude der Zuschauer. Es darf immer nur ein Lautsprecher in eine Kiste! Zwei in einer Box würden sich gegenseitig beeinflussen, ja unter Umständen sogar so stark bedämpfen, dass kein Ton mehr hörbar wäre.

Man muss solche Lautsprecher auswählen, die mehr Leistung in Watt aufnehmen können, als der Tongenerator bei Volllast abgibt. Erzeugt das Modul 10 Watt Ausgangsleistung, so sollte der Lautsprecher mindestens 15 Watt vertragen.

Auf allen modernen Schiffen gibt es heute auf beiden Aufbautenseiten und der Bugseite Lüftergitter. Hinter diesen Gittern ist immer genügend Platz für die Lautsprecher.

Alle die zuvor beschriebenen Funktionen können durch Mehrfachschaltmodule im Sender und Empfänger ferngesteuert bedient werden. Man kann aber auch eine einfache Nockenscheibe auf ein Servo bauen und über mehrere Mikroschalter die gleichen Funktionen auslösen oder abschalten (siehe Skizze). Diese Lösung ist ein bisschen knifflig zu realisieren und bedarf einiges an Versuchen, bis sie funktioniert. Aber sie ist eben auch deutlich billiger als die hochwertige Schaltelektronik der Funkfernsteuerlieferanten.

Es gibt noch viele weitere, oft sehr aufwendige Sonderfunktionen für Modellschiffe. So liefert ein Baukastenhersteller die Technik zum Ablassen und Hochziehen eines Beiboots, man kann Signalscheinwerfer zum Blinken bringen, um Nachrichten in richtigem Morse-Code abzusetzen – die Tüftler in den Entwicklungsabteilungen der Hersteller oder in den Bastelkellern denken sich alles Mögliche aus. Der Anfänger im Modellbau sollte aber erst einmal mit den einfachen Sonderfunktionen Erfahrungen sammeln.

Kapitel 20:
Moderne Antriebsarten

Die Mehrheit der mit Motorkraft angetriebenen Schiffe haben heute einen herkömmlichen Propellerantrieb, wobei etwa 20% feste oder lenkbare Kort-Düsen als Zusatz verwenden. Schiffe mit Verstellpropellern benötigen im Antriebssystem keinen Rückwärtsgang mehr. Dies ermöglicht eine Antriebssteuerung von der Brücke und macht die ständige Anwesenheit von technischem Personal im Maschinenraum überflüssig. Die Bordingenieure oder Maschinenmaate befassen sich fast ausschließlich mit den Nebenaggregaten und statten der Hauptmaschine nur periodische Besuche ab.

Kort-Düsen

Die Kort-Düse verhilft dem Schiffsantrieb in Zusammenarbeit mit dem Propeller zu einer besseren Ausnutzung der erzeugten Wasserdruckenergie. Sie wirkt, wie ein lang gestreckter Hohlraum, beschleunigend und stabilisierend auf den Wasserstrahl. Der Auffächereffekt des Antriebsstrahls eines Propellers, der ohne die Düse immer auftritt, wird auf der Strecke der Mantellänge und etwas dahinter verhindert.

Die steuer- oder lenkbare Ruderdüse ist eine Weiterentwicklung der originalen festen Düse. Einige Typen von Modell-Kort-Düsen

„Scott Guardian" im Trockendock von Hull, Großbritannien. Man beachte die tiefen Ankerklüsen und die dicken Scheuerleisten aus Vollgummi. Die Größenverhältnisse vermitteln die Arbeiter am Boden des Docks.

mit angepassten Propellern kann man im Handel beziehen. Sie werden aus qualitativ gutem Messing hergestellt.

Kort-Düsen können auch in der eigenen Modellwerkstatt aus dünnen Kunststoffplatten hergestellt werden. Man nimmt einen runden Holzklotz und wickelt und klebt einige Platten bis zum Erreichen der erforderlichen Dicke um ihn herum. Danach bringt man das Ganze durch Feilen und Schleifen in die richtige Form. Diese Bauart erzeugt eine recht brauchbare Düse, die ihre spätere Arbeit im Wasser ordentlich versehen wird. Sollte aber eine genaue Profilform angestrebt sein, muss man die Düse schon aus einem Metallblock auf einer Drehmaschine herausarbeiten.

Jede Kort-Düse hat ein ganz besonderes Profil, das zum einem zur Schraube und ihrer Leistung und zum anderen zum Anströmprofil des Schiffskörpers passt. Zur Herstellung einer ganz genauen Kort-Düse kann man bei den Versuchsanstalten für Wasserbau und Schifffahrt um geprüfte Unterlagen für verschiedene Typen anfragen. Diese Ämter sind oft bereit, mit Rat und Unterlagen Hilfe zu leisten. Auch findet man häufig Aufsätze über den Bau verschiedener Kort-Düsen in den Modellbaufachzeitschriften.

Bug- und Heckstrahlruder

Schiffseigner suchen immer Wege, um die Betriebskosten eines Schiffes zu verringern. Eine der ganz einfachen Lösungen dafür liegt im Einbau von Bug- und Heckstrahlrudern. Die Kosten der Schlepperhilfe beim An- und Ablegen in den oft besuchten (und auch anderen) Häfen sind recht hoch und können bei geschicktem Einsatz dieser Ruder komplett vermieden werden.

Bug- und Heckstrahlruder sind einfache Röhren, in denen angetriebene Propeller montiert sind und die unter der Wasserlinie im Bug- oder Heckbereich eines Schiffes von einer Schiffsseite zur anderen quer durch den Rumpf gehen. Die Propeller können in beide Richtungen drehen und so den Bug oder das Heck des Schiffes in eine oder die andere Richtung drücken. Die Vorteile dieser Wasserstrahler sind die korrekten Seitwärtsfahrten eines Schiffes. Dieser Vorgang wird auch Traversieren genannt. So kann man das Schiff ohne Vorwärtsfahrt nur durch den Wasserdruck der Strahlruder an den Kai oder davon weg bewegen. Die Liegeplätze im Hafen können so sehr kurz gehalten werden und kosten den Reeder weniger Liegegebühren! Die werden überall nach Fußlänge Kai berechnet. Wenn ein Schiff in ein Trockendock muss, was etwa alle zwei Jahre erforderlich ist, benötigt es auch hier keine Hilfe, um genau in die Mitte des Docks zu manövrieren.

Funktionierende Bug- oder Heckstrahlruder für Schiffsmodelle werden von einigen Herstellern geliefert. Leider nur in wenigen Standardgrößen, aber mit verschiedenen Rohrlängen. Der Modellbauer kann sie an sein Modell anpassen und zurechtschneiden. Er muss dafür Löcher in den Rumpf bohren und aufweiten, bis das Rohr quer hindurchpasst, und es dann sorgfältig dicht einbauen, damit kein Wasser in den Rumpf eindringen kann. Das Antriebssystem des Propellers wird durch O-Ringe abgedichtet und ist normalerweise nach dem Aufstecken auf das Rohr wasserdicht. Auch wenn das käufliche Strahlsystem fast immer außerhalb des Baumaßstabs liegen wird, muss man die Strahlaustrittsöffnungen in der korrekten Größe anbringen. Sie werden in vielen Fällen also kleiner sein als der Durchmesser der Strahlröhre, wodurch sich Luft im oberen Teil des Gehäuses sammeln kann und das Propellersystem daran hindern, richtig zu arbeiten, wenn das Modell ins Wasser gesetzt wird. Beim Original wird diese gefangene Luft durch Abzugsrohre zu ventilbestückten Ausstoßöffnungen direkt über der Wasserlinie, dem Hauptdeck oder noch höher geleitet. Über den Decks enden die Abluftrohre meistens in Schwanenhälsen, neuerdings auch in Kugelventilen. Das gleiche System kann auch beim Modell angewendet werden, indem man kleine Rohre zwischen Deck und Strahlröhre einbaut, die natürlich gegen das

Eindringen von Leckwasser in den Rumpf abgedichtet werden müssen. Bei Kunststoffrohren genügt dafür Kunststoffkleber-Gel, sind sie aus Metall, muss ein Zweikomponentenkleber eingesetzt werden.

Es ist möglich, Bug- und Heckstrahlruder aus handelsüblichen Kunststoff-, Messing- oder Kupferrohren aus dem Baumarkt selbst zu fertigen, dazu ein oder zwei kleine Propeller, die im Durchmesser möglichst knapp in das Rohr passen, ein Winkelgetriebe und eine Antriebswelle, an die der Motor angekuppelt werden kann. Das Hauptproblem beim Bugstrahlruder besteht darin, dass es tief unten im Bugbereich des Modells eingebaut werden muss und es dort bekanntlich sehr wenig Platz gibt. Das ist immer eine Fummelei, besonders beim Versiegeln gegen Wassereinbruch und bei späteren Wartungsarbeiten.

Steuerbordantriebseinheit mit Antikorrosionsanoden der „Scott Guardian".
Hier sieht man den kleinen Abstand zwischen Kort-Düse und Propeller.

Wenn die Strahlantriebe mit den entsprechenden Motoren ausgerüstet und eingebaut sind, müssen sie nur noch verkabelt, an die Fahrtregler der Funkfernsteuerung oder die zugehörigen Schalter angeschlossen werden. Das Modell der „Keila" ist mit einem gekauften Strahlruder ausgerüstet, das über einen Kanal der Vierkanalanlage gesteuert wird. Es arbeitet gut und das Modell kann praktisch auf der Stelle drehen. Bei einigen der großen Passagierschiffe und größeren Fähren sind mehrere Strahlruder im Bug und Heck eingebaut, um einen maximalen Druck beim Drehen und Anlanden zu erzielen. Soll ein solches Schiff nachgebaut werden, muss man erst herausfinden, wo und wie viele Strahlruder notwendig sind.

Schottel-Ruderpropeller

Einige spezialisierte Schiffe wie Bohrinselversorger, Ankerzieh-, Schub- und Hafenschlepper, Rettungs- und Feuerlöschschiffe sind mit Schottel-Ruderpropellern oder ähnlichen Schubeinrichtungen ausgerüstet. Hierbei handelt es sich um Propellerantriebe, die bis zu 360° gedreht werden können. Die ganze Antriebseinheit, die oft mit einer Kort-Düse o.Ä. ausgestattet ist, sitzt senkrecht unter dem Schiffsrumpf.

Details des Antriebs mit Blick nach achtern. Die angeschweißten Ösen werden benötigt, um den Antrieb beim Einbau an Ort und Stelle zu halten. Der Antrieb ist um 360° drehbar.

Die Kraftübertragung erfolgt über zwei Winkelgetriebe, eins innerhalb des Rumpfes, das andere am Propeller. Durch das Drehen der ganzen Antriebseinrichtung kann der Schub in jeder gewünschten Richtung erfolgen. Schottel-Propeller sind auf den Fotos der „Scott Guardian" im Trockendock zu sehen.

Die Antriebe können je nach Bauart Volldrehungen ausführen oder sind auf bestimmte Ausschläge, z.B. 120° nach jeder Seite, begrenzt. Die „Scott Guardian" ist mit drei solchen Antrieben ausgestattet, zwei im Heck und einer im Bugbereich, der, wenn er nicht benötigt wird, in den Rumpf eingezogen werden kann. Der Vorteil dieser Antriebsart liegt darin, dass das Schiff in alle Richtungen – vorwärts – rückwärts – seitwärts – und wenn nötig im Vollkreis – bewegt werden kann, ohne dass man die Maschinen in der Drehrichtung und -zahl verändern muss. Die so ausgerüsteten Fahrzeuge werden über kleine Steuerknüppel (Joysticks) von der Brücke aus gesteuert. Diese Knüppel sind denen recht ähnlich, wie sie für Computerspiele zu Hause genutzt werden. Natürlich ist das Kontrollsystem im Original sehr verfeinert.

Einige Hersteller bieten Schottel-Antriebe an. Sie bestehen meist aus Kunststoffteilen, haben ein Untersetzungsgetriebe für den Propeller und sind sonst so aufgebaut, dass ein Standardservo (mit großem Ausschlag) den Antrieb um bis zu 120° nach jeder Seite drehen kann. Sie funktionieren sehr gut, werden aber nur in einer Größe hergestellt, was den Einsatz natürlich einschränkt. Solche Antriebe lassen sich auch selbst bauen, allerdings muss man dafür Drehteile herstellen können und sie mit den notwenigen Getriebeelementen versehen. Ein Drehmaschine ist nicht unbedingt notwendig, wenn man eine regelbare gute Bohrmaschine und einen Bohrständer, wenn möglich mit einem Kreuztisch, besitzt. Den Mantel fertigt man auf einer hölzernen Rundform mit Glasseide und Harz (wie beim Rumpfbau). Die Winkelgetriebe werden aus handelsüblichen Winkelritzeln und dazu passenden Stahlachsen aufgebaut. Als Lager nimmt man kleine Kugellager und als Antrieb und Steuerung werden zwei Riemenscheiben verwendet. In den Schiffsmodellfachzeitschriften sind solche Bauanleitungen zu finden.

Datenblätter von bestimmten Schottel-Ruderpropellern kann man bei der Schottelwerft in

Industriell hergestellter Schottel-Antrieb am Modell der „Scott Guardian". Er kann leider nur um 240° geschwenkt werden. Sonst ist er voll einsatzfähig und maßstabsgerecht.

Spy am Rhein bestellen. Schottel-Ruderpropeller gibt es mit und ohne Mantel. Auch setzt man Schottel-Antriebssysteme mit zwei Propellern auf einer Achse ein. Genaue Auskünfte erteilt die Werft. Dort hat man inzwischen für ganz flache Gewässer einen so genannten Thruster entwickelt, der zentral Wasser ansaugt und es dann gelenkt seitlich wieder abstrahlt. Außerdem führt die Werft mobile außenborderähnliche Systeme für Arbeitspontons etc.

Voith-Schneider-Propeller

Dieser Antrieb wird hauptsächlich für Schlepper und Binnenschiffe verwendet. Er besteht aus einem System von profilierten senkrecht stehenden Treibblättern, die auf einer festen Kreisbahn mit einer konstanten Geschwindigkeit bewegt werden. Ein hydraulische Ansteuerung bewirkt, dass die einem Flugzeugflügelprofil ähnlich geformten Blätter dabei einen bestimmten Winkel zur Längsachse des Schiffes einnehmen. Die Einstellwinkel aller Blätter bestimmen die Schubrichtung des Antriebs und die Geschwindigkeit des Schiffes. Das Antriebssystem kann also das Schiff mit jeder Geschwindigkeit in jede Richtung bewegen, wobei die

Drehzahl des Antriebs gleich bleibt. Die Steuerung erfolgt von der Brücke aus. Man kann das System mit dem eines Hubschraubers vergleichen. Auch dort bestimmen bei gleicher Drehgeschwindigkeit die Anstellwinkel der Rotorblätter den Auftrieb, die Richtung und die Geschwindigkeit. Man kann den Antrieb auch so einstellen, dass das Schiff stillsteht.

Nicht nur Schlepper werden mit dem Antrieb ausgerüstet, sondern auch viele schnelle Fähren und Linienschiffe sind damit versehen. Außerdem ist es einer der besten Antriebe für Arbeitsschiffe aller Art. Mit zwei oder mehr Antrieben lässt sich ein Schiff rechnergesteuert auf ganz genauer Position halten.

Derzeit gibt es einen fertigen Voith-Schneider-Propeller in Modellgröße zu kaufen, aber man kann einen Antrieb nach diesem Prinzip auch selbst bauen. Im Verlag für Handwerk und Technik ist nämlich das Buch „Voith-Schneider-Antrieb im Selbstbau" (Best.-Nr. 312 0030) von Hubert Bossart und Eberhard Schulz mit Bauplan und genauer Anleitung erschienen. Bis auf wenige Teile, deren Herstellung man einem Metallfachmann überlassen sollte, kann man den Antrieb ganz ohne spezielle Maschinen fertigen. Eine gute Bohrmaschine mit einem guten Bohrständer und vernünftige Messmittel reichen vollkommen aus. Man muss nur, wie bei allen Modellbauvorhaben, neben gutem Material große Sorgfalt und viel Zeit aufwenden.

Andere Antriebe

In den vergangenen Jahren wurden eine Anzahl ungewöhnlicher Antriebssysteme durch experimentierfreudige Schiffbauer und -eigner ausprobiert, die vom computergesteuerten Flügelsegel als Zusatzantrieb zur Hauptmaschine bis zu Gasturbinen oder nuklear getriebenen Handelsschiffen reichen. Zwar waren nur wenige auf lange Sicht kommerziell erfolgreich, aber sie bieten dem Modellbauer die Möglichkeit, ein aus der Norm fallendes Modell zu bauen. Das US-Schiff „Savannah" (auch das erste Dampfschiff, das den Atlantik überquerte, trug diesen Namen) wurde mit einem Atomreaktor ausgestattet, der den Dampf für die Antriebsturbinen erzeugte. Es wurde mehrere Jahre mit einigem Erfolg betrieben, jedoch waren die Betriebskosten letztlich zu hoch und außerdem ließ eine ganze Anzahl von Häfen und Ländern ein Anlaufen nicht mehr zu, weil sie einen Strahlenversuchung befürchteten. So wurde die „Savannah" 1971 außer Dienst gestellt, ein attraktives Schiff, das sich gut als Modellnachbau mit Elektromotoren und Funkfernsteuerung eignet. Mit etwas Aufwand kann man bestimmt in den USA Pläne und Informationen zu diesem Schiff bekommen.

Man kann auch die Hovercrafts, die Luftkissenfahrzeuge, die Passagiere und Autos z.B. über den Kanal zwischen Frankreich und Großbritannien transportieren, zu den Handelsschiffen zählen. Sie haben sicher einen ganz ungewöhnlichen (und lauten) Antrieb, der sie sowohl schweben lässt als auch für den Vortrieb sorgt. Weil sie aber gleichermaßen über Wasser wie über Land fahren können, rechne ich sie eher zu den Luftfahrzeugen und behandle sie daher nicht in diesem Buch. Ein unternehmungslustiger Modellbauer muss sich also anderswo informieren.

Moderne, besonders eisgehende Schiffe wie Eisbrecher, Polarforschungsschiffe, neueste Kreuzfahrer und eisverstärkte Handelsschiffe werden heute mit dem Azipod-System ausgerüstet. Dieser Antrieb sieht wie ein überdimensionaler Außenbordantrieb aus, bei dem der sonst sichtbare Motorteil fehlt. Er ist jedoch um 360° drehbar, hat einen (oder zwei) der modernen (Verstell-)Propeller mit oftmals mehr als vier Flügeln und wird von einem starken Elektromotor angetrieben. Dieser Elektromotor sitzt als Gondel um die Propellerachse unter dem Schiff. Die Energie für diesen Motor liefert ein Kraftwerk im Inneren des Schiffes, bestehend aus der Hauptmaschine und einem Generator. Die so angetriebenen Schiffe sind extrem leise und vibrationsfrei, weil die zum Schwingen neigenden Wellen sehr kurz sind und auch noch außerhalb des Schiffskörpers liegen. Zurzeit gibt es noch keinen solchen Modellantrieb, aber bei der Vielzahl der heute angebotenen Motoren ist es recht leicht, einen Azipod im Maßstab seines Modells selbst nachzubauen.

Im Fährverkehr, besonders bei Katamaranbauten, also Mehrrumpffahrzeugen, setzt sich wegen der zu erreichenden Geschwindigkeiten immer mehr der Wasserstrahlantrieb, wie er auch bei schnellen Motorjachten verwendet wird, durch. Hier gibt es mittlerweile einige Modelle im Handel. Es werden beim Modell aber besonders schnelle Antriebsmotoren für die Turbinenpropeller benötigt. Den Wasserstrahlantrieb muss man einsetzen, da normale Schrauben ab gewissen Umdrehungen Kavitation erzeugen und keinen Vortrieb mehr bringen, selbst wenn die zugeführte Leistung erhöht wird.

Kapitel 21:
Farbgebung und der letzte Schliff

Fest steht, dass viele sehr gut gebaute Modelle durch mangelhafte Bemalung verdorben werden. Gute Malerarbeiten können aber nur dann gelingen, wenn die Vorbereitungen gut sind. Die Oberfläche, die mit einer Farbe versehen werden soll, muss von Mängeln jeglicher Art frei sein. Jeder Kratzer, der von einem Werkzeug oder einem Messer zurückgelassen wurde, zeigt sich durch die Farblagen und verdirbt die fertige Oberfläche. Sogar das kleinste Ausrüstungsteil muss vor einem Farbauftrag sorgfältig auf Fehler überprüft und penibel vorbereitet werden. Nachdem die Farbe aufgetragen wurde, sollte sie immer durch zwei bis drei Schichten besten Klarlacks geschützt werden. Auch matte oder seidenmatte Farbflächen zeigen jeden Fingerabdruck, wenn sie nicht durch die entsprechenden matten oder seidenmatten Lacke den notwendigen Schutz erhalten.

Man kann keinen genauen Zeitpunkt im Verlauf des Bauprozesses für die Bemalung des Modells angeben. Aber es ist sinnvoll, es so weit zu bemalen, wie es der Baufortschritt erlaubt und wie einzelne Baugruppen vollendet werden. Natürlich gibt es auch Teile, die man bereits vor dem endgültigen Einbau vollständig bemalen muss, weil später nicht mehr an sie heranzukommen ist. Außerdem ist es ratsam, kleine Ausrüstungsteile vor der Montage zu bemalen, ebenso natürlich Innenausstattungen, die man z.B. durch die Fenster sehen kann, bevor der Raum geschlossen wird.

Farben

Es gibt einige Hersteller, die sich auf die Produktion von Farben für den Modellbau spezialisiert haben. Jeder von ihnen hat eine Palette von matten, seidenmatten und glänzenden Farben und die zugehörigen Schutzlacke in den gleichen Ausführungen im Programm. Man sollte für ein Modell immer die Farben eines Herstellers verwenden, die untereinander verträglich sind. Nimmt man Farben verschiedener Hersteller, kann es Komplikationen geben.

Alle Farbenhersteller für den Modellbau haben Kunstharz- und Acrylfarben im Lieferprogramm. Die Grundtöne von Kunstharzfarben desselben Herstellers lassen sich problemlos mischen, um bestimmte Töne zu erzielen. Als Verdünnung empfehlen die Hersteller immer die eigenen speziellen Lösungsmittel, aber man kann es auch mit preisgünstiger Kunstharzverdünnung aus dem Baumarkt versuchen.

Acrylfarben sind wasserlöslich und man kann sie mit sauberem Wasser, speziellem Lösungsmittel des Herstellers oder mit Isopropanol verdünnen. Natürlich sind die Farben desselben Herstellers untereinander mischbar, niemals aber dürfen Acrylfarben mit anderen Farbsorten gemixt werden.

Alle Farben können in einer Spritzeinrichtung, normale kleine Spritzpistole oder Spritzgriffel (Airbrush), verwendet werden, wenn sie vorher gemäß Vorschrift verdünnt wurden.

Rumpfanstrich

Als erster Teil eines Modell wird, wenn alle Einbauten wie Propellerwellen, Ruderachslager, Ankerklüsen, Querstrahlruder etc. fest angebracht sind, der Rumpf mit Farbe bedeckt. Bevor auch nur etwas Farbe aufgetragen wird, muss der ganze Rumpf inspiziert und alle Unregelmäßigkeiten, Kratzer und Löcher beseitigt werden. Man nimmt dazu einen schnell abbindenden Zweikomponentenspachtel. Nach dem Abbinden wird mit Nassschleifpapier oder -leinen eine ganz glatte Oberfläche hergestellt.

Ein Holzrumpf sollte zu Beginn zwei oder drei Lagen Porenfüller (auch Schnellschleifgrund genannt) erhalten, um kleine Unebenheiten und vor allen Dingen die Maserungen des Holzes aufzufüllen. Jeder Auftrag muss lange (mindestens zwölf Stunden) und gut (an einem warmen Platz) durchtrocknen und anschließend mit Schleifpapier, Körnung 400, das über einen Schleifklotz gespannt wurde, gründlich abgeschliffen werden. Die letzte Lage soll mindestens 24 Stunden durchtrocknen, bevor man mit der Schleifarbeit anfängt und die weitere Oberflächenbearbeitung beginnen kann.

Ein Kunstharzrumpf wird nach dem Spachteln und Glätten gründlich mit Seifenlauge abgewaschen, gut gespült und dann mit einem feinen Nassschleifpapier, Körnung 400, komplett angeraut. Dies gibt eine gute Oberflächenhaftung für den ersten Farbauftrag. Die besten Ergebnisse werden erzielt, wenn man vor dem ersten Farbauftrag, jedoch nach dem Spachteln, zwei oder drei Extralagen Grundierung, die die Oberfläche leicht angreift (so genannter etching primer), aufträgt. Diese Grundierung erhält man in Sprühdosen in Spezialgeschäften für Autolacke. Zwischen den einzelnen Grundierungsaufträgen sollte man den Rumpf leicht mit Schleifpapier, Körnung 600, anschleifen. Vor der letzten Grundierung wird der Modellrumpf nochmals, wie der Holzrumpf, auf Schäden oder Unebenheiten geprüft und ausgebessert. Dann muss er mindestens 24 Stunden an einem warmen Ort ausdunsten und härten.

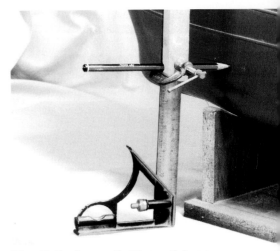

Eine Methode, um die Wasserlinie an einem Modell anzuzeichnen. Der Rumpf muss genau in der Schwimmlage sehr gut festgesetzt werden. Nur so erhält man die richtige Linienhöhe auf beiden Rumpfseiten.

Wenn der Rumpf, Holz oder Kunststoff, so vorbereitet ist, erhält er zwei oder drei Lagen normale Grundierung, am besten wieder Sprühdosen aus dem Autozubehörladen. Man könnte natürlich auch die kleinen Dosen aus den Modellbauläden verwenden und nach entsprechender Verdünnung mit der Airbrush sprühen, bei der Größe der Rumpfoberfläche ist man aber wahrscheinlich mit den großen Sprühdosen besser und günstiger bedient. Viele Schiffe sind unter der Wasserlinie mit einer rostfarbenen Antifoulingfarbe, einem Schutzanstrich gegen Muschel-, Algen- und Bohrwurmbefall, versehen. Wählt man nun eine Grundierung in diesem Farbton aus, braucht der Boden später nur noch mit dem Schutzlack behandelt werden. Wenn der Rumpf jedoch in Weiß oder anderen hellen Farben glänzen soll, nimmt man eine weiße oder hellgraue Grundierung, weil dunkler Farbgrund lange durchscheinen und zum Überdecken viele Schichten Farbe benötigen würde. Wie schon mehrfach betont, ist nach jedem (!) Farbauftrag eine längere (!) Trockenzeit einzuhalten.

Der Rumpf wird nach jedem Farbauftrag und dessen Trocknung mit feinem, auf einem Schleifklotz gespannten Nassschleifpapier, Körnung 400 bis 800, gut abgeschliffen. Ohne Schleifklotz darf man niemals schleifen, denn der unterschiedliche Druck der Finger würde Hügel und Täler erzeugen, die später, besonders im Gegenlicht, unangenehm auffallen.

Ist die Grundfarbe aufgetragen, muss das Modell mindestens 48 Stunden ruhen und trocknen, bevor man mit den weiteren Farbaufträgen beginnt.

Moderne Autofarben werden üblicherweise bei einer kontrollierten Atmosphäre in einer Wärmekammer angewendet. Der Wagen wird bei einer Temperatur von etwa 21°C lackiert und bleibt dann etwa 45 Minuten in der auf etwa 70–75°C aufgeheizten Kammer. Die Farbe ist dann ausgehärtet und kann weiter bearbeitet (z.B. poliert) werden.

Je niedriger die Umgebungs- und Autotemperatur ist, desto länger dauert die Aushärtezeit. Wird der Wagen an der normalen Luft gespritzt, benötigt die Farbe etwa drei Wochen, bis die Lösungsmittel total ausgedunstet sind und die Farboberfläche richtig hart wird. Man sollte deshalb alle Farben in einer warmen Umgebung verarbeiten. An diesem Verhalten der Kunstharzfarbe kann man ermessen, dass auch die anderen Farbarten, wie Lack- und Acrylfarben, eine recht lange Zeit bis zum totalen Austrocknen benötigen.

Wenn man den ganzen Rumpf mit der Grundfarbe bedeckt und ihm genügend Zeit zum Trocknen gegeben hat und nun den oberen Teil bemalen will, muss der untere Teil des Rumpfes abgeklebt, also maskiert, werden. Die Grenze für diese Maskierung ist selbstverständlich die Wasserlinie. Manchmal verläuft diese Linie parallel zur Kielunterkante, meistens ist der Kiel im Bugbereich aber höher als im Heckbereich. Um diese Linie festzulegen, gibt es ein paar Möglichkeiten. Wenn der Rumpf vor dem Aufbringen des Decks gestrichen wird, hat man ja noch die Abstandstücke zur Basislinie über die Höhe der Bordwand hinausstehen.

Man dreht den Rumpf einfach um, setzt ihn mit diesen Abstandstücken auf eine ebene Platte und hat so eine Referenz für die Wasserlinie hergestellt. Dann befestigt man einen weichen Bleistift so an einem Messwinkel, dass er genau diese Linie anzeichnen kann. Die Mess-Anzeichnungs-Einrichtung wird jetzt auf der ebenen Platte um den Rumpf herumgeführt und so die Linie markiert.

Eine andere Art ist dieser ziemlich ähnlich, nur liegt der Rumpf dabei auf seinem Arbeitsständer, wurde in die genaue Lage gebracht und gegen Verrutschen gesichert. Auch hier nimmt man einen weichen Bleistift zum Markieren der Wasserlinie. Wenn beim Einmessen alles richtig gemacht wurde, stellt man mit Erleichterung fest, dass die markierten Linien auf beiden Rumpfseiten genau parallel verlaufen. Man misst dazu auf beiden Rumpfseiten an einigen Punkten die Abstände vom Deck bis zur Linie.

Tipp: Die einfachste Art, die Wasserlinie festzulegen, ist wie folgt: An Heck und Bug werden die Punkte der Wasserlinie, wie auf dem Plan angegeben, auf den Rumpf mit einer eingesteckten Nadel markiert. Der Rumpf wird gegen Kippen mit an die Bordwand geklammerte Leisten gesichert. Die gefüllte Badewanne nimmt den Rumpf jetzt auf. Mit Fäden wird er so am Wannenrand fixiert, dass er sicher und fast genau in der Mitte der Wasserfläche liegt. Dann wird er so lange beladen, bis beide Nadeln das Wasser berühren. Um später keine Schlagseite zu haben, achtet man dabei auf die gleichmäßige Verteilung der Last. Die Wasserlinien beider Rumpfseiten müssen ganz genau parallel laufen.

Als Last nimmt man am besten viele kleine Plastikbeutel, jeder gefüllt mit etwa 30 g Vogelsand. Damit kann man gut austarieren, also gleichmäßig belasten. Nach dem Beladen wartet man, bis der Wasserspiegel wirklich zum Spiegel geworden ist, und streut dann rund um den Rumpf gleichmäßig feines Mehl oder fein gemahlenen Pfeffer auf die Wasserfläche. Viele Teilchen des Streumaterials setzen sich auf

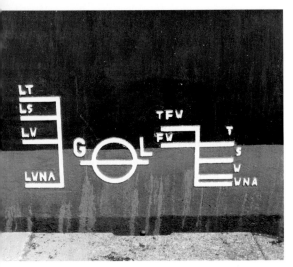

Die Plimsollmarken auf dem Rumpf der „Lizrix" im Trockendock von Hull, Großbritannien.

der Wasserlinie des Rumpfes ab und bleiben kleben. Nach einiger Zeit lässt man das Wasser ab und den Rumpf trocknen. Oberhalb der angetrockneten Teilchen kann man jetzt die Linie mit einem Maskierband sauber abkleben und danach den unteren Teil des Rumpfes mit warmer Geschirrspüllauge reinigen.

Wenn man ein paar einfache Regeln beachtet, ist es leicht, einen Rumpf oder ein anderes Teil so abzukleben, dass ein guter andersfarbiger Farbauftrag erfolgen kann. Die meisten käuflichen Abklebebänder sind mit einer stark haftenden Klebemasse versehen, die unter Umständen einen schlecht zu entfernenden Film auf der Farbe hinterlässt oder so stark haftet, dass beim Abziehen die darunter befindliche Farbschicht mit entfernt wird. Um dieses Problem zu verhindern, kann man das Klebeband vor dem Aufbringen auf das Modell erst auf eine Glasplatte oder ähnlich glatte Oberfläche kleben und wieder abziehen. Damit vermindert man die Haftfähigkeit der Klebeschicht und eine einfachere Handhabung auf der Modelloberfläche ist gegeben. Um die Wasserlinie an der Klebefläche nicht ausfransen zu lassen, legt man das Klebeband an die mar-

kierte Linie und drückt es dann zum Abdichten der Kante mit der Oberfläche eines Daumennagels fest. Wenn die Kante des Klebebands der markierten Linie nicht folgen will, muss man mit mehreren überlappenden Bandschichten arbeiten. Die markierte Linie wird mit dem weichen Bleistift sehr dunkel gemacht. Sie scheint so durch die aufgebrachten Klebebandlagen. Mit einem scharfen Messer oder Skalpell schneidet man dann der Linie folgend die Kontur in das Klebeband. Aber Vorsicht, man darf dabei die Rumpfoberfläche nicht einschneiden. Diesen Spalt bekommt man nie wieder aus der sonst glatten Oberfläche. Unter- oder oberhalb der jetzt abgeklebten Kante muss der restliche Rumpf natürlich auch abgedeckt werden. Man nimmt dazu Zeitungspapier und klebt es an das Maskenband. Der schon fertige Rumpfteil kann nicht mehr bekleckert werden.

Wenn Spritzfarbe, egal ob aus einer Spraydose oder einer Pistole, verwendet wird, muss diese in einem Dauerstrahl von einem Ende des Rumpfes zum anderen aufgebracht werden. Jeder neue Auftrag überlappt den vorhergehenden um mindestens 50% und die Sprühvorrichtung, Dose oder Pistole, wird nie weniger als 20 cm an das Objekt herangeführt. Von einem Sprühvorgang darf man keine totale Farbdeckung erwarten. Auch sollte man niemals eine volle Farbdeckung in zu schnell aufeinander folgenden Sprühvorgängen erreichen wollen, denn das führt unweigerlich zu laufenden Farbtränen. Mindestens drei Farbschichten pro Farbe sollten aufgebracht werden. Jede Schicht darf mindestens zwölf Stunden trocknen und wird dann auf Verunreinigungen, Kratzer, Einschlüsse und perfekte Farbdeckung überprüft. Jede Farbschicht muss mit feinem Nassschleifpapier, Körnung 600 oder feiner, das auf einen Schleifklotz gespannt ist, und viel Wasser leicht angeschliffen werden. Dann wäscht man den Rumpf gut ab und lässt ihn nochmals mindestens zwölf Stunden an einem warmen Ort trocknen, bevor die nächste Farbschicht aufgespritzt wird.

Die endgültig letzte Farbschicht sollte mindestens 24 Stunden trocknen, erst dann kann man die aufgebrachte Maskierung abnehmen. Man beginnt an einem Ende und rollt sie vorsichtig vom Rumpf ab, also niemals zügig abheben, sondern wirklich nur abrollen. Diese Methode hindert das Klebeband daran, Farbpartikel aus dem manchmal noch nicht vollständig durchgetrockneten Untergrund mitzureißen.

Das abgezogene Maskierband wird an der Farbgrenze immer einen Absatz zurücklassen. Nach ein paar Tagen Trocken- und Härtezeit kann man diesen Grat mit einer scharfen Abziehklinge, die senkrecht über den Grat geführt wird, sehr vorsichtig einebnen. Es wird dann wirklich nur die überstehende Farbkante abgeschabt und die darunter befindliche Hauptlage in der Oberfläche nicht beschädigt. Man kann dazu auch ein sehr feines Nassschleifpapier (Körnung 1.000 und feiner), das auf einen Schleifklotz gespannt wurde, und natürlich viel Wasser benutzen.

Bevor die endgültige Klarlackschicht aufgebracht wird, müssen alle Beschriftungen wie Namenszüge, Deckslinien, Tiefgangsmarken metrisch oder zöllig (Ahming), Plimsollmarke (Lademarke), Bug-/Heckstrahlrudermarke, „No Tug"-Markierungen usw. erfolgen. Dabei darf auf keinen Fall unter dem Namenszug des Schiffes am Heck der Name des Heimathafens (eventuell mit Kurzbezeichnung des Herkunftslandes) vergessen werden. Diese Namenszüge kann man aus Abreibe- oder Nassabziehbuchstaben zusammensetzen. Für die sonstigen Markierungen gibt es Abziehbilder in verschiedenen Größen im gut sortierten Modellbauladen. Abreibebuchstaben können auf jede, auch leicht raue Oberfläche aufgebracht werden, Nassabziehbilder werden nur von Hochglanzflächen gut und dauerhaft angenommen, auf einer anderen Oberfläche werden sie durch die eingeschlossenen kleinsten Luftbläschen matt, wenn der endgültige Klarlack darüber kommt. Wenn man zum Schluss eine matte oder seidige Oberflächenstruktur des Rumpfes haben möchte, sollte man als Grundlage, bis zum Aufbringen der Markierungen und Zeichen, eine Hochglanzoberfläche herstellen und diese erst nach endgültiger Fertigstellung mit entsprechenden Überzugslacken auf die gewünschte Oberfläche trimmen. Die Fotos von Schiffen im Hafen von Hull, Großbritannien, zeigen einige anzubringende Markierungen.

Alle Markierungen und Namen auf Schiffsrümpfen werden werftseitig immer aus Stahlblechen herausgeschnitten, auf den Rumpf aufgeschweißt und dann bemalt. Sie sind also immer erhaben. So kann man auch bei älteren Schiffen oft den Namen vor einer Umbenennung erkennen, denn diese aufgeschweißten Buchstaben werden ganz selten entfernt, sondern nur überpinselt.

Die Bedeutungen der einzelnen Buchstabengruppen der Lademarke sind in vielen Handbüchern für die Seefahrt nachzulesen. Neben

Die Tiefgangsmarken am Rumpf der „Lizrix". Man beachte den tiefen, geschützten Sitz des Ankers in der Klüse.

der Lloyd's-Klassifizierung werden z.B. Ladetiefgänge für Sommer, Winter, Süßwasser, Meerwasser, Holztransport u.v.m. markiert. Eine Marke wird immer darüber stehen, die Deckslinie. Auch der Sinn dieser Markierung wird in den Handbüchern erklärt.

Tiefgangsmarken werden häufig am Bug, manchmal auch bei langen Rümpfen zusätzlich am Heck, gut sichtbar angebracht. Ein Fahrwasserkundiger (Schlepperführer oder Lotse) sieht dann sofort, wo dieses Schiff mit dem angezeigten Tiefgang nicht mehr ohne Grundberührung fahren darf. Bei Großseglern sind die Marken im 6-Zoll-Abstand mit römischen Ziffern, bei Motorschiffen sind sie meistens im 20-cm-Abstand mit arabischen Ziffern aufgebracht.

Markierungen für Strahlruder, Rettungsräume und „No Tug" (Bereiche, an denen Schlepper wegen Verformungsgefahr keinen Druck auf den Schiffskörper ausüben dürfen) können in Größe und Ausführung den Merkblättern für Schifffahrt entnommen werden.

Gleich gute Oberflächen kann man auch mit dem Pinsel erreichen. Aber nur beste Pinselqualität und die richtige Konsistenz der Farbe, gepaart mit viel Geduld und sauberer Pinselführung, bringen den Erfolg. Ich habe bisher bei allen meinen Modellen aufgrund des beim Spritzen aufkommenden Farbnebels, den ich selbst unter einer Atemmaske nicht vertragen kann, auf die Spritzerei verzichtet und die Schiffe angepinselt. Für die Grundierungen nahm ich Pinsel der preiswertesten Sorte und wechselte, je weiter die Arbeiten fortschritten, zu immer besseren Haarqualitäten. Für den Endanstrich setzte ich nur noch Marderhaarpinsel, also beste Künstlerqualität, ein. Meine Pinselsammlung füllt zurzeit drei normale Marmeladengläser. Die anfallenden Arbeiten zwischen den einzelnen Anstrichen sind die gleichen wie beim Spritzen.

Solange es den Schiffsmodellbau gibt, streitet man sich darüber, ob die Modelloberflächen glänzend, seidenmatt oder matt gestaltet werden sollen. Originalschiffe haben, auch wenn sie mit hochglänzendem Lack gestrichen wurden, immer eine matte Oberfläche. Das Regen-, Fluss- und Seewasser ist leicht säuerlich und ätzt dadurch die Oberfläche an. Die scharfe Seeluft tut ihr Übriges dazu. Wenn also ein Modellschiff niemals aufs Wasser soll, sondern im Zustand eines Werftneubaus in einer Glasvitrine aufgestellt wird, ist eine seidenmatte Oberfläche richtig. Modellschiffe, die ständig mit Wasser in Kontakt kommen, an denen der Schmutz der Wasseroberfläche haften bleibt und die sehr viel angefasst werden, sollten mit einer leicht matten Lackschicht überzogen sein. Denn diese kann man leicht abwaschen und reinigen. Die säurehaltigen Fingerabdrücke sind sehr gut sichtbar und können entfernt werden. Fast alle Modelle, die der Autor über die Jahre gebaut hat, sind mit einer matten Lackschicht überzogen. Nur ein paar kleine Dampfbarkassen, an denen nur hochpolierte Messingbeschläge und beste Mahagonidecks zu finden waren, sind auch mit Hochglanzlack vollendet worden.

Farbgebung der Aufbauten

Man kann die gleichen Arbeitsgänge wie beim Rumpf auch an den Aufbauten und Oberteilen eines Modells einsetzen, außer dass es dort doch ein paar Teile und Ecken gibt, die mit einer Spritzpistole nicht zu erreichen sind. Zum einen, weil sie sehr versteckt liegen und zum anderen, weil sie zu klein für das Spritzen sind und die Umgebung mehr Farbe abbekäme als das Teilchen. Obwohl die Airbrush ein gutes Werkzeug für den Hausgebrauch ist, kann sie doch sehr arbeitsaufwendig sein, wenn kleine Teile damit eingefärbt werden müssen. Nach jeder Farbe muss der kleine Spritzgriffel auseinander genommen, gründlich gereinigt und wieder zusammengebaut werden. Ganz abgesehen von den Einstellarbeiten für den Farbstrahl.

Gute Wasserfarbenpinsel gibt es in jedem Modellbauladen und besonders in den Geschäften für Künstlerbedarf in allen möglichen Formen, als Spitz- oder Breitpinsel und Stärken von 000 bis 12. Immer sollte man dabei auf gute Qualität achten. 000 ist der dünnste Pinsel mit nur ganz wenigen feinsten Haaren für ganz feine Linien, während die Größe 12 sehr dick und naturgemäß am teuersten ist. Künstlerrundpinsel der Größen 000, 00, 1, 2, 3, 6 und 8 sollten neben ein paar schmalen, mittelbreiten und breiten Flachpinseln im Pinselbestand vorhanden sein.

Wenn man die Malerarbeit vollendet hat, presst man die restliche Farbe vorsichtig aus dem Pinsel in den Farbbehälter zurück, reinigt die Haare mit einem Papierküchentuch vor und spült dann den Pinsel in dem zur Farbe gehörenden Lösungsmittel gut aus. Das kann bei Acrylfarben reines Wasser sein. Danach wird der Pinsel in warmer Seifenlauge ausgewaschen und unter fließendem Wasser gespült. Jetzt sollten alle Farbreste aus dem Pinsel entfernt sein.

Pinsel darf man nie flach hinlegen oder sie gar mit den Haaren im Verdünnerglas stehen lassen. Nach kurzer Zeit sind die Haare verbogen und für Malarbeiten ist der Pinsel nicht mehr zu gebrauchen. Pinsel gehören mit den Haaren nach oben in ein (Marmeladen-) Glas. Wenn es möglich ist, sollte jede Grundfarbe einen eigenen Satz Pinsel haben. Man verhindert so unbeabsichtigte Farbmischungen beim Malen. Wenn man die Pinsel richtig behandelt, werden sie steinalt und sind dann immer noch zu gebrauchen.

Sollen sehr kleine Teile mit einem Pinsel oder einer Pistole eingefärbt werden, kann man diese leichter handhaben, wenn man sie mit einem doppelseitigen Klebeband an einer Leiste festklebt. Einmal befestigt, ist auch das vorangehende Bearbeiten dieser kleinen Teile einfacher.

Es gibt weder goldene Regeln beim Anstreichen noch magische Kräfte beim Auswählen der Farbenqualität. Man kauft die gewünschten Farben stets im Fachgeschäft und rührt sie vor der Verwendung lange und vor allen Dingen sehr gut durch. Man stellt so sicher, dass die Farbpigmente, die sich bei langem Stehen am Boden absetzen, in dem Lösungsmittel bestens verteilt sind. Aus diesem Grund sollte man auch während der Arbeit die Farbe immer wieder umrühren.

Wenn man eine wirklich sehr gute Oberfläche erreichen will, sollte man die gekaufte Farbe noch einmal verdünnen, das Verhältnis Farbe zu Verdünnung darf aber 1:1 nicht überschreiten. So trägt man zum Decken einige dünne, statt einer dicken Schicht auf, die Laufnasen ziehen könnte. Bei dünnflüssigen Farben kommt es nach dem Trocknen nicht zu den gefürchteten Pinselstreifen in der Oberfläche.

Man muss sich bewusst sein, dass es mehrere Wochen dauert, bis die Farbe, gleich welcher Art, ganz durchgetrocknet ist. Deshalb deckt man ein frisch lackiertes Modell besonders gut gegen Staubpartikel ab. Außerdem arbeitet man, welche Lackiermethode auch angewandt wird, am besten in trockener, warmer und staubfreier Umgebung. Steht das Modell während der Trockenzeit auf seinem Ständer, polstert man die Berührungspunkte zwischen Ständer und Rumpf z.B. mit Luftpolsterfolie, damit keine Druckstellen in der noch weichen Farbe entstehen. Erst wenn die Farbe nach etwa sechs Wochen endgültig ausgehärtet ist, kann man diese Polster wieder entfernen. Wer sein Modell in einer Wärmekammer bei den vorgeschriebenen Temperaturen aushärten lassen kann, stellt es danach sofort in den fertigen Ständer.

Einige Schiffe haben an der Wasserlinie Farbabstufungen oder tragen am Rumpf und den Aufbauten Zierstreifen. Für solche schmalen Streifen an den Modellen werden oft Klebestreifen aus dem Autozubehör verwendet. Diese sind zwar recht gut im Klebeverhalten, tragen aber aufgrund ihrer Materialstärke auf einem maßstäblichen Modell doch recht dick auf. Viele Modellbauläden haben qualitativ gute und viel dünnere Zierstreifen (aus dem Auto- oder Fliegerprogramm) in vielen Farben auf Lager. Sie passen besser für ein Schiffsmodell.

Man kann die Farbstreifen auch selbst aufmalen. Nur muss man vorher die Umgebung gut abkleben und vor allen Dingen die richtige Streifenbreite freilassen. Wenn man eine ruhige Hand und viel Geduld hat, kann man es auch mit dem passenden Linienziehpinsel versuchen und gute Ergebnisse erzielen. Linienziehpinsel gibt es in Künstlerbedarfgeschäften. Leider sind die meisten von uns keine Porzellanmaler, die malen die feinsten Ornamente freihändig.

Einige Baukastenhersteller legen ihren Produkten Abziehfolien mit bedruckten Ornamenten oder Streifen beigelegt. Diese sind selbstklebend und können nach dem Abziehen der Schutzfolie direkt auf das Modell aufgebracht werden. Große Sorgfalt ist dabei anzuwenden, denn wenn sie einmal kleben, tun sie es unverrückbar. Ob solche Produkte für den Modellbauer nützlich sind, ist eher zu bezweifeln, aber es ist gut zu wissen, dass es sie gibt, falls man sie doch einmal brauchen kann.

Gute Malergeschäfte, besonders solche, die sich mit der Fertigung von Reklametafeln befassen, haben die Möglichkeit, mithilfe des Computers jede Art von Klebeornamenten in allen gewünschten Farben und Größen herzustellen. Gibt man diesen Fachleuten eine gute Vorlage, möglichst in der richtigen Größe, und erklärt den Zweck der Verwendung, bekommt man die recht dünnen Folien preiswert und in genügender Stückzahl, falls mal eine Folie beim Aufbringen zerstört wird. Viele können sogar die Konturen der Ornamente, Streifen, Symbole etc. computergesteuert vorschneiden. Die aufgeklebten Folien sind gegen die meisten von Modellbauern benutzten Klarlacke unempfindlich.

Eine mechanische Art, gerade und gebogene Linien auf Objekte zu malen, ist mit dem Spezialwerkzeug der Firma Beugler Strippers aus Los Angeles, Ca., USA, gegeben. Mittels eines gerändelten Rädchens in diesem Werkzeug kann man normale Modellfarbe in fast allen Breiten auf alle Oberflächen aufbringen.

Wie alle Arbeiten im Schiffsmodellbau benötigt auch die Farbgebung große handwerkliche Übung und viel Geduld, um die gewünschten Effekte zu erreichen. Ein sorgfältig bemaltes Modell ist immer ein Besuchermittelpunkt und der ganze Stolz des Modellbauers und Besitzers.

Kapitel 22: Trimmen und erste Fahrversuche

Wenn das Modell vollendet ist, die Farbe und der Schutzlack richtig getrocknet sind und alle Klebestellen gut abgebunden haben, ist der Zeitpunkt gekommen, das Schiffchen am und im Wasser zu überprüfen. Beim Original werden die Grundüberprüfungen kurz vor dem Auslaufen zur ersten (Abnahme-)Fahrt im vertäuten Zustand am Ausrüstungskai vorgenommen. Alle Maschinen werden im Leer- und Lastlauf, die Propeller und ihre Wellen auf Unwuchten, die Lade- und Hilfsanlagen auf ihre Funktionen überprüft und wenn sie funktionieren, von den Abnahmebefugten zum normalen Betrieb freigegeben. Für alle diese Tests ist das Gewässer am Ausrüstungskai der richtige Ort. Der Fahrtest und die weitere Geräteabnahme folgen dann im offenen Gewässer.

Vor dem ersten Wassern des Modells muss sichergestellt werden, dass alle Stecker in die zugehörigen Buchsen gesteckt sowie Wellen und Kupplungen richtig geschmiert wurden. Das Modell kann dann unter großen Vorsichtsmassnahmen zum ersten Mal ins Wasser der Badewanne oder des Gartenteichs gesetzt werden.

Modellschiffe mit hohen Aufbauten oder schweren Maschinen- und/oder Kranteilen auf Deck können bei diesem Manöver, wegen des fehlenden Ballastes, ganz schnell kentern. Zuerst wird die Modelllage im Wasser festgestellt. Meistens liegt eine kleine Schlagseite nach Steuer- oder Backbord an, die man mit Ballaststückchen leicht beheben kann. Selbst die schweren Antriebsmaschinen und Akkumulatoren im Rumpf werden das Modell kaum auf die Wasserlinie absenken. Es wird fast immer Zusatzballast benötigt.

Trimmen

Jetzt muss unbedingt festgelegt werden, ob das Modell im beladenen oder unbeladenen Zustand seine weitere Fahrenszeit verbringen soll. Wenn man das Modell in eine Schräglage von etwa 45° in die eine oder andere Richtung drückt, es sich dann sehr langsam wieder aufrichtet (es benimmt sich dabei wie ein Luftballon auf dem Wasser), muss man so viel

Modell des Zweischraubenschleppers „Thor", Maßstab 1:96, Erbauer Mark Wilson, Großbritannien, aufgenommen während einer Regatta

Ballast hineinladen, bis die Wasserlinie erreicht ist. Unbeladen wäre es für den Fahrbetrieb zu lageninstabil.

Wenn es sich aber schnell und zügig (mit leichtem Durchpendeln zur anderen Seite) aufrichtet und damit seine Schwimmstabilität nachweist, braucht Ballast nur bis zur Leerfahrtmarke eingeladen werden. Es benötigt keine Zuladung.

Diese Versuche sollten möglichst nur in Gewässern durchgeführt werden, die keine Wellen oder Strömungen haben (der Badewanne oder dem Gartenteich). Wellen oder Strömungen können das Ergebnis dieser Versuche stark beeinflussen; fehlerhaftes Auswiegen ist dann das Resultat! Man hat unter Umständen die Labilität beim Aufrichten nicht erkannt.

Das beste Ballastmaterial sind dünne Bleiplatten, wie sie von Dachdeckern zum Dachabdichten verwendet werden. Man kann das Material als Rollen oft im Baumarkt kaufen und leicht mit einer starken Schere oder einem scharfen Messer für den vorgesehenen Lagerort im Modell zurechtschneiden. Jeder Ballaststoff wird so tief wie möglich am Rumpfboden eingebracht und unbedingt festgeklebt, er könnte sonst leicht verrutschen und eine Schlagseite beim Schiff erzeugen. Anderes schweres Material ließe sich natürlich auch verwenden. Leider sind solche Materialien, wenn sie etwas wiegen, recht klobig. Sie müssen immer in der Nähe des Kiels eingebracht werden und dort ist häufig für dicke Brocken kein Platz.

In früheren Zeiten lud man bei den Originalen als Ballast allen Schrott, Eisenabschnitte von der Werft oder gar fußballgroße Steine (Katzenköpfe), die später in den Zielhäfen als Pflastersteine benutzt wurden, in den Kielraum der Schiffe. Heute gibt es dafür vorgeformte Metallgewichte oder man pumpt Wasser in spezielle Tanks.

Der Modellbauer hat für das Feinauswiegen des Modells die Möglichkeit, vom Reifenhändler Auswuchtgewichte für Motorradreifen als Ballast zu beziehen. Es sind 100-g-Streifen, die auf der Haftseite einen starken Kleber haben und sehr gut in markierte 5-g-Stücke geteilt werden können. Benötigt man mehr Gewicht, sollte man sich die alten Auswuchtgewichte, die beim Autoreifenwechsel anfallen, vom Reifenhändler erbitten. Sie wandern sonst für ein paar Cents zum Schrotthändler.

Ballast sollte zwar immer möglichst tief im Rumpf, aber nicht nur über dem Kiel angeordnet werden. Das Modell würde beim Fahren immer steife, ruckartige Bewegungen beim Aufrichten machen und damit sehr schlecht aussehen. Die Belastung sollte auch im Seitenbereich des Bodens angebracht werden. Dann nehmen die Rollbewegungen des Modell natürlichere, weiche Schwingungen an.

Richtige Schiffe rollen immer recht langsam und weich, selbst bei schwerem Seegang.

Folgendes muss man immer beachten: Bei einem Modellschiff kann man alles im genauen Maßstab gestalten, nur das Fahrwasser spielt nicht mit. Sind die Wellen auf einem Modellteich etwa 10 cm hoch und das Modell ist im Maßstab 1:50 gebaut worden, muss man die Seeganghöhe für das Original mit 5 m annehmen. Ist der Modellmaßstab jedoch 1:100, wären die Wellen beim Original 10 m hoch. Ein ganz schöner Seegang, in dem sich unsere Modelle bewegen. Er entspricht dem, den ein Sturm mit Windstärke 7 und 8 im Meer erzeugt. Werden die Teichwellen nur 1 cm höher, müsste das Original 6 bzw. 12 m hohe Wellen abreiten. Teichwellen mit einer Höhe von 10 cm sind für uns Menschen nur ein kleines Kräuseln.

Jedes Stückchen Ballast muss unbedingt an dem festgelegten Platz im Rumpf eines Modellschiffs festgeklebt werden. Es darf sich während der Fahrt niemals lösen. Loser Ballast kann die schlimmsten Probleme schaffen, ja das Modell sogar zum Sinken bringen. Zum Einkleben oder Einbetten des Ballastes in den Rumpf eignen sich alle Zweikomponentenkleber, Kunststoffvergussmassen oder Epoxidharze. Allen diesen Mitteln sollte man jedoch vor jeder weiteren Arbeit reichlich Zeit zum Aushärten geben.

Grunderprobung

Nachdem in der Badewanne, dem Gartenpool oder Zierfischteich das Auswiegen des Modells vollendet wurde, kann man anschließend sofort die Funkfernsteueranlage und den Antrieb testen. Dazu wird der Antriebsmotor oder die Dampfmaschine bei festgehaltenem Modell in beiden Richtungen nacheinander auf volle Leistung gebracht. Der Druck des Antriebs auf das Wasser wird so ermittelt. Gleichzeitig stellt man den Ruderdruck des Modells bei dieser Belastung fest.

Bei Bohrplattformversorgern, Ankerzieh- und anderen Schleppern ermittelt man den Pfahlzug. Dazu hängt man zwischen Schlepphaken oder dem Heck des Modells und einer Befestigung an Land eine Federwaage und bringt den Antrieb auf volle Leistung. Der Wert der ausgezogenen Federwaage in Gramm (oder Kilogramm!) wird abgelesen und in die Messliste des Modells (Bielbrief genannt) eingetragen. In der Badewanne muss man bei diesem Test sehr schnell sein. Der Antrieb bringt die geringe Wassermenge schnell zum Strömen. Diese Strömung verfälscht die Messung stark. Im Gartenteich kann man sich bei der Messerei etwas mehr Zeit lassen.

Zur Überprüfung der Funkfernsteuerfunktionen benötigt man Hilfe. Der Helfer muss direkt am Modell die Ausführung aller Steuerbefehle, die aus etwa 60–100 m Entfernung mit dem Sender gegeben werden, überwachen und ihre richtige Funktion durch Zuruf oder Winksignal bestätigen. Das Modell wird dazu eingeschaltet und auf einen Tisch oder eine Abstellfläche im Freien postiert. Man hat zuvor sicherzustellen, dass alle durch die Fernsteuerung zu kontrollierenden Modellfunktionen wie Vor-, Rückwärts-, Niedrig-, Höchstfahrt usw. in Gang gesetzt wurden. Mit ganz ausgezogener Senderantenne entfernt man sich langsam vom Modell, geht die Funktionen immer wieder durch und lässt sich das Ergebnis vom Helfer bestätigen. Nach 60–100 m dreht man wieder um und geht die ganze Prozedur noch einmal durch. Man sollte auf keiner der Messstrecken Probleme mit der Modellsteuerung haben. Wenn ja, siehe Kapitel 18.

Ich rate dringend davon ab, Sender jemals mit eingeschobener oder gar ganz entfernter Antenne zu betreiben. Die Senderendstufe ist nur für den Betrieb mit ausgezogener Antenne ausgelegt. Betreibt man sie ohne die volle Impedanz der Antennenbelastung, wird viel (bis

Sehr sauber gebautes Modell des Schleppers „Smit Duitsland", Erbauer Eric Austwick, Großbritannien, aufgenommen während einer Regatta

zu 60%) von der zur Abstrahlung erzeugten Hochfrequenzenergie durch die entstandene falsche Anpassung in das Bauteil zurückgeschickt und belastet dieses übermäßig. Die Lebenserwartung nicht gerade weniger Senderendstufen wurde dadurch stark vermindert, wenn sie nicht gleich in den Elektronikhimmel geschickt worden sind – und das bei den Preisen! Verbogene oder beschädigte Teleskopantennen sollten (für wenig Geld) sofort ausgewechselt werden. Ich warne vor den Aussagen vermeintlicher Fachleute, die das angeblich schon immer so gemacht haben und bei denen nie etwas passiert sei.

Kurz noch einmal alle Schritte, die man bei Fehlfunktionen unternehmen sollte:
- Überprüfe alle Spannungen im Modell und am Sender
- Überprüfe alle Sicherungen auf Durchgang/Leitfähigkeit
- Überprüfe alle Schalter auf die für den Betrieb richtige Stellung
- Überprüfe alle Steckverbindungen auf festen Sitz und Kontakt
- Überprüfe alle Antriebsmotoren auf festgelötete Entstörfilter
- Überprüfe, ob die Empfangsantenne richtig angeschlossen ist

Wenn keine Fehler aufgetreten sind bzw. alle Fehler beseitigt wurden, ist man sicher, dass man bei der Endkontrolle nichts übersehen hat.

Jungfernfahrt

Wenn alle Trocken-, Badewannen- oder Gartenteichversuche zur Zufriedenheit abgeschlossen sind, kann das Modell zu seiner Jungfernfahrt auf den Modellteich gebracht werden. Dies ist in der Tat ein echtes Ereignis. Voller Erwartung sieht man diesem Moment entgegen. Wenn der Tag gekommen ist, muss man sicherstellen, dass alle Spannungsquellen maximale Spannung aufweisen, dass die Dampfmaschinenanlage geschmiert und die Kessel und Gastanks gefüllt sind. Propeller oder die eingebauten anderen Antriebsmittel werden auf festen Sitz geprüft. Nichts ist blamabler, als bei der Jungfernfahrt einen Propeller zu verlieren! Dann packt man ein paar Werkzeuge, die für kleinere Reparatur- oder Einstellarbeiten nützlich sein können, ein und macht sich auf den Weg.

Am Modellgewässer wird das Schiff noch einmal gründlich auf dem Ständer überprüft und dann endlich ins Wasser gesetzt. Alle Steuersignale vom Sender gibt man zuerst einmal sehr vorsichtig an das Modell und beobachtet dabei sein Verhalten. Es ist schon oft vorgekommen, dass die Kommandos von den Steuerknüppeln genau entgegengesetzt der eingestellten Richtung befolgt wurden. Diesen Fehler kann man bei modernen Funkfernsteuersendern mit einem Kippschalter im Inneren des Senders schnell beheben. Erst wenn man sicher ist, dass alle Funktionen arbeiten und die Steuersignale richtig übermittelt werden, kann man die Fahrtgeschwindigkeit langsam bis auf volle Fahrt voraus steigern.

Man findet schnell heraus, dass das Modell gut zu steuern ist, wenn es sich vom Sender entfernt. Es befolgt die Steuerkommandos so, wie sie in den Sender eingegeben werden. Kommt es dagegen auf den Sender zu, muss man die gewollten Ruderbewegungen entgegengesetzt in den Sender eingeben.

Bei den ersten Fahrmanövern muss das Modellverhalten genauestens beobachtet und die Funkanlage nach jeder kurzen Fahrt in kleinen Schritten nachjustiert, also eingestellt werden. Mit der Zeit werden die Fahrmanöver des Modells präziser und feiner in der Ausführung der gekonnter eingegebenen Steuersignale. Wenn man diesen Weg einhält, wird jede Fahrt mit dem Modell ein großes Vergnügen.

Nach der ersten Fahrt sollte man das Modell sorgfältig auf Schäden am Rumpf oder der Farbe untersuchen. Alle zu beanstandenden Punkte werden dann gleich in der Werkstatt behoben. Aufgetretene Leckstellen, besonders ein Wassereinbruch durch die Stevenrohre, müssen sofort gut abgedichtet und der Erfolg in der Badewanne geprüft werden. Es kommt manchmal vor, dass Wasser bei der Rückwärtsfahrt durch das Stevenrohr in den Rumpf gedrückt wird. Die

Schönes Modell des Schleppers „Edengarth" bei einem Wettbewerb in Großbritannien

Dichtung am Propellerende ist genau zu überprüfen und eventuell auszuwechseln. Zum permanenten Abdichten dieser Leckstelle sollte man eine Plastikbuchse mit recht langem Schaft um die Welle einsetzen. Dann muss der Propeller so weit auf die Welle geschraubt werden, bis der Spalt zwischen dem Ende des Rohrs und der Propellernabe so klein ist, dass der Propeller fast abgebremst wird. Wasser findet seinen Weg immer, auch wenn dieser (angeblich) mit Schmierfett vollgestopft wurde. Nach solchen Arbeiten muss das Modell zuerst wieder in der Badewanne geprüft werden. Erst ein längerer Aufenthalt im Wasser bringt dann den Nachweis, dass die Abdichtungsmaßnahen erfolgreich waren. Dazu bleibt das Modell den ganzen Tag im Wasser und wird ab und zu gefahren.

Fahrversuche sind immer interessant, für viele ist es aber auch eine Herausforderung. Modellschiffe mit nur einer Antriebsschraube lassen sich bei Vorausfahrt gut und leicht steuern. Bei der Rückwärtsfahrt wird das schon schwieriger. Dieses Phänomen haben alle Einschraubenschiffe, auch die großen. Manchmal ist es unumgänglich, das Ruder zur Verbesserung seines Verhaltens bei Vor- zu Rückwärtsfahrt in den Ausmaßen zu verändern. Das Ruder hat immer zwei Flächen: die kleinere vor und die größere hinter der Achse. Dieses Flächenverhältnis muss man bei manchen Modellen so abwandeln, dass sowohl die Rückwärtsfahrt und das Wendekreisverhalten bei Vorausfahrt einander angepasst werden. Lange Einschraubenmodelle haben die Tendenz, sehr langsam und träge auf Ruderausschläge zu reagieren. Schiffe mit einer Schraube und starrer Kort-Düse sind schon leichter zu manövrieren. Die Wendeeigenschaften von Einschraubenschiffen mit einer beweglichen Kort-Düse sind dagegen bei Vor- und Rückwärtsfahrt außerordentlich gut. Sie reagieren schnell und wenden meist schon innerhalb einer Rumpflänge.

Zweischraubenmodelle, besonders solche, deren Motoren unabhängig voneinander kontrolliert werden können, arbeiten ausgezeichnet bei Voraus- und Rückwärtsfahrt. Die Schwierigkeit besteht nur beim Bediener der Fernsteuerung, er muss sich nämlich mit der gleichzeitigen Fahrtkontrolle über zwei Steuerknüppel vertraut machen, also mächtig viel üben. Die meisten Modelle werden zwar mit zwei Motoren ausgestattet, kontrolliert werden die beiden aber gleichzeitig über einen Steuerkanal. Einige Modelle bewegen sich dadurch wie Einschraubenschiffe auf dem Wasser. Es sollte möglichst vermieden werden, ein Zweischraubenschiff mit nur einem Fahrtregler auszustatten, es sei denn, die Kosten für die Vierkanalfernsteuerung sind zu dem Zeitpunkt für den eigenen Geldbeutel zu hoch.

Ein attraktives Dampfschleppermodell erkundet ein Hindernis auf dem Fahrkurs.

Ein Zweischraubenschiff mit unabhängiger Fahrtregelung und Dampfantrieb ist verhältnismäßig teuer. Zwei Maschinen benötigen einen größeren Kessel mit stärkerer Feuerung. Die Ausgaben übersteigen die für einen Elektroantrieb um ein Mehrfaches. Natürlich kann man ein Zweischraubenschiff auch mit nur einer Dampfmaschine betreiben. Man benötigt dazu jedoch ein für die Maschine konstruiertes Getriebe. Zu dessen Bau ist, neben einer persönlichen ganz präzisen Arbeitsleistung, eine Drehmaschine unbedingt erforderlich, muss man doch alle Zahnräder, Lagerschalen, Gehäuseteile und Spezialkupplungen fertigen. Kaufen kann man solche Getriebe nicht, da jede Dampfmaschine arbeitsmäßig ein Individuum ist. Für ein Schiff mit Dampfantrieb auf zwei Propeller treten sonst die gleichen Probleme wie bei einem Modell mit gleichem Elektroantrieb auf.

Ein besonderer Blick muss noch auf die Modelle mit einem Holzrumpf geworfen werden. Sind die Hölzer nicht richtig mit Farbe oder Kunstharzen gegen Feuchtigkeit abgesichert und kommen sie mit dem Fahrwasser in Berührung, beginnen sie sofort zu quellen. Das ist nicht weiter tragisch, wenn das Modell im Wasser bleibt. Nimmt man es jedoch heraus und die Holzleisten trocknen, werden sie schrumpfen und sich dadurch auch verkürzen. Das Resultat: Der Rumpf bekommt Risse, durch die beim nächsten Fahrversuch Wasser eindringt, was das Holz wieder, diesmal auch von innen, quellen lässt und die Lage dadurch noch verschärft.

Wenn man diesen Fehler feststellt, ist es notwendig, den Rumpf so lange, eventuell mit einem Föhn oder Warmluftgebläse, auszutrocknen, bis alle Spuren von Feuchtigkeit verschwunden sind. Risse und Brüche zwischen den betroffenen Holzplanken müssen mit einer passenden Füllmasse geschlossen und der Rumpf danach von beiden Seiten, innen wie außen, mit wasserdichtem Material richtig behandelt werden. Im Inneren sollte man als besten Schutz einen Überzug aus Kunstharz anbringen, der gut in die Holzfasern eingearbeitet wird. Die Außenseite kann dann mit einem guten Lack mehrmals gestrichen werden. Diese Kur müsste für das Modellleben ausreichen. Diese Arbeiten sollten aber eigentlich alle schon während des Baus des Rumpfes durchgeführt worden sein.

Tipp: Ein Modell mit einem Quellschaden in der Beplankung wird am besten in einer selbst gebauten Klimakammer getrocknet. Man nimmt dazu einen (oder für größere Schifflängen zwei) Umzugskarton, schneidet an einer Schmalseite etwa 10 cm über dem Boden eine Öffnung für einen elektrischen Heizlüfter oder Föhn und an der gegenüberliegenden Seite etwa 10 cm unterhalb des oberen Randes einen kleinen Abluftschlitz hinein. Damit der warme Luftstrom des Heizgerätes das Modell nicht direkt trifft und ungleichmäßig aufheizt, setzt man etwa 10 cm hinter dem Warmlufteingang eine Verwirbelungswand in den Karton. Sie hat eine Höhe von etwa zwei Drittel der Innenhöhe des Kartons. Die Warmluft muss zum Modell nun einen Umweg machen. Dann setzt man das Modell hinein, schließt den Karton und steckt den Lüfter oder Föhn von außen in die vorgesehene Öffnung. Dann wählt man die niedrigste Wärmestufe und lässt diese Warmluft in den Kasten blasen. Die Temperatur im Karton sollte 50°C nicht überschreiten. Wird sie höher, braucht man nur den Kartondeckel für eine Weile zu öffnen und wenn die Temperatur wieder erreicht wurde, die Deckelhälften einen kleinen Spalt offen stehen lassen. Das Modell sollte in dieser sehr homogenen Atmosphäre mindestens zwölf Stunden bleiben. Dann ist es – normalerweise – trocken. Zur weiteren Bearbeitung muss die Außenseite des Rumpfes vollständig abgeschliffen werden. Nur dann haften die später einzubringen Füllmassen gut in den Spalten und nach der Grundierung der endgültige Lackanstrich auf der Oberfläche.

Die kleine Klimakammer eignet sich auch gut für das „Einbrennen" der Autolackfarben.

Kommt man mit dem Modell nach einem Fahrtag vom Teich nach Hause, sollte man immer sofort alle Akkumulatoren und Trockenbatterien aus dem Modell entfernen, ebenso, wenn es geht, den Empfänger. Die Akkus werden (mit einer Glühlampe) total entladen und anschließend, im richtigen Ladezyklus, wieder aufgeladen. Erst dann kann man sie beruhigt, wie auch den Empfänger und die Batterien, an einem trockenen Ort lagern.

Alle Energiespeicherarten, seien es NiCd-, NiMH-, Blei- oder die modernen Zellen, sollten man nie im entladenen Zustand lagern. Die Lebensdauer leidet darunter und sie müssen schon nach relativ kurzer Einsatzdauer ersetzt werden.

Man muss immer darauf achten, dass das Innere des Modells vor dem Lagern trocken ist bzw. ausgetrocknet wird. Manches Mal bilden sich durch den Temperaturunterschied von Wasser und Luft Kondenswasser oder es bleiben trotz des Aussaugens von übergekommenem Wasser kleine Reste davon im Rumpf. Das Deck und die Aufbauten waren eben doch nicht so gut abgedichtet. Wenn man dieses Wasser nicht sofort entfernt, setzt es sich beim langsamen Verdunsten meistens an Metallteilen ab, wodurch Motoren, Servos und Getriebeteile durch die sich dort bildende Korrosion gefährdet sind.

Wenn man alle Sorgfalt, die man aufbringen kann, beim Bau und der Ausstattung des Modells hat walten lassen, wird der Tag der erste Fahrt auf dem heimischen Gewässer vor Publikum und den kritischen Klubkollegen zu einem unvergessenen Ereignis. Man sollte solche Momente immer mit einer Foto- oder Filmfolge festhalten. Sehr gute Bilder kann man dann eventuell einem Modellfachmagazin zum Veröffentlichen anbieten.

Kapitel 23:
Das Modell im Wettbewerb

Wettbewerbe

Viele Modellschiffwettbewerbe werden unter der Schirmherrschaft der nationalen Modellschiffvereinigungen nach den internationalen Regeln abgehalten. In fast allen Ländern sind diese Vereinigungen – manchmal sogar mehrere konkurrierende – eingerichtet worden. Einige gehören dem internationalen Modellschiffverband Naviga an. Informationen zu diesen Vereinigungen kann man bei den einzelnen Schiffsmodellbauclubs und den Fachzeitschriften erhalten oder aus dem Internet entnehmen.

Um bei Wettbewerben Vergleiche zu ermöglichen, werden die Modellschiffe in bestimmte Kategorien eingeteilt. In Europa sind dafür die Naviga-Klassifizierungen (eventuell mit nationalen Abänderungen) bindend. So gibt es insgesamt fünf Sektionen mit jeweils vielen Unterklassen, in die alle Modelle vom Rennboot bis zum Standmodell eingestuft werden. Außerdem sind verschiedene Fahrkurse für diese Wettbewerbsklassen festgelegt worden. Sie alle aufzuführen, würde den Umfang dieses Buches sprengen, außerdem ändern sich die Bestimmungen immer wieder. Wer also Interesse an derartigen Qualifizierungen hat, sollte sich bei den örtlichen Schiffsmodellbauclubs nach den neuesten Regelausgaben erkundigen.

Neben den offiziellen Wettbewerben richten viele Clubs so genannte Freundschafts-

Das Modell „Sand Heron", Erbauer Roger Thayne, navigiert durch die Bojen und Balkenhindernisse auf dem Wettbewerbskurs.

Vater hilft dem Nachwuchsskipper – so macht das Hobby Freude.

Der winzige Schlepper „Thor" im Maßstab 1:96, gefahren von Dave Milton, liegt längsseits am Dock und wartet auf das Startsignal.

treffen aus. Für jedes Modell, das bei diesen Treffen vorgeführt wird, muss meistens auch eine Meldegebühr entrichtet werden. Die Regeln eines freien Wettbewerbs werden aufgrund jahrelanger Erfahrungen vom ausrichtenden Club festgelegt. Auf diesen Treffen geht es sehr gemütlich zu und es herrscht kaum der Hunger nach dem persönlichen Erfolg, man kann sie besser als große Familienfeiern der Schiffsmodellbauer mit allen Annehmlichkeiten bezeichnen. Dort werden viele Erfahrungen in angenehmen Gesprächen bei Speis und Trank bis tief in die Nächte ausgetauscht und neue Pläne geschmiedet.

Präsentation und Schutz des Modells

Einige wichtige Punkte haben wir bisher nur sehr oberflächlich behandelt: den Aufbewahrungsständer, den Schutz gegen Staub und die Sicherung beim Transport.

Ohne einen Ständer würde fast jedes Modell auf einer Seite im Regal oder auf der Anrichte herumliegen. Ein gut gebauter Modellständer ist für die Präsentation des Modells das i-Tüpfelchen, daher sollte man für ihn genauso viel Sorgfalt wie für das darauf ruhende Schiffchen. Man kann ihn aus allen Werkstoffen, die für ein Modell Verwendung finden, herstellen. Der Ständer muss aber dem Modelltyp angepasst sein. Ein moderner Plexiglasständer würde niemals zu einem uralten Dampfschlepper passen. Ein verschnörkelter Holzständer ruiniert den Anblick eines modernen Lotsenversetzkatamarans.

Das Modell muss immer mit den Rumpfflächen, die von innen durch einen Spant gestützt werden, im Ständerbett liegen. Es muss so fest sitzen, dass es sich im Ständer nicht mehr bewegen kann.

Der Ständer sollte stets so ausgelegt sein, dass die Seiten des Modells durch die Eckpunkte der Ständerfüße überragt werden. Dies dient zum Schutz der Modellseiten. Bug- und Heckpartie des Modells sind meistens so kräftig, dass sie schon mal einen Stups vertragen können.

Sehr wichtig ist der Schutz des fertigen Modells gegen Verschmutzung. Hier ist der vulgäre Hausstaub das Gift und das sich anbahnende Verderben im Leben eines jeden Schiffsmodellbauers: Er setzt sich auf die Farben, die gerade eben aufgebracht wurden, er stört den Glanz des so schön aussehenden Modells – und er ist sehr, sehr schwer zu entfernen.

Es ist daher selbstverständlich, eine Schutzabdeckung zu kaufen oder selbst herzustellen. Sie soll nicht nur den Staub vom Modell fern halten, sondern auch verhindern, dass zerstörend wirkende saure Luftbestandteile das Modell erreichen können.

Der beste Aufbewahrungsort für ein Modell ist ein Behälter, der das Modell schützt, es auch nicht vor den Augen von Betrachtern versteckt und gleichzeitig für den Transport des Modells zum Gewässer oder zu Treffen geeignet ist.

Wenn ein Modellschiff auf dem Wasser unterwegs ist, werden immer einige Zuschauer anwesend sein. Die Gewässer liegen ja oft in öffentlichen Parks oder ähnlichen Gelände. Also schafft man eine Aufbewahrungs-

Transport- und Ausstellungskiste für die „Scott Guardian"

möglichkeit für das Modell, die ein Betrachten des Schiffes ermöglicht, ohne dass dieses für neugierige Finger berührbar ist!

Ausnahme: Blinden oder stark sehbehinderten Menschen sollte man diese Möglichkeit aber einräumen, man macht ihnen eine sehr große Freude. Erhalten sie doch nur so die Möglichkeit, trotz ihrer eingeengten Fähigkeiten endlich eine Ahnung von einem Schiff zu erhalten. Das Modell kann also ohne Risiko ausgestellt werden und wenn es dann auf das Wasser kommt, ist es von den neugierigen Fingern weit weg.

Eine Transportkiste mit Einblick wird aus Sperrholz und einer Plexiglasklappe als Frontscheibe aufgebaut. Die Ecken verstärkt man mit Klötzen, baut einen Ständer ein und schützt das Ganze mit guten Bootslacken gegen jede Art Witterung. Für den Bau benötigt man, wenn man es gut und auch schön machen will, etwas Zeit. Auf das Gewicht der Transportkiste muss aber unbedingt geachtet werden, es nutzt nichts, wenn man mehrere Träger benötigt. Solche Transport- und Schaukästen kann man auch bei Messe- oder Ladenbauern erwerben. Man muss nur auf die nötige Stabilität achten, die das schwere Modellschiff bedingt. Je nach Schiffslänge und Gewicht sollten die zum Tragen notwendigen abreißsicheren Tragegriffe (für ein, zwei oder drei Helfer) an der Transportkiste vorhanden sein.

Wenn man solche Kisten anschaffen will, muss man, da die meisten mit Glasfronten angeboten werden, die Möglichkeit des Austausches dieser Glasscheiben gegen bruchsicheres Acrylglas (Plexiglas) untersuchen.

Ein Gerät, dass sich jeder Modellbauer beschaffen sollte, ist ein kleiner, sehr leichter batteriebetriebener Staubsauger. In seinem Zubehör findet man kleine flache und runde Bürsten, dünne Düsen und Staubbeutel mit denen der während des Tages auf dem Modell angesammelte Staub schnell und problemlos entfernt werden kann. Mit dem kleinen Staubsauger kommt man in die hintersten Ecken des Modells. Die Saugkraft ist nicht allzu groß, kleinen Bauteilen wird also kein Schaden zugefügt. Und sollte doch einmal eines im Staubbeutel landen, ist es schnell wieder herausgefischt. Von den Stellen, an die man mit dem Saugrüssel nicht herankommt, wird der Staub einfach weggeblasen, indem man die Saugdüse an den Staubbeutelanschluss steckt und den Luftstrahl auf das Modell richtet. Den Staubsauger erhält man in guten Computer- und Elektronikläden.

Kapitel 24: Tipps und Ratschläge

Viele der einfachen, von erfahrenen Modellbauern Tag für Tag fast automatisch durchgeführten Handgriffe und Verfahren können für einen Neuling im Schiffsmodellbau unüberwindliche Hürden darstellen. Dieses Kapitel soll jene unterstützen, die keine oder wenig Erfahrung im Basteln haben.

Gebrauch eines Bastelmessers

Um Sperrhölzer, Pappen oder auch Kunststoffplatten mit einem scharfen Messer (oder Skalpell) zu schneiden, zeichnet man erst alle Schnittlinien mit einem Bleistift an. Dann legt man an diese Linie ein breites Stahllineal und hält es so fest, dass man die Finger beim Schnitt nicht wegnehmen muss! Man führt die Messerklinge beim ersten Schnitt ganz leicht an diesem Lineal entlang. Es darf nur eine ganz geringe Einschnitttiefe entstehen. Nach diesem ersten gefühlvoll gemachten Schnitt kann man die Klinge fester aufdrücken und am Lineal entlangziehen. Nach drei oder mehr Schnitten sollte das Material getrennt sein. Soll eine Sperrholzplatte quer zur Maserung geschnitten werden, muss man beim ersten Schnitt die Klinge besonders vorsichtig und unter ganz leichtem Druck ziehen. Bei festerem Druck reißt man Holzsplitter aus den Masergängen und beschädigt so die Oberfläche.

Kunststoffplatten braucht man mit einer scharfen Klinge von einem Messer (oder Skalpell) nur tief genug einritzen, um die beiden Teile dann gefühlvoll auseinander brechen zu können. Alle Materialien, besonders aber Kunststoffplatten, bekommen durch den ersten Einschnitt an beiden Schnittseiten einen aufragenden Grat. Diese Grate schabt man vorsichtig mit einer fast senkrecht zum Material geführten scharfen Klinge einfach weg. Man darf, um die angrenzende Materialoberfläche nicht zu beschädigen, dabei nur ganz leicht drücken. Man kann solche Grate auch mit Schleifpapier, Körnung 500, das auf einen Schleifklotz gespannt ist, unter ganz leichtem Druck wegschleifen. Zum Entgraten eignet sich ferner die Kante einer frisch abgebrochenen Glasscherbe, die man auch vorzüglich zum Glätten von verschiedenen Oberflächen verwenden kann, bei denen eine hart und die andere weich ist (z.B. Decksplanken und ihre Kalfaterung).

Wenn man auf diese Art einige Schnitte gemacht hat, bekommt man schnell das Gefühl für derartige Schneidepraktiken und findet heraus, wann man für gute Schnitte eine stumpfe Klinge auswechseln oder eine verbrauchte Abbrechklinge verkürzen muss. Stumpfe Wechselklingen (z.B. Xacto o.Ä.) muss man nicht unbedingt auswechseln, sondern kann sie mit entsprechenden Schleifmitteln wieder scharf machen. Hier sollte man sich den Rat eines Holzschnitzers, Tischlers oder Schuhmachers einholen. Tischler und Schnitzer beraten auch beim Schärfen von Stechbeiteln, Geißfüßen und ähnlichen Werkzeugen.

Löten

Löten scheint für Modellbauanfänger eine Tätigkeit mit sieben Siegeln zu sein, deshalb sollen die folgenden Zeilen ein paar Hilfestellungen geben. Löten ist eine Technik zur festen Verbindung zweier Metallstücke mit Hilfe von Lötmitteln und Wärme. Man unterscheidet zwei Arten des Lötens: das Weich- und das Hartlöten.

Weichlöten deckt alle die Metallverbindungen ab, die mit einer Zinn-Blei-Legierung bei relativ geringer Hitze, wie sie von einem elektrischen Lötkolben geliefert wird (also maximal 350°C), ausgeführt werden. Beim Hartlöten dagegen werden zwei Metalle durch eine Silber-Zinn-Legierung mit relativ großer Hitze, wie sie eine offene Gasflamme mit Sauerstoffzusatz liefert (also bis etwa 1.550°C), verbunden.

Beim Einkauf von Lötmitteln muss man darauf achten, dass jede Lötzinnlegierung einen anderen Schmelzpunkt aufweist und nur für ganz bestimmte Arbeiten zulässig ist. Schiffsmodellbauer benötigen selten spezielle Lötmittel.

Außerdem muss bei jedem Lötvorgang, egal ob man weich oder hart löten will, ein Flussmittel (auch Fluxmittel genannt), aber ganz selten Lötwasser (eine säurehaltige wässrige Lösung, sie wird hauptsächlich zum Freiätzen des blanken Metalls bei schlecht zugänglichen Lötstellen verwendet) zugesetzt werden. Dieses zum Lot (auch Lötzinn genannt) passende Flussmittel hat verschiedene Aufgaben zu erfüllen. Zum einen verhindert es, dass die zuvor für die Lötung von jeder Oxidation gereinigte Metallfläche wieder unter dem Einfluss der Wärme und des Luftsauerstoffs oxidiert, und zum anderen zwingt es das flüssige Lot, vor dem Erstarren nur in gewollten Bahnen zu laufen. Flussmittel bestehen zum großen Teil aus säurehaltigen Stoffen und sind daher ätzend. Ungeschützte Haut kann, wenn sie damit in Berührung kommt, schnell leichte Verätzungen davontragen.

Bei beiden Lötarten gilt für ein perfektes Gelingen immer die Regel: Metallische Reinheit der zu lötenden Oberflächen! Das blanke Metall muss nach dem Vorbereiten zu sehen sein. Es ist nicht möglich, verschmutzte oder angelaufene Metallflächen zusammenzulöten. Falls da überhaupt eine Verbindung zustande kommt, wird sie in kürzester Zeit versagen. Fachleute sagen dazu: Es wurde geklebt, nicht gelötet.

Weichlöten

Um z.B. Kupfer mit Kupfer, Kupfer mit Messing, kupferkaschierte Platinen untereinander oder Messing mit Messing zu verbinden, wird am besten weich gelötet. Ebenso, um elektronische Bauteile auf den Platinen zu montieren oder zum Verbinden von Messingrohren für den Mast- und Kranbau auf Modellschiffen. Außerdem lassen sich mit Weichlöten fast alle Ösen, Steigleitern etc. aus Kupferdraht oder Messingplatten an solchen Messingmasten befestigen.

Weichlöten führt zu den besten elektrischen Übergängen, vorausgesetzt, alle Lötverbindungen von Drähten (mit den Bords oder Schaltkreisen) sind sauber und richtig ausgeführt worden. Hierfür verwendet man normalerweise Lötzinn mit einer Flussmittelseele.

Um zwei Metallteile aus Kupfer, Messing oder Neusilber miteinander durch Weichlöten zu verbinden, sind die nachfolgend beschriebenen Schritte unbedingt einzuhalten.

Zuerst werden beide Werkstücke ganz genau einander angepasst. So kann man beide Teile gleichzeitig mit einer Säge an der späteren Lötkante zurechtschneiden. Oder man nimmt eine Feile und ebnet die Kanten beider Stücke ein, bis sie ohne großen Schlitz aneinander passen. Dann säubert man die an die zukünftige Lötstelle grenzenden Flächen auf beiden Seiten des Materials mit Schleifleinen oder feinstem Sandpapier, bis nur noch reines Metall zu erkennen ist. Dann wird das blanke Metall gleich gegen die sofort einsetzende Oxidation mit einem Flussmittel eingestrichen. Mit einem für die Arbeit in der Leistung richtigen Lötkolben werden beide Metalloberflächen erhitzt und dann mit einer dünnen Lötmittelschicht versehen. Dieser Vorgang wird Verzinnen genannt.

Das geschmolzene Lötzinn verläuft auf dem zuvor gereinigten und mit Flussmittel versehenen Metall. Damit das Lötzinn keine Höcker bildet, überwischt man die heiße, flüssige Fläche schnell mit einem weichen Lappen. Wenn beide Metallteile gut verzinnt sind, bringt man noch einmal eine kleine Menge Flussmittel auf und fügt sie dann lose zusammen. Hitze und ein wenig mehr Lötzinn werden zugeführt. Die Lötung ist dann fertig, wenn sich eine helle flüssige, silbrig glänzende Fläche über beiden zusammengefügten Teilen bildet. Jetzt entfernt man die Hitzequelle und hält die Teile so lange in der gewollten Position, bis die flüssige Oberfläche der Naht erstarrt. Man erkennt diesen Vorgang am Ergrauen der Fläche. Man sieht auch ganz genau, wie sich das flüssige Lötzinn beim Erkalten zusammenzieht. Alle frischen Lötstellen sollten anschließend mit heißem Seifenwasser gründlich abgewaschen werden, um die ätzenden Flussmittelreste zu entfernen, dann gründlich mit klarem Wasser nachspülen. Die so nachbehandelten Flächen kann man nach dem gründlichen Trocknen sehr gut mit entsprechender Farbe grundieren.

Das eben beschriebene Verfahren eignet sich zum Verlöten von Kupfer, Messing, Neusilber, Bronze, Weißblech und einigen Stahlarten. Die Lötmittel erhält man in jedem Eisenwarengeschäft und Baumarkt.

Aluminium und Weißmetalle können ebenfalls verlötet werden. Man benötigt dazu jedoch spezielle Löt- und Flussmittel. Aluminium hat die Tendenz, dass es schon beim Reinigen wieder oxidiert. Um dieses Material zu löten, erfordert es schon etwas Praxis. Diese wird auch dann benötigt, wenn man Weißmetalle löten möchte. Beim Löten beider Metallarten muss neben den speziellen Lötmitteln auch genauestens auf die Temperatur geachtet werden. Besonders beim Weißmetall kann man einen normalen Lötkolben nicht verwenden. Er würde das Metall zum Schmelzen bringen.

Die Lötmittel für diese Arbeiten kann man fast nur über den Versandhandel beziehen.

Viele Verbindungen, die man früher durch Löten hergestellt hat, werden jetzt mit den so genannten Sekundenklebern gemacht. Auch wenn diese Verbindungen bei leichten und kleinen Teilen sehr vorteilhaft sind, kann das Kleben die Festigkeit und Güte einer Lötverbindung nicht ersetzen. So leitet eine mit dem Superkleber ausgeführte Verbindung keine elektrischen Spannungen, deshalb kann man Kleber, auch Metallkleber, niemals bei elektrischen Platinen, Kabeln, Drahtverbindungen für Signale o.Ä. anwenden.

Für Lötarbeiten an elektrischen Bauteilen, Platinen, Modulen etc. darf man nur Lötzinn mit einer Flussmittelseele verwenden. Dieses Flussmittel ist sehr säurearm und führt nicht zu Verätzungen am Material und der Haut. Beim Löten von elektrischen Teilen muss man die entstandene Lötstelle auf richtigen Lötzinnfluss kontrollieren. Viele Lötstellen sehen zwar aus, als ob sie in Ordnung wären, sind es aber nicht wirklich, d.h., sie sind nur geklebt und lassen keine oder nur geringe Energie passieren. Kleben bedeutet hier, dass das Lötzinn durch zu geringe Wärme oder zu schnelle Wärmezuführung nicht richtig in alle Räume zwischen den zu verbindenden Metallen oder Drähten geflossen ist und somit keine kompakte Verbindung hergestellt hat.

Man kann beim Weichlöten statt eines Lötkolbens auch eine Gasflamme verwenden, besonders dann, wenn große Metallflächen oder sehr lange Nähte miteinander verlötet werden sollen. Wenn man einen elektrischen Lötkolben zum Erwärmen großer Metallflächen nimmt, wird man schnell feststellen, dass die Stellen, die bereits beheizt wurden, beim Zuführen von Lötzinn schon wieder erkaltet sind. Metall hält solche punktuell zugeführten Wärmeeinheiten nicht sehr lange. Hier kann nur eine gute bleistiftförmige Flamme einer Lötlampe die richtige Hitze ins Metall bringen. Auch beim Löten mit offener Flamme muss die zu lötende Partie sauber und oxidationsfrei sein, bevor Flussmittel und Lötzinn zugeführt werden.

Ansonsten gilt hier wie für vieles andere: Gute Ergebnisse sind eine Sache der Übung.

Tipp: Es ist oft schwierig, viele kleine Draht- oder Profillängen, wie etwa für die Mastausleger eines Kriegsschiffs, zusammenzulöten. Eine Seite des Drahts ist fest und jetzt soll die andere angelötet werden. Der Wärmetransport durch den Draht wird die erste Lötstelle wieder öffnen.

Um das zu verhindern, kann man Metallklammern zur Wärmeableitung zwischen die beiden Lötstellen klemmen. Sind aber auf kleinem Raum viele solcher Stellen zu verbinden, hat man Mühe, die dabei entstehende Wärme wirklich in den Griff zu bekommen. Ich habe dafür eine andere Methode entwickelt. Ich verwende die glatte Sohle eines normalen Bügeleisens für solche Lötungen. Es wird verkehrt herum in einen Schraubstock gespannt und auf die Stufe eingestellt, die zum Erreichen einer Wärme von etwa 250°C ausreicht, aber der Stecker noch nicht in die Steckdose gesteckt. Alle miteinander zu verlötenden Teile werden gut vorbereitet, also gereinigt und verzinnt, und in der gewünschten Position auf der Fläche angeordnet. Damit sie nicht verrutschen, übernimmt eine dünne Schicht Flussmittel auf der Eisensohle die Klebefunktion. Wenn jedes Teil an seinem Platz ist, wird der Stecker in die Steckdose gesteckt, das Bügeleisen heizt auf und nach ganz kurzer Zeit kann man den einzelnen Lötstellen sehr vorsichtig etwas Lötzinn zuführen. Sind alle Lötstellen gut mit Zinn versorgt, zieht man den Stecker und lässt Eisen und Lötungen abkühlen. Anschließend wird das Werkstück mit Seifenwasser gewaschen und gespült. Kleine Lötzinnreste in den Ecken entfernt man mit feinen Schlüsselfeilen. So kann man auch unterschiedlich starke oder verschiedene Metallstücke miteinander verlöten. Man muss die Teile nur längere Zeit der gleichmäßigen Wärme des Bügeleisens aussetzen. Wenn sie dann gleich warm sind, verläuft das Lötzinn, wie man es gewünscht hat.

Für den Bau von Aufbauten werden immer öfter Restposten von beidseitig kupferkaschierten Leiterplatten verwendet. Diese kann man gut miteinander kleben, aber besser ist es, eine Lötung durchzuführen. Dazu verzinnt man das Material an beiden Kontaktflächen und stellt sie, wie gewünscht, lose zusammen. Dann legt man noch im Abstand von 4–5 cm ein paar etwa 2 mm lange Lötzinnstückchen (1 mm Durchmesser) in die Naht und fährt dann mit der recht schmalen Lötspitze eines heißen 100-Watt-Lötkolbens zügig durch die Naht. Eine bessere und haltbarere Verbindung wird man selten finden. Natürlich darf man das Abwaschen danach nicht vergessen.

Hartlöten
Die Technik des Hartlötens mit Silberlot ist schwieriger als das Weichlöten. Das Lot enthält einen bestimmten Prozentsatz an Silber und benötigt für eine befriedigende Verbindung viel mehr Hitze. Zum Hartlöten braucht man eine recht leistungsfähige heiße Flamme aus einer Lötlampe oder einem Gasbrenner, eine hitzebeständige Arbeitsunterlage, einige Schamottsteine und geeignetes Flussmittel. Wie Weichlot gibt es Hartlot für ganz verschiedene Temperaturen und Anwendungen. Wenn man an einem Werkstück zuerst die Verbindungen mit den höheren Schmelztemperaturen fertigt, kann man später, ohne die zuerst fertig gestellten Nähte zu gefährden, die Verbindungen mit dem Lot machen, das niedrigere Wärmegrade benötigt.

An einer Dampfmaschine müssen auch einige Verbindungen hartgelötet werden. Diese Verbindungen sind immer der Wärme ausgesetzt und eine weiche Lötung an dieser Stelle würde schnell den Geist aufgeben.

Auch hier müssen alle Teile, die man zusammenfügen will, zuvor komplett gereinigt werden. Das Flussmittel für Silberlot ist normalerweise Borax, ein weißes Pulver, das mit Wasser zu einer steifen Paste gemixt werden muss, um so auf die saubere Lötstelle aufgetragen zu werden. Die beiden gereinigten Teile, werden dann zusammengestellt oder auch gesteckt und während des Aufheizens in dieser Position gehalten. Eine Gas- oder Lötlampenflamme wird so lange auf die beiden Metallstücke gehalten, bis sie eine dunkelrote Farbe angenommen haben. Dann kann ein kleiner Teil Silberlot aufgebracht werden. Wenn die Hitze richtig ist, wird das Lot schmelzen und sich zwischen den beiden Bauteilen verteilen. Ein dünner, heller Streifen wird gegen das Dunkelrot erscheinen. Die Flamme kann entfernt werden. Das jetzt verlötete Werkstück muss etwas abkühlen, dann man taucht es zum schnellen Erkalten in ein Wasserbad. Bei den meisten Lötstellen stellt man hinterher fest, dass die Lötung viel stabiler als das umgebende Material ist. Zum Reinigen von den Flussmittelresten wird das Werkstück in heißem Seifenwasser mit einer harten Bürste gut abgeschrubbt.

Mit Hartlöten habe ich schon gerissene Bandsägeblätter zusammengefügt und so das Geld für ein neues Band gespart. Dazu muss aber eine Haltevorrichtung benutzt werden. Wenn das Werkstück fast die zum Löten notwendige Wärme erreicht hat, zeigt sich als erste Reaktion das Schmelzen des Flussmittels, das gleichzeitig kleine glitzernde Sternschnuppen in die Flamme verteilt.

Lot kann auf zwei Arten zugeführt werden: Man geht mit einer Spitze vom Silberlot direkt an die Lötstelle und verteilt es oder schneidet kleine Stücke vom Lot ab und presst sie vor dem Erhitzen in die Flussmittelpaste. Jede dieser Arbeitsweisen ist annehmbar. Alle Teile eines Dampfkessels, besonders die Flammrohre im Inneren der Feuerung, müssen, um der Wärme bei der Dampferzeugung standhalten zu können, hart gelötet werden.

Löten muss geübt werden. Wenn man mit Weich- oder Hartlöten anfängt, sollte man am besten an verschiedene Abfallstücken üben, um keine fast fertigen Teile für das Modellschiff zu ruinieren.

Ein Grundsatz: Man wartet immer so lange mit dem Löten, bis man sicher ist, dass der Lötkolben die nötige Wärme angenommen oder die Lötlampe das zu lötende Werkstück so weit aufgeheizt hat, dass das vorgesehene Lötmittel richtig schmilzt und verläuft. Lötzinn, das man kurz an die heiße Spitze des Kolbens hält, muss sofort schmelzen und zu einem silbrigen Bächlein oder einer Perle zerfließen. Wenn das Lötmittel nur zögerlich fließt, wird die Lötstelle schlecht ausgeführt. Richtiges Löten ist eine lange zu übende kunstvolle Arbeit. Folgende Fehler muss man vermeiden:

Für große Drahtkaliber darf man keine kleinen Lötkolben nehmen. Ein Draht mit 4 mm² Querschnitt kann von einem 15-Watt-Lötkolben nie richtig aufgeheizt werden. Wenn dann noch eine Lötöse für dies Kaliber hinzukommt, geht es bestimmt schief: Die Lötung klebt nur.

Verwende beim Weichlöten niemals Lötwasser oder Borax. Man verätzt die Oberflächen der zu verlötenden Teile. Fertige Lötpasten für elektrische Verbindungen sind noch brauchbar.

Berühre niemals mit der offenen Flamme einer Lötlampe oder eines Gasbrenners die zu lötende Oberfläche für längere Zeit. Sie kann sehr schnell verbrennen und dadurch unbrauchbar werden.

Verzinne niemals abisolierte Litzenenden, die später in Klemmbuchsen (Lüsterklemme oder ähnlich) festgeschraubt werden sollen. Wenn dieses Drahtende durch das Löten massiv geworden ist, ist die spätere Kontaktfläche in der Buchse nur ein kleiner Punkt. Lässt man die Einzeldrähte der Litze ohne Lötzinn, werden alle in den Klemmvorgang mit der Schraube einbezogen und die Kontaktfläche wird um ein Vielfaches vergrößert.

Nimm überstehende Lötzinnnasen niemals mit dem heißen Lötkolben vom verlöteten Werkstück ab. Die darunter liegende Lötstelle wird wieder erhitzt! Sie erkaltet dann meistens zu einer kalten Lötstelle. Man schneidet solche Nasen mit einem scharfen Messer weg und glättet den Rest mit einer feinen Feile.

Die Werkstücke müssen immer einen festen Standplatz oder Sitz haben, ehe man sie erhitzt. Kippende Werkstücke können (nach einer staubigen Holzbearbeitung) in der Werkstatt Schwelbrände und an den Fingern Brandwunden verursachen.

Hartlöten sollte man immer mit einer Schutzbrille. Beim Lötvorgang kann es, wenn in einem der zu lötenden Teile oder im Lot eine Luftblase ist, zu explosionsartigen Gasentladungen kommen. Dabei wegspritzendes heißes Silberlot oder Flussmittel kann die Augen verletzen.

Furnierverarbeitung

Zuvor wurde Furnier kaum erwähnt. Aber Holzfurniere sind für den Schiffsmodellbauer von sehr großem Wert. Viele der älteren Frachter und Kriegsschiffe hatten offene Brücken, deren Schanzkleider vielfach mit senkrechten Edelholzpaneelen oder Leisten verkleidet waren. Ganz abgesehen vom Handlauf oder der Brustwehr.

Um die senkrechten Edelhölzer anzubringen, braucht man sich nur an die Decksbeplankung erinnern. Die Arbeitsweise ist sehr ähnlich. Arbeitet man maßstäblich nach einem Original, muss auch die Brückenverkleidung die richtige Holzart aufweisen und dabei ist ein echtes Furnier das ideale Material.

Blick auf die Brücke der „Arran Mail", bevor die Navigationslampen installiert waren. Die einzelnen Stützen auf der vorderen Reling tragen bei schlechtem Wetter eine Persenning.

Jeder gute Möbeltischler hat immer verschiedene Sorten und Stärken von vielen zu Furnier verarbeitbaren Hölzern auf Lager. Die Mengen, die ein Schiffsmodellbauer benötigt, können dort oft sogar aus der Restekiste herausgesucht werden und kosten dann nur ein Dankeschön oder ein paar Cents. Furniere einheimischer Holzarten bekommt man in Zuschnitten von einem viertel Quadratmeter in Baumärkten. Der Weg zum Tischler ist ergiebiger.

Die dünnen Furniere sind sehr brüchig. Sie haben die Tendenz, schon beim genaueren Betrachten zu zerbrechen. Wenn man sie mit einem scharfen Messer schneidet, spürt man, dass die Klinge immer der Maserung folgen will. Hält man die Klinge steif, wirft sich das Furnier aus der Schnittlinie. Man sollte ungesperrtes Furnier nur über ganz kurze Strecken schneiden.

Um Furniere, egal welcher Stärke, sicher schneiden zu können, muss man das Holz vorher mit einem anderen Material sperren, d.h., das Furnier wird auf einer Seite mit einem Sicherungsmaterial beklebt und dadurch gegen Einreißen oder Abbröckeln unempfindlich gemacht. Eine Seite des Furniers ist die Schälfläche und glatt, die andere ist die Abschälfläche und stumpf – Furnier wird mit langen, breiten und sehr scharfen Schälmessern vom ganzen, etwa 3 m breiten Stammstück geschält, wobei sich das Stammstück gegen das Messer dreht, die Schälfläche hebt sich dadurch vom Stamm ab. Die Abschälfläche bleibt als Oberfläche des Reststammholzes zurück. Eine Art der Sperrung wird wie folgt gemacht: Man sucht sich das Stück Edelholzfurnier aus, das für die spätere Verarbeitung richtig erscheint. Diese dünne, einer dickeren Folie ähnelnde Platte wird auf der glatten Seite mit einem (1:1 mit Wasser) verdünntem Papierkleber eingestrichen und eine Lage Seidenpapier aufgeklebt. Das Seidenpapier muss gut in die Klebemasse eingearbeitet werden. Dadurch nimmt das Papier die meiste Feuchtigkeit und fast alle Klebstoffpartikel auf. Dann legt man das Furnier mit der Holzseite auf eine ebene Fläche und beschwert es mit einem Brett

Blick auf die Brücke der „Arran Mail" mit Maschinentelegraph, Kompassgehäuse und Ruderrad. Man beachte das Mahagonifurnier an den Handläufen und den Paneelen.

Die Steuerbordecke der Brücke der „Arran Mail" mit ölbefeuerten (oben) und elektrischen (unten) Positionslampen

und Gewichten. Vor der weiteren Verarbeitung muss es in der Ruhezeit, die mindestens 24 Stunden dauert, total durchtrocknen.

Das so gesperrte Furnier kann viel einfacher geschnitten und bearbeitet werden, weil es nicht mehr so schnell bricht oder bröckelt. Und wenn es einmal bricht, dann hält es die papierene Sperrlage zusammen. Eins der bruchanfälligsten Furniere ist Teak, das sehr große Maserzellen aufweist. Außerdem enthält Teak ein Öl, das das Holz an einer schnellen und deckenden Annahme von Anstrichen aller Art hindert. Oberflächen von Hölzern mit öligen Zellflüssigkeiten sollte man nur mit ihren eigenen Ölen veredeln.

Aus dem gesperrten Furnier lassen sich ganz leicht schmale Streifen und alle möglichen Formen für Intarsien (Einlegearbeiten) herausarbeiten. Für eine maßstäbliche Verkleidung einer Brücke schneidet man schmale Leisten aus dem Furnier und färbt die Kanten als Simulation einer Kalfaterung mit einem schmalen schwarzen Filzstift ein. Dann klebt man sie mit einem guten Kontaktkleber an die vorgesehenen Stellen. Kontaktkleber hat den Vorteil, dass er nicht tief in die Holzmasse einsickert und erst seine Lösungsflüssigkeit abgeben muss, bevor man die Klebung vollzieht. Als Untergrund eignen sich alle Sperrholzarten, aber auch Kunststoffplatten oder Metallbleche. Leider hat man beim Aufkleben aufgrund der schnellen und dann auch hochfesten Haftung nur einen Versuch; und der muss sitzen.

Nach dem Trocknen zieht man das Seidenpapier vorsichtig ab, entfernt mit feinem Schleifpapier (Körnung 400/500) die zurückgebliebenen Reste und deckt alles mit farblosen Bootslack gründlich ab. Die Brücke der „Arran Mail" ist mit Mahagonifurnier ausgelegt worden.

Furniere kann man für alle möglichen Dinge benutzen. So verkleidet man damit Deckshäuser oder stellt die vielen Paneele auf den älteren Schiffen dar. Einige der herrlichen Raddampfer auf den amerikanischen Strömen trugen, neben vielen Schnitzereien, sehr schöne Paneele und Holzdekorationen. All dies kann man mit Furnieren nachbauen.

Abkleben von kleinen Flächen

Abklebefolien und -bänder für den Normalgebrauch sind in vielen Baumärkten und Farbenhandlungen zu bekommen. Daneben gibt es aber spezielle, flüssige Abdeckprodukte. Jeder Modellbauladen, der auch Automodelle im Sortiment hat, verfügt über eine ganze Palette solcher Abdeckflüssigkeiten. Sie werden in kleinen Portionsflaschen angeboten und mit einem Pinsel aufgetragen. Kurz nach dem Auftragen erstarren diese auf einer Latexverbindung basierenden Flüssigkeiten und lassen auf der Oberfläche eine flexible Haut zurück, die man ohne den Untergrund zu beschädigen nach dem Farbauftrag leicht wieder abziehen kann. Das Material überdeckt sehr gut und schadlos Verglasungen oder Oberlichter, wenn Farbe auf ein Aufbautenteil gespritzt werden soll. Es bleiben keine Rückstände, die man mühsam entfernen müsste, auf der zuvor bedeckten Oberfläche zurück, wenn man die Folie abzieht.

Schützt man Teile einer Baugruppe mit dieser Flüssigkeit, muss man sichergehen, dass eine undurchdringliche trockene Haut entstanden ist, bevor man mit dem Farbauftrag beginnt.

Diese Maskierflüssigkeit eignet sich ganz besonders für Teile, an die man mit einer Klebefolie nicht herankommt oder wo das Abkleben einen zu hohen Arbeitsaufwand erfordert und dann doch nicht so sauber wird, wie man es sich gewünscht hat. Der erstarrte Film ist immer durchsichtig, man kann alle darunter liegenden Teile genau erkennen. Wenn man mit dem Pinsel die frei bleibenden Konturen doch einmal versehentlich mit der Flüssigkeit abgedeckt hat, kann man sie nach dem Bilden der Haut mit einem Skalpell oder Abbrechmesser gut nachschneiden.

Die Maskierflüssigkeiten kosten etwas mehr als normale Abklebebänder, das ist aber durch den sehr geringen Verbrauch pro Abdeckung nicht erheblich.

Sekundenkleber

Wenn man Sekundenkleber benutzt, wird man feststellen, dass sich an der Spitze der Tülle bei jeder Klebstoffentnahme eine kleine Menge absetzt und zurückbleibt. Dies erschwert nach einigen Klebungen die Abnahme der Abdeckkappe. Wenn man diese Tüllenspitze mit etwas Fett oder Petroleumpaste einreibt, kann sich der Kleber nicht festsetzen und die Kappe lässt sich auch nach vielen Klebungen leicht und gut bewegen. Die Klebmasse setzt sich jetzt unterhalb der Kappe ab, härtet aus und kann dann weggerubbelt werden. Natürlich muss man dann die Fettschicht ersetzen.

Allgemeine Hinweise
Bemalen von Kleinteilen

Kleine Bauteile oder Ausrüstungsgegenstände kann man zum Einfärben mit einem doppelseitigen Klebeband auf einer Unterlage befestigen. Wenn sie fertig sind, packt man sie bis zum Gebrauch in eine gut gepolsterte Kiste oder einen kleinen Karton. So stauben sie nicht ein, werden durch Unachtsamkeit auf der Werkbank nicht beschädigt und gehen auch nicht im Abfallholz verloren.

Einrichtung einer Pinnwand

Wenn es der Platz in der Werkstatt erlaubt, sollte man eine Wand in eine Pinnwand umwandeln. Dort kann man alle Zeichnungen und Pläne des gerade im Bau oder in der zusätzlichen Planung befindlichen Modells mit Spezialnadeln aufhängen und hat einen ständigen Blick darauf. Selbst mit schmutzigen Fingern kann man sich über gezeichnete Dinge informieren. Außerdem ist es einfacher, von einer hängenden Zeichnung schnell Maße abzugreifen. Vorhandene Originalbilder sind auch immer im Blickfeld. Eine Zeichnung, die man für jede benötigte Information entfalten oder aufklappen muss, wird in sehr kurzer Zeit fettig und später, besonders an den Knickstellen, zerstört.

Mechanische Maßstabumwandlung

Allgemein wird die Vorrichtung zum zeichnerischen Vergrößern oder Verkleinern eines Planes Storchenschnabel oder Pantograph genannt. Bei uns ist diese Konstruktion aus mehreren Leisten, Gelenken und Festhalteschrauben in den letzten Jahrzehnten fast ausgestorben. Nur ältere Konstrukteure können damit noch sicher umgehen. Außerdem gab es in früheren Zeiten noch einen auf Maßstabsumrechnungen von technischen Zeichnungen geeichten Rechenschieber. Mit diesen Geräten konnte man eine auf der maßstäblichen Zeichnung abgegriffene Strecke in die korrekte Länge eines anderen Maßstabs mechanisch umsetzen. Zur Umsetzung von Zollmaßstäben wird dieser Rechenstab in Großbritannien und den USA noch häufiger eingesetzt. Bei metrischen Maßen verwendet man besser moderne, kleine Taschenrechner. Sie rechnen genauer und das Ergebnis befriedigt mehr.

Markieren auf blanken Metallflächen
Oft ist es schwierig, auf blank polierten Messingplatten den gerade erst aufgebrachten Linienverlauf für einen Schnitt wieder auszumachen. Messmarkierungen, die auf vielen Metallflächen leicht zu erkennen sind, sind auf blitzblanken Messingoberflächen schlecht zu sehen. Der beste Weg, sie besser sichtbar zu machen, ist der Inhalt einer Spraydose mit dunkelgrauer Grundierung. Die Metallfläche wird ganz zart mit einem Farbfilm überzogen und dann zum Trocknen weggestellt. Alle Linien werden nach dem Trocknen mit einer sehr spitzen Reißnadel in diese Oberfläche geritzt, das helle Metall scheint dann dort durch. Nachdem das Teil zugeschnitten worden ist, reibt man die Farbe mit einen weichen Lappen und Aceton oder einer anderen Verdünnung ab. Der teuere Kauf eines speziellen Blauzeichners für Messing entfällt.

Datenaufbewahrung
Beim Bau eines maßstäblichen Modellschiffs fallen neben einem umfangreichen Schriftverkehr viele Informationen, spezielle Daten, Skizzen, Zeichnungen und Pläne an. Diese Unterlagen sollte man sorgfältig als spätere Nachweise bei einer Baubewertung aufbewahren, z.B. in einem Aktenordner mit Einhängetaschen für Pläne oder Skizzen und dazu die eingehefteten Schriftstücke und anderen Informationen. Dieser Ordner, der dann auch die Fotos des Originals enthalten sollte, muss immer beim Modell bleiben.

Eine Chronik des gesamten Baus in Wort und Bild sollte nicht fehlen. Ist es doch eine schöne Erinnerung, wenn man den Baubericht nach vielen Jahren wieder einmal liest. Ist er auch noch gründlich verfasst, kann man sich damit längst vergessene Herstellmethoden wieder ins Gedächtnis rufen. Die Bauberichte sind auch für andere Modellbauer von großem Nutzen. Sie brauchen sich über viele schwierige Bauphasen keine Gedanken mehr zu machen, wenn diese von einem Vorgänger bereits ausführlich beschrieben wurden. Mit dieser Unterstützung lassen sich vielleicht grobe Baufehler vermeiden. Auch manche Modellbauzeitschriften veröffentlichen gerne authentische Bauberichte mit gut gemachten Fotos. Wie man solche guten Fotos herstellt, kann in diesem Buch nicht behandelt werden, zu diesem Thema gibt es aber genügend spezielle Bücher und ganze Artikelserien in Modellbauzeitschriften.

Mit den heutigen leistungsfähigen Computern, einem guten Zeichenprogramm und einer guten (normalen oder digitalen) Kamera kann man die ganze Zeichenarbeit, die Konstruktion, die Baubeschreibung, alle Fotos, die zuvor vom Entwicklungslabor auf eine CD gebrannt wurden, und vieles mehr bearbeiten, ändern und dann mehrfach abspeichern. Ich speichere immer alles mindestens zweifach ab. Zum Schluss wird die Dokumentation von allem Ballast bereinigt und die dann verbliebenen Informationen, Fotos, Zeichnungen usw. werden auf eine CD-ROM gebrannt.

Umrechnungstabellen

Länge
inch (Zoll)	x	25,40	=	Millimeter	x	0,03937	= inch (Zoll)
foot (Fuß)	x	0,3048	=	Meter	x	3,289473	= foot (Fuß)
yard	x	0,914399	=	Meter	x	1,093614	= yard
mile (Meile)	x	1,6093	=	Kilometer	x	0,621504	= mile (Meile)
nautical mile (Seemeile)	x	1,852	=	Kilometer	x	0,539956	= nautical mile (Seemeile)

Volumen
cubic inch	x	16,387	=	Kubikzentimeter	x	0,061024	= cubic inch
pint	x	0,5682	=	Liter	x	1,769285	= pint
quart	x	1,1364	=	Liter	x	0,879971	= quart
gallon	x	4,5459	=	Liter	x	0,219975	= gallon

Gewicht
ounce avoirdupois	x	28,350	=	Gramm	x	0,035273	= ounce avoirdupois
pound avoirdupois	x	0,45359	=	Kilogramm	x	2,204634	= pound avoirdupois

Geschwindigkeit
mile per hour	x	1,6093	=	Kilometer/Stunde	x	0,621504	= mile per hour
knot (Knoten)	x	1,852	=	Kilometer/Stunde	x	0,539956	= knot (Knoten)

Temperatur
Grad Fahrenheit = Grad Celsius ×1,8 + 32
Grad Celsius = (Grad Fahrenheit − 32) x 0,56

Sonderdaten
1 nautical mile per hour (Seemeile/Stunde) = 1 knot (Knoten) = 6.076,12 feet per hour
1 knot (Knoten) = 51,444 Zentimeter/Sekunde

Umrechnung inch (Zoll) zu Millimeter

inch (Zoll)	Millimeter
½	12,7000
¼	6,3500
¾	19,050
1/8	3,1750
3/8	9,5250
5/8	15,8750
7/8	22,2250
1/16	1,58750
3/16	4,76250
5/16	7,93750
7/16	11,11250
9/16	14,28750
11/16	17,46250
13/16	20,63750
15/16	23,81250
1/32	0,79375
3/32	2,38125
5/32	3,96875
7/32	5,55625
9/32	7,14375
11/32	8,73125
13/32	10,31875
15/32	11,90625
17/32	13,49375
19/32	15,08125
21/32	16,66875
23/32	18,25625
25/32	19,84375
27/32	21,43125
29/32	23,01875
31/32	24,60625

Spezielle Lieferanten

Schrauben und Zubehör

Gabriele Hüttl-Wagener, Versandhandel
Op dem Felde 41, 41372 Niederkrüchten
Tel.: 02163 81767, Fax: 02163 82670

Dieter Knupfer, Modell und Feinwerktechnik
Hölderlinstraße 2, 71229 Leonberg
Tel.: 07152 21610, Fax: 07152 28756

Metallschrauben-Vertrieb Dreieich
K. Vorhans
Schulstraße 39, 63303 Dreieich
Tel.: 06103 603301, Fax: 06103 603302

Weißmetalle und spezielle Lötmittel

Weißmetall Jörg Dicke GmbH
Dahlerstraße 72, 42389 Wuppertal
Tel.: 0202 26677-0, Fax: 0202 26677-44

K. und M Volkhart, Löt- und Schweißtechnik
Weißmetalle
Hägerort 8, 48336 Füchdorf
Tel. und Fax: 02582 940365

Kleines Wörterbuch

Ablüfter: Lüfter zum Entlüften des Rumpfes oder der Aufbauten
Achtersteven: Heckkielbalken und allgemein das hinterste Ende eines Schiffes
Ankerfluken: Greifzacken eines Ankers
Ankerkabel: anderer Ausdruck für die Ankerkette
Ankerkette: Kette zwischen Anker und Schiff
Ankerklüse: Tasche im Schiffsrumpf, die den Anker aufnimmt
Ankerstock: Ankerteil, an dem die Kette befestigt ist
aufschießen: Tau oder Kette in Ringen oder Achten an Deck legen
aufspleißen: Tau oder Drahtseil in die einzelnen Fasern bzw. Drähte zerrupfen
Augbolzen: Bolzen, der eine Öse abschließt
Auge: Öse oder runde Öffnung
außenbords: alles, was außerhalb eines Schiffes ist
Bändsel: Sicherungsbandwickel um eine gespleißte Stelle im Tauwerk
Baum: Hebearm eines Krans oder einer Ladevorrichtung
Block: Gehäuse für die Seilrollen eines Flaschenzuges
Bratspill: horizontales Spill, z.B. für das Ankertau
bugsieren: ein Schiff im Hafen bewegen, z.B. mit einem Schlepper
Container: international genormter Warentransportbehälter für maximal 40 t Last
Containerschiff: Schiff zum Transport von Containern, bis zu 10.000 Stück beim größten
Davit: kleiner Kran an Bord von Schiffen für Rettungsboote und Ladearbeiten
Deck: obere Abschlussflächen eines Schiffs
Decksbucht: quer verlaufenden Krümmung des Decks
Deckssprung: längs verlaufende Krümmung des Decks entlang der Mittellinie
Derrick: kleiner Ladekran
Dingi: Beiboottyp, Rettungsboottyp
Draht: anderer Ausdruck für Taue, Leinen, Ketten
Drahtbändsel: Sicherungsbandwickel für Spleißungen
Eisverstärkung: Außenhautpanzerung für Schiffe, die viel in polaren Gewässern verkehren
Fall: Flaschenzug in der Takelage
fallen: Auswerfen eines Ankers, einer Boje oder eines anderen Gegenstands in die See
Festmacher: 1. Person, die die Haltetaue am Kai über die Poller legt; 2. Tau zum Anbinden des Schiffs am Kai; 3. haltendes Teil einer Takelage
Fresnel (sprich: Frenel): französischer Ingenieur (1788–1827), der die nach ihm benannte Stufenlinse konstruierte, die noch heute als Sammellinse bei Scheinwerfern, Seezeichen u.a. verwendet wird

Frischluftlüfter: Ventilator oder Vorrichtung zum Zuführen von Frischluft in das Schiff
Gangspill: vertikale Winde
Garnstrecke: Längenbezeichnung für Taue, Ketten usw.
Havarie: Unfall, Panne oder ein anderes Missgeschick, das ein Schiff ereilen kann
heißen: hochziehen einer Last, Flagge
Helling: (Meistens zum Wasser schräge) Baufläche für ein Schiff
hieven: anheben einer Last
holen: Last aus dem Wasser ziehen, z.B. Befehl für das Einholen des Ankers: Hol Anker!
innenbords: alles, was im und auf einem Schiff ist
Juffer: Teil des stehenden Gutes beim Segler, der zum Spannen benötigt wird
Jungfer: anderer Ausdruck für Juffer
Jütte: anderer Ausdruck für Davit
Kaliber: Innendurchmesser eines Rohres, Außendurchmesser eines Stahlseils
Kettenstopper: Vorrichtung zum Festhalten einer (Anker-)Kette
Kettenwirbel: Drehglied in einer Kette
Kettenzieher: Vorrichtung zum Einziehen einer Kette, z.B. von außenbords
Klampe: Führungs- oder Durchlaufvorrichtung für Seile, Taue
Klinkerbeplankung: von oben nach unten überlappende Planken an einem Schiff
Klüse: Öffnung im Schiffsbug für die Ankerkette
Kranbrücke: quer über das Schiff laufende Brücke mit einem beweglichen Kran
Kreuzpoller: gekreuzter, doppelter röhrenförmiger Festhaltepflock für Taue, Seile etc.
Ladebaum: Ausleger zum Lastenheben
Ladewinde: Winde zum Be- und Entladen eines Schiffes
laufendes Gut: alle beweglichen Seil- und Tauverbindungen auf einem Schiff
Licht: Beleuchtung und/oder Beleuchtungskörper (Lampe) in der Seefahrt
Liner: aus dem Englischen: (Passagier-)Linienschiff
Lüfter: Ventilator
Lufthutzen: Belüftungsschachtabdeckung
Luken: Deckel für die Laderäume und Niedergänge eines Schiffes
Lümmellager: Drehlager eines schweren Krans
Mäander: nach einem kleinasiatischen Fluss; geschlängelter Fluss-, Bachlauf; Zierband
Manöver: Fahrtwechsel mit einem Schiff
Masttisch: Plattform um den Mast auf halber Höhe zum Anbringen von verschiedenen Geräten und Seilverbindungen

Mittenfrequenz: mittlere Frequenz eines Frequenzbandes
Monkeyreling: Holzhandlauf einer Stahlreling
Niedergang: alle Treppen auf einem Schiff
O-Ring: Dichtungs- oder Antriebsring aus Gummi oder gummiähnlichem Material
Pech: ziemlich harte Teerart
Persenning: geteerte Plane
Pfeifendeckel: klappbare Abdeckung eines Be- oder Entlüftungsschachts
Pferdeleine: Ankerleine einer Yacht oder kleiner Schiffe
Pier: Anlegestelle, Landungsbrücke, an der Schiffe von beiden Seiten festmachen können
Plimsollmarke: Lademarken für ein Schiff (runder Kreis mit waagerechtem Strich)
Planke: Latte oder Brett für die Außenhaut oder das Deck eines Schiffes
Poller: röhrenförmiger Festhaltepflock
Ports: Türen
Pusher: Schlepper, der schiebt (auch im Deutschen gebräuchlicher englischer Ausdruck)
Pushtug: englisch für einen Schlepper, der schiebt (auch im Deutschen gebräuchlich)
Rah(e): Querstange am Mast für ein Rahsegel
Reling: Schiffsgeländer
Rolle: Rad mit einer Seilrille in einem Block eines Flaschenzuges
Rollenblock: anderer Ausdruck für Block
Roll-on-roll-off-Schiff: Frachtschiff mit klappbaren Laderampen, das Lastwagen direkt befahren können
Ruderhacke: Halterung des Ruderblatts am unteren Ende des Kiels
Ruderkoker: Rohr zur Aufnahme der Ruderachse schäften zwei Materialteile so anschrägen, dass man sie über eine größere Fläche verbinden kann
Schäkel: u-förmiges Kettenglied mit Schraubverschluss
Schlingerkiel: seitlich am Rumpf sitzende Leitflächen, die das Drehen (Schlingern) des Schiffes im Wasser bedämpfen sollen
Schot: Tau, mit dem ein Segel zum Wind gestellt wird
Schott: wasserdichte Wand im Schiffsrumpf
Schuber: Schlepper, der schiebt
Schwanenhals: gekrümmter Luftauslass, dessen Öffnung zum Deck zeigt, damit kein Wasser eindringen kann
Seilstrecke: Länge eines Seiles, Taus, Kette
Spaken: Hebel zum Drehen eines Spills
Spakenkranz: Rad eines Spills, in das die Spaken zum Drehen eingesteckt werden
Spannschloss: Spannvorrichtung für Seile mit zwei gegenläufigen Innengewinden und passenden Augbolzen

Speigatt: Abflussrinne für Reinigungs- oder Regenwasser nach außenbords
Spill: Winde ohne Seiltrommel
spleißen: Tau- oder Drahtseilenden durch Verflechten verbinden
Stahlvorfach: Drahtseilstück, das gegen den vorzeitigen Verschleiß (z.B. durch Reibung) an ein Seil angebracht wird
stehendes Gut: alle unbeweglichen Seil- oder Tauverbindungen auf einem Schiff
Stek: Seilverbindung
Stevenrohr: Rohr zur Aufnahmen der Propellerwelle
Store: Aufbewahrungsraum für Verbrauchsgüter, Farben, Tauwerk usw.
straken: Ausrichten der Spanten zur Aufnahme der Planken an einem Schiff
Straklatte: Werkzeug zum Stracken auf der Werft, beim Modellbauer Stahllineal oder biegsame Leiste
Stropp: kurzes Tau mit Ring
Speigatt: Ablauf für alles Wasser, das vom Deck kommt
Stapelschlitten: Bau- und Stapellaufgerüst eines Schiffes auf einer Helling
Stülcken-Mast: besonderer Kran mit schräg stehenden Haltemasten und durchschwingendem Baum für Ladegüter bis ca. 800 t (Loks, Schnellboote etc.) der ehemaligen Stülckenwerft Hamburg
Süll: Schwelle an Türen, Niedergängen und Umrandung von Luken, um Wasser abzuhalten
Takelage: alles Tauwerk eines Schiffes
Takelplan: Plan für das Tauwerk eines Schiffes
Takelseile: Tauwerk zum Takeln eines Schiffes
Talje: seemännisch für Flaschenzug
Tampen: Endstück eines Taus, kurzes Taustück
Törn: Drehung oder Seereise mit Rückkehr in den Heimathafen
Typhon: mit Druckluft betätigtes Signalgerät, z.B. Nebelhorn
Überfall: Sicherungsbügel oder -hebel für einen Haken o.Ä.
Unterwassermessanlage: Echolot, Geschwindigkeitsmesser über Grund und Grundradar sind drei der Geräte in diesem Bereich
Ventilator: Lüfter
verflanschen: etwas mit einem Flansch befestigen
verheddern: sich verwirren, verfangen
verholen: Umziehen eines Schiffes von einem Liegeplatz zum anderen, Verlagern einer Ladung o.Ä.
Verholklampe: Seildurchlaufvorrichtung zum Verholen
Vorsteven: Kielbalken am Bug eines Schiffes
Wache: Dienst, meist Brückendienst auf einem Schiff
Winde: auch Winsch, Aufwickelmaschine für Taue, Ketten
Zug: Längsgitter einer Reling
Zurrleine: Befestigungsleine auf einem Schiff